Englands Mitte und Norden

Ganz grün ist England nur vom Satelliten aus. Die Linien begrenzen das Gebiet dieses Heftes

Liebe Leser,
nun haben wir die Insel komplett: Nach „Wales", „Englands Süden", „London" und „Schottland" legt MERIAN zu guter Letzt „Englands Mitte und Norden" vor. Das ist eine Landschaft der Kontraste, wie man sie sich krasser kaum vorstellen kann: hier wilde Hochmoore, grüne Täler, riesige Parks mit hochherrschaftlichen Landsitzen, puppenstubenhafte, romantische Dörfer, verträumte Flüsse und Kanäle, gotische Kathedralen und Elite-Universitäten wie Oxford und Cambridge – dort die Geburtsstätten der Industriellen Revolution, einst stolze Paläste des neuen Zeitalters, heute teils ein faszinierendes Freiluftmuseum, teils verfallen und verkommen, mit leeren Fensterhöhlen, weil dem Aufschwung die Rezession folgte. In ihrem Gefolge machte sich Arbeitslosigkeit in den Arbeiterquartieren breit, und das Elend provozierte Gewalt. Städte wie Liverpool und Birmingham, einst an der Spitze der Prosperität, sind heute die Schlußlichter unter den englischen Kommunen, bis über den Hals verschuldet.
Aber schon in den feinen Einkaufsstraßen Liverpools merkt man von alledem nichts, geschweige denn im Lake District, bei einem Bummel durch York oder bei der Besichtigung von Warwick Castle. So mag denn jeder selbst entscheiden, ob er nur das Idyll suchen und erleben möchte oder sich lebendigen Anschauungsunterricht verschafft, was aus dem Fortschritt werden kann.

Herzlich Ihr

Inhalt

Anthony Weller	**Schlüssel zum Königreich** Yorkshire: Ein Streifzug durch Englands größte Grafschaft	6
Dieter Stäcker	**Das steinerne Herz** York: Bischofssitz, Handelsstadt und Spukmetropole	20
David Hockney	**Ich wollte malen, das war alles** Erinnerungen eines Wahl-Kaliforniers an seine Heimatstadt Bradford	26
Ernst L. Hess	**Land der Dichter und Seen** Der Lake District inspirierte die englischen Romantiker	28
Nick Barkow	**Die Pracht und die Herrlichkeit** Adlige Landhäuser: Symbole für Schönheit und Selbstbewußtsein	32
Peter Hays	**Kann denn Blackpool Sünde sein** Englands „proletarischstes" Seebad sprüht vor Hektik und Lebensfreude	48
	Der kaputte Traum Eine Fotoreportage über Menschen und Mauern in Liverpool	56
Lottemi Doormann	**Aufstieg und Fall der Stadt Liverpool** Der Hafen machte die Stadt reich. Heute kämpft sie ums Überleben	63
Renate Schostack	**Elite aus Tradition** In Oxford und Cambridge wird immer noch Nachwuchs für das Establishment gezüchtet	68
Peter Nonnenmacher	**Geduldet, aber nicht erwünscht** Englands farbige vier Prozent sind die Letzten der Gesellschaft	80
Peter S. Cotman	**Balsam für die Seele** Der Maler John Constable schuf in Ostengland Meisterwerke europäischer Landschaftsmalerei	88

In Liverpool, einst bedeutender Hafen und Drehscheibe des englischen Handels, nistet der Verfall   Seite **56**

Das Landschaftsbild der Grafschaft Yorkshire wird von den Dales, grünen Tälern, geprägt. Hier, wo man von Viehzucht lebt, zählt die Herkunft aus einem Tal mehr als der Geburtsort   Seite **6**

Gotische Kathedralen und mittelalterliche Städte beherrschen die Landschaft Mittelenglands. Das Titelfoto mit der Kathedrale von Lincoln fotografierte Thomas Mayer

Nick Barkow	**Der Friedenswall des Hadrian**	94
	Autoren und Fotografen	98
Ulrich Wildgruber	**Gedanken über Shakespeare** Wie ein Schauspieler den großen Dramatiker für sich entdeckte	100
Rolf Hosfeld	**Zum Tee bei William** Eine Begegnung mit dem Romantiker William Wordsworth	106
Karin Voigt-Karbe	**Das Kaninchen mit der Taschenuhr** Lewis Carrols Liebe zu Alice im Wunderland	108
Ferdinand Ranft	**Käpt'n auf flachem Kanal** Urlaub auf Englands alten Wasserstraßen	110
Karin Voigt-Karbe	**Kein Platz für Bodenspekulanten** Durch Aufkauf werden Englands Küsten vor der Zerstörung bewahrt	112
Barbara Beuys	**Im Rausch der Maschinen** Die Industrielle Revolution veränderte die Welt und die Menschen	115
Barbara Beuys	**Die Tempel des Fortschritts** Eine der schönsten Industrielandschaften der Welt als Freilichtmuseum	120
	Impressum und Vorschau	134
Karin Voigt-Karbe	**Tips und Hinweise**	135
	Englands Mitte und Norden auf einen Blick	148
	Daten zur Geschichte	149
Heidede Carstensen	**MERIAN-Brevier und Karte**	150

Chatsworth repräsentiert das Understatement des britischen Adels: außen Landhaus, innen Palast Seite **32**

Bradfords stilvolle Fabrik stammt aus dem schönsten Industriemuseum der Welt Seite **120**

Lichtattrappen sind eine der Attraktionen, mit denen es Blackpool seinen Badegästen gemütlich macht Seite **48**

Nach Ansicht mancher Zyniker ist die ganze Welt schon längst erforscht und erfaßt. Glaubt man ihnen, so gibt es keine unbekannten Gegenden, und schon gar nicht in Großbritannien, dem meistbeschriebenen Land der Erde. Aber Yorkshire mit seinen steil gewellten Tälern, seinen langgestreckten, kargen Mooren und seiner rauhen Küste ist eine selbst Engländern fast unbekannte Gegend.
Die Einheimischen gehen noch weiter. Sie behaupten, daß es Yorkshire als eine Einheit trotz all seiner Schönheit einfach nicht gibt. Die Landkarte mag dies bestätigen; sie verzeichnet North Riding, West Riding und East Riding – Abgrenzungen, die noch heute von jedermann, außer der Regierung, benutzt werden. Aber Yorkshire? Ich will in der alten Stadt York anfangen, die von London aus leicht zu erreichen ist, mich nach Westen halten und mehrere Tage in den *Dales,* den Tälern des Viehdoktors James Herriot, verbringen, dann in Richtung Ostnordost zu den Mooren vorstoßen, meine Woche beschließen, indem ich scharf nach Whitby abbiege, der Heimat von Captain Cook und „Geburtsort" von Dracula, und weiter meinen Weg die Küste hinab nehme. Auf diese Weise, denke ich, kann ich vielleicht entdecken, ob es Yorkshire auch wirklich gibt. Eines Morgens bestieg ich in London im Oktobersonnenschein den Intercity nach Norden und beobachtete, wie die Vororte sehr bald säuberlichen Feldern und Wiesen wichen, auf denen Schafe grasten wie winzige Wolken. Mein ältlicher Taxifahrer, der mich dann durch York fuhr, war, wie die meisten Bewohner Yorkshires, im Grunde seines Herzens ein Philosoph, und wie die meisten Philosophen hatte er festgestellt, daß sich ein Denkerleben nicht auszahlt. Außerdem war er, wie er erklärte, eigentlich gar kein Einheimischer.

„Nein, Sir. Ganz und gar nicht. Ich komme von zwölf Meilen die Straße hinauf. War früher Farmer. War aber zuviel Knochenarbeit, und mein Rücken spielte nicht mehr mit. Das kann ich Ihnen sagen – wenn ich noch einmal anfangen müßte, würde ich überhaupt nicht arbeiten. Jedenfalls keine Knochenarbeit. Geht an die Gelenke. Ich würde mir einen geruhsamen Job suchen, bei der Regierung zum Beispiel. Und außerdem würde ich jeden Tag Yoga machen. Gibt 'ne Menge Probleme in der Welt und zuwenig Yoga. Wenn alle Leute ihre Zeit damit verbrächten, in der Bibel zu lesen und Yoga zu machen, dann gäb's heutzutage nicht soviel Probleme."
Nur zwanzig Fahrminuten nordöstlich von York entfernt liegen einige der großen Landsitze Britanniens. Ich entschied mich für Howard Castle, den Ort, an dem ein großer Teil der Fernsehserie „Wiedersehen mit Brideshead" gedreht wurde. Als ich zwischen den langen, vom Bildschirm so vertrauten Baumreihen hindurchfuhr, erwartete ich ständig, die Filmmusik zu hören. Es ging mir wie dem Schriftsteller Horace Walpole: „Niemand hatte mir gesagt, daß ich auf einen Blick einen Palast sehen würde, eine Ortschaft, eine befestigte Stadt, Tempel auf Anhöhen, Wälder, von denen jeder verdiente, ein Sitz der Druiden zu sein, den herrlichsten Rasen der Welt, begrenzt vom halben Horizont, und ein Mausoleum, das einen in Versuchung führt, sich lebendig begraben zu lassen."
Nun, über Geschmack soll man nicht streiten, aber es hat etwas Gefühlloses, wenn man eine herrliche Gegend mitten in Yorkshire nimmt, an einer Seite begrenzt von einem randvollen See und auf der anderen von lieblichen Tälern; wenn man dann Sir John Vanbrugh und Nicholas Hawksmoore beauftragt, ein architektonisches Wunderwerk von einem Palast zu bauen und eine Reihe prächtiger Gärten anzulegen, nur um schließlich Palast und Gärten mit einer endlosen Masse von Relikten aus der pseudo-antiken Welt zu füllen: faden Gemälden, das Kolosseum von Nymphen umschwebt, Kopien von Kopien griechischer und römischer Statuen, drittklassigem Plunder. Hier, vor der englischen Landschaft, zwischen mythologischen Statuen, wirken ein nadelförmiger Obelisk und eine riesige Pyramide absurd.
Pfauen stolzierten in einem Irrgarten aus Hecken. Um Atlas, der sich, die Welt auf den Schultern, aus einem Brunnen erhebt, scharen sich Meeresgottheiten, die Hörner blasen, und genau das ist der Effekt von Howard Castle: zu viel Trompetenblasen. Es gleicht einem Denkmal für die unkritischen Sammler in aller Welt, und diesen Eindruck kann selbst die Pracht von Haus und Gärten nicht auslöschen. Howard Castle sieht aus, als wartete es darauf, daß der richtige Texaner

SCHLÜSSEL ZUM KÖNIGREICH

Anthony Weller über Yorkshire

käme und es kaufte. Ich verließ es in der Hoffnung, daß die Fernsehversion in meiner Erinnerung stärker haften bliebe als das Haus selbst. In Harrogate machte ich unter finster-grauem Himmel einen Spaziergang in die gleich hinter den Royal Baths gelegenen Valley Gardens. Ältliche Frauen mit munteren Hunden und Männer mit Spazierstöcken ignorierten das Wetter. Gemeinsam passierten wir eine lange Rabatte mit Dahlien in Purpur, Gelb, Rot, Rosa und Blau.
Sie glich einem üppigen Riff aus Blüten, das im Laufe der Jahre immer mehr gewachsen ist. Kleine Etiketten an Pflöcken verrieten die Namen der Dahlien: Respectable, Tangle, Bloodstone, sogar Vicar of Copthorne.
Nicht weit entfernt, in der Mitte des Gartens, gab es einen Wunschbrunnen mit der Bronzefigur eines kleinen Kindes, das über den Rand klettert, um hineinzublicken. Dahinter drehte sich langsam ein Karussell, obwohl niemand darinsaß.
In dieser weitläufigen Anlage mit den Grandhotels, die zwischen hohen Bäumen hindurchlugen, glich Harrogate dem England, für das man vier Jahrzehnte zuvor im Krieg gekämpft hatte. Es war eine Art britisches Idealbild, weit weg von den Londoner Slums, von der Punkermode und sogar, so schien es mir, von den Bergarbeiterstreiks in Yorkshire. Neben mir sagte ein Mann mit Brille: „Passen Sie auf, gleich regnet's." Noch während er sprach, fielen die ersten dicken Tropfen, und wir suchten beide schleunigst einen Unterschlupf.
Ich hatte ein paar Nächte in York verbracht; nun verlegte ich mein Standquartier nach Bolton Abbey, einem zentralen Ausgangspunkt für die Dales. Eines Morgens brach ich zeitig auf, während der Nebel das Tageslicht noch zurückhielt. Ich fuhr durch tief verschattete Gassen und über schmale Bergstraßen mit klobigen Steinmauern an beiden Seiten, höher als der Wagen.
Als sich der Nebel hob, kamen die Dales zum Vorschein, Tal um Tal, und der Anblick war fast zuviel für das staunende Auge: ein wogendes Meer aus leuchtendem Grün, dessen Strömungen von Steinmauern markiert, dessen Horizonte von Bäumen begrenzt wurden, die auf den Fluten zu schwimmen schienen. Schafe trieben langsam durch das herrlich grüne Panorama. Aber es waren die Mauern, die meine Blicke am stärksten anzogen.

6 MERIAN

Diese wackligen Steinbarrieren, verzweigt und flechtenüberwachsen, schienen die ganze wogende Landschaft so verstohlen überzogen zu haben, daß sie untrennbar mit ihr verbunden waren, als hätten sie Wurzeln geschlagen. Viele von ihnen stammten aus dem 13. Jahrhundert, und nur wenige waren errichtet worden, nachdem das Parlament 1789 ein Gesetz erließ, in dem bestimmt wurde, wie Grundstücksgrenzen zu kennzeichnen seien.

Wie die Mauern sich kreuz und quer über die Dales hinzogen, verliehen sie jedem Tal eine unaufdringliche und gleichzeitig unfaßbare Ordnung, und ihr Verfall brachte mir die Zeile von Robert Frost ins Gedächtnis: „Es gibt etwas, das keine Mauern liebt." Allerdings sind sie mehr als nur pittoreske Hürden für wandernde Schafe. Schaffarmer in Yorkshire benutzen die Mauern, um mit dem Futter hauszuhalten: Sie lassen die Herden eine Zeitlang auf einer ummauerten Weidefläche grasen und treiben sie dann auf eine andere. Ein riesiges Netzwerk aus Mauern zieht sich über die Dales. Ein System, das gelegentlich versagt: Man sieht manchmal Schafe, die sich verlaufen haben. Mehrere Farmer gaben zu, daß es einfach zu viele Schafe gibt, um allen auf der Spur zu bleiben, obwohl jeder Besitzer seine Tiere mit einem unübersehbaren Farbfleck auf dem Rücken kennzeichnet. In Grassington, steil an die Flanken eines Tals gebaut, stieg Holzrauch aus den Schornsteinen, und der Geruch veranlaßte mich, auszusteigen und ein wenig umherzuwandern. Überall lehnten große, selbstgefertigte Wanderstöcke an den Gartenmauern. Auf einem weißen Stein vor Rymer's Fruit Shop stand:
„Dieser Laden ist die Schmiede, die 1766 dem berüchtigten Tom Lee gehörte."

Drinnen erklärte mir eine junge Blondine mit einem Milchmädchenlächeln, was es mit dem für mich rätselhaften „berüchtigt" auf sich hatte. „Er war der Schmied, müssen Sie wissen. Und er war ein furchtbarer Verbrecher. Er ermordete und beraubte die Bergleute, wenn sie Lohn bekommen hatten. Aber der Doktor, müssen Sie wissen, hat es herausgekriegt, und so wartete Tom Lee, bis es dunkel wurde und der Doktor seine Runde machte. Und dann hat Tom ihn ermordet und oben in Grasswoods begraben. Aber der Torf dort hat den Leichnam konserviert, und daraufhin hat der alte Tom den Doktor über eine Klippe geworfen. Unten in Burnsall. Aber es war eine mondhelle Nacht, heißt es, und jeder sah ihn, und das war das Ende. Sie haben ihn gehängt, unten in York."

Als ich weiter nordwärts fuhr, erschienen hoch oben an den Hügelflanken grellweiße Felsen. Ich kreuzte nach Arncliffe hinüber, und die Landschaft änderte sich dramatisch von leuchtendem Grün zu einem matten Gold. In Giggleswick waren Jungenschulen in Wäldchen verborgen, und die uniformierten Schüler trabten an Kuhherden vorüber, die schlammigen Gassen entlang, trugen Taschen und Fußballschuhe und unterhielten sich mit hohen, sich überschlagenden Stimmen. Settle, ein wenig größer, war ein Marktstädtchen, in das die Bewohner der Dales kommen mochten, um Bier zu trinken oder Lebensmittel einzukaufen. All diese Ortschaften – manche davon nur eine Ansammlung von einem halben Dutzend Steinhäusern – hatten ihre eigene, unverwechselbare Atmosphäre, zugleich etwas Gespenstisches: Sie wirkten oft gänzlich unbewohnt. Zumal in den kleineren Dörfern sah ich nur selten eine Menschenseele. Vielleicht ging hinter verschlossenen Türen alles mögliche vor, aber es blieb mir verborgen. Und da ich reise, um in eine andere Lebensweise einzutreten, um mich „meines Selbsts zu entledigen", wie Victor Sawdon Pritchett sagt, hatte ich das Gefühl, in Yorkshire einen großen Teil des wahren Lebens zu verpassen. Das einzige, was ich an dieser Woche bedauerte, war, daß ich nicht ein oder zwei Nächte frei hatte, um einfach in einem dieser Dörfer bei einer Farmerfamilie Station zu machen oder in einem Cottage zu übernachten, das Bett und Frühstück anbot.

Eines Morgens, es war in Bolton Abbey, lieh ich mir, weil es in der Nacht heftig geregnet hatte, ein Paar Gummistiefel und wanderte am Wharfe River entlang. Die Ufer waren üppig grün, und riesige Bäume standen so dicht beieinander, daß das Land lockenköpfig aussah. Unmittelbar oberhalb des Ufers trieben Nebelschwaden durch die hohen Ruinen der Abtei aus dem 12. Jahrhundert. (Der Turm wurde nach der Reformation nicht weitergebaut.) Der Anblick der fernen Weiden durch die leeren Bogengänge, der kleinen Bäume, die

> Wer Yorkshire hält, hält England, hieß es im Mittelalter. Die einst größte Grafschaft des Landes, wo auch der Viehdoktor James Herriot zu Hause ist, bildet einen harmonischen Dreiklang aus bewaldeten Hügeln, Heidemooren und sanften Tälern, wo weiße Schafe durch das satte Grün treiben

zwischen den gebleichten alten Steinen wuchsen, der Kühe, die sich träge vor den Ruinen bewegten, des silbrigen, gewundenen Flusses kam mir eindrucksvoller vor, als wenn das Gebäude unzerstört gewesen wäre. „Kahle, zerfallene Chöre, in denen jüngst die süßen Vögel sangen", schrieb Shakespeare. Gras bedeckte die Steine in einem offenen Teil des Gemäuers und bildete einen dichten Teppich, aber neben der Ruine war der Hauptteil der Abtei intakt – mit mittelalterlichen Buntglasfenstern, frischen Blumen auf dem Altar und fein geschnitztem, engem Gestühl.

„Wie beeindruckend", schrieb Henry James, „muß die herrliche Kirche in ihrer Blütezeit gewesen sein, als die Pilger von den grasbewachsenen Hügeln zu ihr herabkamen, und ihre Glocken die Stille greifbar werden ließen!" Bolton Abbey, halb Ruine, halb makellose, lebendige Kirche, brachte mich zu der Einsicht, daß von all den Abteien, die ich in den Dales gesehen hatte, darunter Byland, Rievaulx und Jervaulx, die halb eingestürzten am zugänglichsten, am friedvollsten wirkten. In die Landschaft gesetzt wie steinerne Inseln des Glaubens in einem Meer aus immerwährendem Gras, schienen sie zu verkünden, daß ein Kompromiß erreicht war – eine Brücke zwischen Mensch und Natur.

An jenem Nachmittag unternahm ich eine kurze Pilgerfahrt in die Brontë-Pfarrei in Haworth, einer ziemlich öden Industriestadt im Südwesten. (Es gibt noch ein ganz anderes Yorkshire aus Städten wie Leeds und Haworth, angefüllt mit den „dunklen, satanischen Fabriken", über die William Blake schrieb.) Haworth, in dem die drei schreibenden Schwestern Brontë ihr Erwachsenenleben verbrachten, hat sich seit ihrer Zeit, in der es einfach eine ländliche Siedlung war, beträchtlich verändert. Heute ist es nach Stratford-upon-Avon das am zweithäufigsten besuchte Literatur-Heiligtum, und man merkt es ihm an. Das Museum in der Pfarrei mit seinem kleinen Friedhof und der Kirche ist umgeben von Läden mit Andenkenkitsch für Touristen, und von der wirklichen Atmosphäre ist so wenig erhalten, daß es den Besuch kaum lohnt, wenn man sich nicht wirklich leidenschaftlich für die Brontë-Schwestern interessiert.

Von Haworth aus fuhr ich wieder nordwärts in die Dales. Als ich Cray passiert hatte und die Straße auf einem Kamm entlangführte, war der Eindruck wilder. Tiefe Schnitte durchzogen das Land, und das Nachmittagslicht fing sich in den Mauern, so daß sie aussahen wie dunkle Furchen in den Abhängen.

Ich kam nach West Burton, von dem James Herriot sagt, daß es „möglicherweise das schönste Dorf in ganz England" sei. Das eigentliche Dorf, ich würde West Stainforth als Konkurrenz nennen, zog sich beiderseits einer Grünfläche entlang und dann aufwärts zu Bergfarmen. Ich folgte einem schmalen Weg und stieß auf zwei Pferde, ein braunes und ein weiß geschecktes. Als ich ein paar Möhren hervorholte, die ich in Ilkley gekauft hatte, und die Pferde herbeipfiff, steckten sie die Köpfe zum offenen Wagenfenster herein, während ich sie fütterte. Alle Dales (es gibt mehr als hundert) haben ihre unverwechselbare Eigenart. Es mag schwierig sein, sie in Worte zu fassen, aber wenn man einmal da ist, ist kein Irrtum möglich, und diese Eigenart hat sich auch auf die Bewohner ausgewirkt. „Jedes Tal hat seinen eigenen Akzent", erklärte mir ein drahtiger Mann namens Terry Parker. Parker veranstaltet zusammen mit Lord Willie Peel (einem Nachkommen jenes Innenministers, der die Londoner Polizei schuf) von Grassington aus die James-Herriot-Wanderungen und andere Ausflüge in Yorkshire. „Jedes Tal hat seinen eigenen Charakter, und deshalb ist für einen Mann aus den Dales das Tal wichtiger als das Dorf, aus dem er stammt."

In Middleham, einem Marktstädtchen mit prachtvollen mittelalterlichen Toren, wanderte ich bergauf, um die Burg zu besuchen, in der Richard III. – in Wirklichkeit nicht das Ungeheuer, als das Shakespeare ihn beschrieb – Lady Anne Neville umwarb und heiratete. Am Rande einer Ebene gelegen, vermitteln die Ruinen einen Eindruck von dem vielfältigen Leben in einer Burg jener Zeit. Der Gedanke, daß Richard ohne das Drama heute nicht mehr wäre als ein halbvergessener Monarch mit einer kurzen, chaotischen Regierungszeit, hat etwas Belustigendes.

Auf dem Weg in die Moore fuhr ich am nächsten Tag in der Nähe von Ripon langsam hinter einem Mann her, der auf einem alten Fahrrad mit einem auf der Lenkstange befestigten Korb dahinstrampelte. Er hatte weißes Haar und ein stupsnäsiges Gesicht, und er trug eine staubige blaue Jacke. Er hielt ein so gleichmäßiges Tempo, daß ich neben ihm fuhr, um mich mit ihm zu unterhalten. An seinem Revers steckte ein rotes Abzeichen mit goldener Schrift: Royal Mail Service.

„Sind Sie der Briefträger?" rief ich. In seinem Korb lugte ein bescheidenes Bündel Briefe aus einem braunen Sack hervor. „Ja, der bin ich." Er neigte den Kopf und strampelte weiter. „Und deshalb bin ich auch noch nicht zum Ritter geschlagen worden."

„Wie weit müssen Sie jeden Tag fahren?"

„An die sechzehn Meilen", erwiderte er kurz. „Hält mich in Form. Aber zum Ritter bin ich trotzdem noch nicht geschlagen worden." Ich fuhr über Thornborough nach Thirsk zum Markt. In Yorkshire findet der Markt täglich in einem anderen Ort statt.

Der Marktplatz war gesäumt von Ständen mit frischem Obst und Gemüse, aus einheimischer Wolle gestrickten Pullovern, Haushaltsgerät, frischen Toffees und Käse, Backwaren, Tierfutter und Kleidung aller Art. Aus allen umliegenden Mooren schienen Leute herabgekommen zu sein, um ihren Wocheneinkauf zu tätigen.

Als ich in Thirsk nach einem Parkplatz suchte, stieß ich zufällig auf die Tierarztpraxis eines gewissen James Herriot, dessen Bücher in aller Welt millionenfach gelesen werden. Trotz seines ungeheuren literarischen Erfolges praktiziert Herriot nach wie vor gemeinsam mit dem „Siegfried" seiner Bücher, obwohl, wie mir Siegfrieds Bruder „Tristan" sagte, „heute auf jeden Schäferhund fünf Millionen Amerikaner kommen".

Für manche Leser mag es eine Neuigkeit sein, daß keiner dieser Namen stimmt, daß „James Herriot" ein Pseudonym ist, obwohl genügend Fans die wahre Identität des Schriftstellers herausgefunden und das Schild vor dem Eingang zur Praxis gesehen haben: „James Herriot auf Urlaub, leider keine Autogramme." Daneben hing ein Fensterkasten voll Blumen, Efeu überzog den weißen Stein. Ein paar hundert Meter die Straße hinauf stand die Kirche, in der Herriot und seine Frau getraut wurden. (Die Ortschaft Darrowby in den Büchern ist eine Mischung aus Thirsk und Leyburn.) Ich werde Herriots wirklichen Namen nicht verraten, obwohl er in Yorkshire ebensowenig ein Geheimnis ist wie der Ort der Praxis. Aber da der gute Tierarzt noch immer seines Amtes waltet, ist es nur fair, begeisterte Leser darauf hinzuweisen, daß er Besucher „in literarischen Angelegenheiten" nur freitagnachmittags zwischen 14 und 14.30 Uhr nach der Sprechstunde empfängt.

Ein Gehöft aus Bruchsteinen am Wharfe, mitten in den Dales

Nach der Enttäuschung über die Brontë-Touristenfalle und die Abwesenheit von Dr. Herriot fuhr ich mit nur wenig Hoffnung um die Moore herum auf Laurence Sternes Shandy Hall in Coxwold zu. Sterne, der Pfarrer, der den größten Teil von „Tristram Shandy", einem Vorläufer des modernen Romans, und „A Sentimental Journey" in Coxwold schrieb, ist ein Schriftsteller, der einem beim Lesen das Vergnügen nie versagt, und sein Haus und das kleine Dorf machten keine Ausnahme. Bis vor zwanzig Jahren war das Haus dem Verfall preisgegeben; dann übernahm das Sterne-begeisterte Ehepaar Monkhouse die Treuhänderschaft. Haus und Garten sind wieder instand gesetzt; Arbeitsraum und Eßzimmer sind heute lebendige Huldigungen für den Schriftsteller.

Die meisten Häuser büßen vieles ein, wenn man sie zu Museen macht, weil niemand darin lebt. Aber mit Ausnahme von Sternes Arbeitszimmer – gefüllt mit alten Ausgaben der Werke, die sich in Sternes Bibliothek befanden – ist dieses Haus bewohnt. Stiche von Schriftstellern, die mit ihren Verlegern streiten, Illustrationen von Sternes Charakteren aus dem 19. Jahrhundert und Karikaturen von Sterne selbst verleihen dem Haus eine besondere Atmosphäre. Jeder, der das kleine Dorf und das Haus besucht, empfängt einen wesentlich stärkeren Anstoß, seine Bücher zu lesen (oder wiederzulesen), als etwa ein Besucher von Haworth in bezug auf die Brontës. Das Haus gehörte Sterne in den letzten sieben Jahren seines Lebens, nachdem er sich von seinem Predigeramt zurückgezogen hatte.

Sein Werk zeigt, wie glücklich er in Coxwold war, nahe der Abtei, auf deren Friedhof er unter einem von ihm selbst entworfenen Grabstein ruht. In einer Gastwirtschaft in

Helmsley, in der ich zum Lunch haltmachte, fragte ich einen Mann mit schütterem Haar und spähendem Blick, worin sich die Leute von Yorkshire von allen anderen Engländern unterscheiden. „Einmal sind sie die einzigen, die mit Ihnen reden. Die andern tragen alle die Nasen zu hoch in der Luft. Neulich war ich in London, und der einzige Mensch, der ein bißchen Verstand hatte, war ein Taxifahrer. Also, mein Junge, wenn es erst einmal so weit gekommen ist..." Er brach ab und beobachtete einen Mann, der seine Hose hochzog und zehn Pence in einen Glücksspiel-Automaten steckte. „Wieder so ein Idiot", murmelte er.

In den Mooren, die eine wildere, gelassenere Schönheit ausstrahlen als die üppig grünen Dales, machte ich in dem winzigen Beck Hole neben ein paar Schafen halt, um in Birch Hall am Kamin Tee zu trinken und dem niederprasselnden Regen zu lauschen. Die Moore sind eine dramatische Welt für sich, höher gelegen, als ich erwartet hatte, gelegentlich von tiefen Schluchten durchzogen. Mauern sind hier seltener und meist eingestürzt, und die Dörfer scheinen weniger Beziehungen zueinander zu haben, einsamer und unabhängiger zu sein. Das Gefühl der zwar verstreuten, aber dennoch starken Zusammengehörigkeit der Dales fehlt in den Mooren; dennoch hängen in den Gastwirtschaften zahllose Fotos von Mitgliedern der örtlichen zahllosen Pfeilwurf- (Dart)-Mannschaften. Ich kam zu dem Schluß, daß die Öde der Moore einen engeren und freundschaftlicheren Zusammenhalt der Dorfbewohner bewirkt. Schwer zu glauben war dagegen, daß ich hier in den Mooren nur wenige Meilen vom Meer entfernt sein sollte. Aber als ich weiterfuhr, schien der Himmel niedriger zu hängen, und in der trüben Ferne ließen Sonnenpfeile Wolkenlöcher über der See vermuten. Und dann kam, als ich eine Kuppe erreichte, unvermutet das Meer in Sicht – mit einem so hohen Horizont, daß ich es zuerst für eine Wolkenbank hielt. Es war ein Erlebnis, nach so langer Zeit im Landesinnern wieder Möwen kreischen zu hören. Als sich die Straße senkte, tauchte ich wieder in die Moorlandschaft ein. Whitby ist eine dicht zusammengedrängte Hafenstadt, die erstaunliche Assoziationen auslöst. Bram Stoker, der versuchte, ein Leben als Theatermanager hinter sich zu lassen, schrieb hier im Sommer 1890 in einem eleganten Haus am West Cliff seinen Roman „Dracula". Die Stadt kommt darin vor, obwohl der Graf selbst dort nie in Erscheinung tritt. Stoker verarbeitete eine Reihe tatsächlicher Begebenheiten jenes Sommers in seinem Buch (wie etwa ein Schiff, das ohne Kapitän in den Hafen kommt) und löste damit das Gerücht aus, Whitby sei die wahre Heimat des Vampirs.

An diesem Nachmittag war Whitby ein Ort, dem nichts Gespenstisches anhaftete. Die Spielzeughäuser über dem Spielzeughafen mit seinen in fast nordeuropäischem Licht schaukelnden Fischerbooten verliehen dem Ort eine heitere Atmosphäre; auch wirkte er etwas verwahrlost.

Das Tosen an der Steilküste ruft die Erinnerung an die großen Seefahrer wach, die hier gelebt haben, darunter Kapitän James Cook, der als junger Mann eine zehnjährige Lehrzeit in Whitby absolvierte und dessen Denkmal von einem Kliff aufs Meer hinausschaut. Auf einem anderen Kliff blickte das riesige Skelett einer mittelalterlichen Abtei über den Hafen hinweg auf Hotels der Jahrhundertwende an einer Esplanade. Ein Stück weiter die Küste hinauf ragten zwei große, dunkle Kliffs wie die Tatzen eines Löwen ins Meer. Gegen Abend wanderte ich auf einer langen, hohen Mole an einem Leuchtturm vorbei zur Hafeneinfahrt. Der Wind war kühl, und die Nordsee tobte. Am Ende der Mole angelte ein einsamer Mann; die Rute lag auf dem Geländer. Seine Hände steckten in den Taschen einer dunklen Matrosenjacke, und er hatte die Kapuze hochgeschlagen.

„Wie ist der Fang heute?"

Er lächelte zurückhaltend. „Heute? Es geht so." Er schien sich über die Gesellschaft zu freuen. „Ich habe schon ruhige Zeiten hier draußen erlebt und auch schon windige. Ich habe mich mit dem Angelbazillus angesteckt, als ich acht war, und jetzt lebe ich seit fünfzig Jahren in Whitby. Allerdings habe ich eine lange Pause eingelegt; ich fange jetzt gerade wieder an."

Der Hafen von Whitby, wo Captain Cook sein Handwerk lernte

„Warum die lange Pause?"

„Häusliche Probleme." Er zog an der Rute. „Meiner Frau gefällt es nicht, wenn ich hier herauskomme. Aber heute entschloß ich mich, sie zu Hause zu lassen und wieder anzufangen." Ich wünschte ihm Glück und fuhr weiter nach Robin Hood's Bay, dem hübschesten Städtchen an der ganzen Küste. Die Häuser von Robin Hood's Bay, in den Nischen zwischen den Kliffs eng zusammengedrängt, tragen Namen wie Sherwood Cottage und Bow Cottage. Auf einer schmalen Rampe zwischen zwei Gasthäusern ruhen aus dem Wasser hochgezogene Rettungsboote. Gassen verbinden die verschiedenen Ebenen des Ortes, der einem kleinen Phantasiegebilde gleicht, in dem die dicht aneinandergedrängten Häuser einander über die Schulter und aufs Meer hinaus blicken, mit sanft geneigten Dächern und ein paar Cafés.

Die Nacht war hereingebrochen, und ich fuhr weiter die Küste entlang nach Scarborough. Im Morgenlicht wirkte die große Bucht mit ihrem weiten, geschwungenen Strand und den massiven, dunklen Kliffs idyllisch. Ein paar Leute führten zwischen den Gezeitentümpeln ihre Hunde spazieren, und die riesigen weißen Urlauberhotels schauten von den Kliffs herab. Hierher kamen die Leute aus Yorkshire, um aufs Meer hinauszublicken und den Meeren und den Dales und Mooren den Rücken zu kehren. Im Sommer wimmelte es in der Stadt von Menschen. Jetzt schien sie gerade richtig zu sein: genügend Leute, um ein Nicken auszutauschen und die Stadt trotzdem für sich zu haben. Es schien der rechte Ort, um meine Reise zu beenden.

Nach dem Frühstück wanderte ich eine Stunde an der tosenden Brandung entlang und beobachtete, wie die Fischerboote aufs Meer hinausglitten. Zuvor hatte ich im Ballsaal eines der viktorianischen Hotels ältliche Ehepaare aus Yorkshire gesehen, die übers Wochenende nach Scarborough gekommen waren und nach den rhythmischen Klängen eines Plattenspielers zu Melodien aus der Zeit ihrer jungen Liebe tanzten. Als ich vom Strand hinaufblickte, konnte ich sie noch immer durch die hohen Fenster sehen, wie Phantome. Ich beobachtete sie, während der Nebel über dem Wasser verbrannte. Die tosende Brandung war ihre Begleitung. Als der ferne Tanz endete, stieg ich die Kliffs hinauf und machte mich auf die Rückfahrt nach York.

Grouse-shooting, Moorhuhnjagd, gilt in North Yorkshire als beliebter Sport der Aristokratie. Wer eine ansehnliche Strecke vorzeigen will, braucht zwei Gewehre und einen Büchsenspanner

Fountains Abbey bei Ripon in North Yorkshire war das wohlhabendste Zisterzienserkloster in England. Als die Abtei, im 12. Jahrhundert gegründet, um 1530 aufgelöst wurde, hinterließen die Mönche 400000 Hektar Land und 20000 Schafe. Geblieben sind nur noch Ruinen

Staithes am Nordzipfel Yorkshires lebt mit den Gezeiten: Heute als Fischerdorf und früher als ein blühendes Schmugglernest. Jenseits der Bucht erhebt sich das 213 Meter hohe Boulby Cliff. Es ist das höchste in England

Swaledale im Yorkshire Dales National Park wurde vor Urzeiten von Gletschern aus den Pennines in die Landschaft gegraben. Als dann im 19. Jahrhundert das Getreide billiger importiert als produziert werden konnte, mußte man sich in den Dales vom Ackerbau auf Schafzucht umstellen

Farbige Einwanderer des Commonwealth in Bradford: Stark vor der Kamera, auf der sozialen Leiter ganz unten. Wandmalereien in der Stadt sind ein Versuch, auf sich aufmerksam zu machen

Dieter Stäcker DAS STEINERNE

HERZ
Das vornehme York, Stadt der Kaufleute und Bischofssitz, beherrscht mit seiner Kathedrale die Landschaft

Kaum hatte
ein Kirchenmann
die unbefleckte
Empfängnis
Marias bezweifelt,
fuhr ein
Blitz ins Münster
und entfachte
ein riesiges Feuer

Was wäre York ohne seine Geister? Ohne jene Truppe römischer Legionäre etwa, die Anfang 1950 durch den Keller eines Hauses in der Nähe des Doms marschierte? Harry Martindale, ein damals 17jähriger Klempnerlehrling, hat den Spuk ganz dicht an sich vorbeiziehen sehen: Die Soldaten schritten, bewaffnet mit kurzen Schwertern und langen Speeren, mürrischen Gesichts durch den Raum. Sie waren unrasiert, ihre Kleidung mehrfach geflickt, einer trug einen erbeuteten sächsischen Schild in der Rechten. Harry Martindale wunderte sich, daß die Legionäre nicht auf dem Kellerboden, sondern zwei Handbreit darüber schritten, also durch die Luft zu schweben schienen. Eine Lösung des Rätsels fanden Archäologen Jahre danach. Sie entdeckten Reste einer Heerstraße aus der Römerzeit, die einst genau zwei Handbreit höher lag als das Kellerniveau des Gebäudes, in dem die Legionäre dem Klempnerlehrling erschienen waren. Harry Martindale, inzwischen ein ehrenwerter britischer Police Constable, will von der alten Geschichte aus der Jugendzeit am liebsten nichts mehr wissen. „Warum gerade ich?" fragt er. „Mich interessierten damals weder Geister noch Römer."

Da ist auch das schockierende Erlebnis jener Lady aus gutem Hause, die im Sommer des Jahres 1975 ganz alleine auf der Stadtmauer in Richtung Micklegate-Tor spazierte. Drei Meter vor dem Ziel befiel sie ein schreckliches Gefühl von Panik. Sie klammerte sich an die Brustwehr der Mauer und hörte aus dem Nichts eine männliche Stimme: „Haben Sie keine Angst. Folgen Sie mir." Eine Gestalt, bekleidet mit Dominikanerkutte und Sandalen, schwebte vor der Lady her und geleitete sie aus der Gefahrenzone, um dann spurlos zu verschwinden. Ein Urahn der Dame, so stellte sich bald heraus, war nach der Schlacht von Boroughsbridge im Jahre 1322 enthauptet, und sein Kopf zur Abschreckung über dem Micklegate-Tor aufgespießt worden. Und ein Dominikanermönch hatte den Verurteilten damals auf seinem letzten Gang begleitet.

Längst gilt York als „Spukhauptstadt Europas". Immer wieder tauchen irgendwo in der Altstadt Geister aus wechselnden Epochen der Geschichte auf, sehr zur Freude der Touristen und der Touristik-Manager. Hartnäckige Zweifler können sich gegen Gebühr eines Besseren belehren lassen: auf einem der vielen nächtlichen *ghost walks* durch die schmalen, winkligen Gassen der mittelalterlichen Stadt.

Der Geschichtslehrer John Mitchel von der St. Peter's Junior School hatte als erster die Idee mit den Geisterwanderungen. Seit Jahren sammelt der Pädagoge, angespornt von seinen wißbegierigen Schülern, Gespenstergeschichten aus York und Umgebung. Sein Buch „Ghosts of an Ancient City" (Geister einer alten Stadt) gehört fast schon zur Pflichtlektüre für York-Besucher.

Nach Mitchels Beobachtungen bestehen gerade für die Skeptiker gute Chancen, dem Übersinnlichen zu begegnen: „Geister erscheinen immer nur Leuten, die nicht an Geister glauben." Der Historiker grämt sich allerdings über einige seiner Konkurrenten, die *ghost walks* mit flatternden Tüchern und vorbeihuschenden Gespenstern inszenieren: „Ein echter Horror!"

Daß sich die Geister in York offenkundig wohl fühlen, haben sie vor allem zwei mächtigen Quäkerfamilien zu verdanken: den Rowntrees und den Terrys. Die sorgten dafür, daß die Stadt im 19. Jahrhundert von der Industrialisierung weitgehend verschont blieb. Um das Jahr 1800 bereits begannen die beiden Familien mit der Herstellung und dem Verkauf von Süßwaren; aus ihren kleinen Handwerksbetrieben entwickelten sich die größten Unternehmen in York und Umgebung.

Noch heute sind mehr als ein Drittel aller Arbeitnehmer in der Stadt bei den beiden Süßwaren-Konzernen mit Produktion und Vertrieb von Smarties, Mackintosh-Bonbons, Kitkat, After Eight oder Aero-Schokolade beschäftigt. Rowntrees und Terrys jedenfalls verhinderten ebenso trickreich wie hartnäckig, daß ihnen nennenswerte Konkurrenz auf dem Arbeitsmarkt erwuchs. Während im benachbarten Leeds die Stahlwerke aus dem Boden schossen und die Schlote rauchten, blieb in York die mittelalterliche Silhouette weitgehend erhalten.

Eine Silhouette, deren markantester Punkt ohne Zweifel das York Minster ist. Eine gotische Kathedrale von riesigen Ausmaßen, 128 Meter lang, das Querschiff 61 Meter weit, der Glockenturm 65 Meter hoch. Über 260 Jahre wurde an diesem „größten Dom nördlich der Alpen" – so der offizielle Touristenführer – ununterbrochen gebaut, von 1220 bis 1480. Erhalten geblieben sind 128 Kirchenfenster, gläserne Kunstwerke aus acht Jahrhunderten, von den Fenstern des 13. Jahrhun-

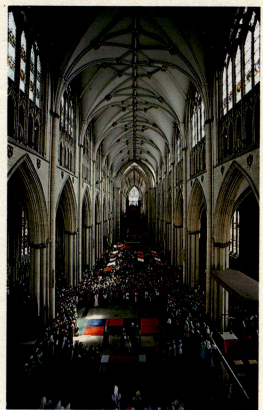

Wo früher nur eine Holzkirche stand, thront heute die gotische Kathedrale über der Stadt. Sie ist mit einer Länge von 128 Metern die größte nördlich der Alpen. Der Trubel der York Mystery Plays im Hauptschiff kann Erzbischof Matthew Hutton (1559–1606) in seinem Sarkophag nicht mehr stören

derts bis hin zu Kirchenglasmalereien der Gegenwart. Dreimal wäre das Minster, Sitz des Erzbischofs von York, um ein Haar niedergebrannt. Im Jahr 1829 steckte ein religiöser Fanatiker die Orgel an, 1840 vergaß ein Handwerker seine brennende Kerze. Beide Feuer wurden gerade noch rechtzeitig entdeckt. Um Sein oder Nichtsein ging es beim großen Brand vom 9. Juli 1984, als ein mächtiger Blitzschlag die Feuerwarngeräte im linken Querschiff zerstörte und einen großen Teil der hölzernen Dachbalken in Flammen setzte.

Aus allen Teilen des Landes meldeten sich nach dem Unglück hilfsbereite Bürger und schickten Bargeld oder boten an, kostenlos Eichenstämme für die neuen Dachbalken heranzuschaffen. Manchmal waren es mehrere zehntausend Pfund auf einmal, manchmal auch nur ein paar Pennies, wenn Rentner oder Kinder ihre Sparschweine geschlachtet hatten. „Dear Archbishop", schrieb ein kleiner Junge, „ich bin froh, daß Du nicht im Münster wohnst, sondern in einem Palast, sonst wärst Du am Ende mit verbrannt."

Zwischen den zahlreichen Schreiben, in denen Menschen aus aller Welt Zuspruch spendeten, ist auch der Trostbrief des kleinen Jungen in der Krypta der Kathedrale ausgestellt – gleich neben dem Kirchenschatz mit den edelsteinbesetzten Gefäßen und liturgischen Geräten aus Gold und Silber. Noch lange wird das Münster eine Baustelle sein.

Keine Frage, daß sich in der Geisterstadt York viele Menschen nicht mit der Erklärung zufriedengeben wollten, die Ursache der Brandkatastrophe sei ein simpler Blitz gewesen. Hier mußten schon höhere Mächte ihre Hand im Spiel gehabt haben. „Das war eine Warnung Gottes für unsere Theologen, damit sie die Gläubigen nicht weiter von den Grundwahrheiten der Bibel fortführen", schimpfte beispielsweise der Vikar Tony Dawkins in seinem Gemeindeblatt. Eine Frau wetterte in der Leserbriefspalte der Lokalzeitung, das Feuer sei ein Signal für Kirchenführer, „die nicht sehen wollen, was Gott direkt vor ihrer Nase tut". Und ein Taxifahrer meldete sich mit der Beobachtung, eine Flamme sei „wie eine Rakete aus dem Himmel" in den Dom gefahren.

Das göttliche Zeichen, so hieß es, galt einem umstrittenen Geistlichen: War nicht knapp 60 Stunden vor dem Blitzschlag der Reverend David Jenkins in der Kathedrale von York zum Bischof der benachbarten Diözese Durham geweiht worden? Ein Kirchenmann, der öffentlich Zweifel an der unbefleckten Empfängnis Marias und der konkreten Auferstehung Jesu aus dem Grabe hatte laut werden lassen.

Denn in der Stadt mit den 17 Kirchen ist Religion keine Nebensache. Vor den Ruinen einer alten Klosterkirche in den Museum Gardens, einem Park in der Nähe des Münsters, finden alle vier Jahre Mysterienspiele statt. „With angels, God and everything" – mit Engeln, Gott und allem, was dazugehört, wie eine Fremdenführerin versichert. Im Yorkshire Museum, dem der Park seinen Namen verdankt, sind die Spuren von über dreihundert Jahren römischer Besetzung hinter Glas zu besichtigen. Vom Jahre 71 nach Christus, als der Gouverneur Quintus Petilius Cerealis seine Truppen gen Norden führte und auf einem hochgelegenen dreieckigen Plateau zwischen den Flüssen Ouse und Foss die Niederlassung Eboracum bauen ließ, bis zum Jahre 406, als die Legionen wieder heimwärts zogen. Während der Woche betrachten häufig Gruppen junger Römerinnen und Römer die im Museum aufgestellten Töpfe, Fibeln und Spee-

Einst Hauptstadt der Römer, Angelsachsen und Dänen, ist York heute die von Touristen belagerte Spukmetropole Europas

re, verkleidete Schulkinder aus der Umgebung, die sich mit großem Eifer in die Zeit der römischen Kaiser zurückversetzen.

Wie es York nach dem Rückzug der Römer erging, liegt weitgehend im dunkeln. Nur soviel ist sicher: Die Lebensqualität nahm drastisch ab. „Es wurde schlagartig dreckiger und ungesünder", folgert Peter Addyman, Direktor des städtischen Archaeological Trust, aus den Ausgrabungen. Die Forscher fanden Abfallhaufen und Fäkaliengruben gleich neben den Wohnhäusern, entdeckten in und neben den Gebäuden die Überreste von Würmern, Käfern und anderem Ungeziefer. Männer wurden damals im Durchschnitt nur 35, Frauen sogar nur 30 Jahre alt. Peter Addyman: „Erst im 19. Jahrhundert erreichten die Menschen wieder den hygienischen Standard der Römerzeit."

Aus Eboracum wurde Caer Ebrauc. Die keltischen Bewohner ließen das römische Stadtbild weitgehend intakt und bauten ihre Häuser auf den Ruinen ihrer Vorgänger. Sie arrangierten sich mit den Teutonen, die als römische Hilfstruppen ins Land gekommen und nach dem Abzug der Römer geblieben waren. Schließlich landeten Scharen von Angelsachsen an der Küste, um mal von dem einen, mal von dem anderen Herrscher als Schutzheer engagiert zu werden. Später übernahmen die Angelsachsen selbst die Macht und erklärten Eoforwic, wie sie York nannten, zur Hauptstadt ihres Königreiches. Ihr König Edwin ließ sich 627 taufen und erbaute die erste dem heiligen Peter geweihte Kirche, deren Grundmauern allerdings bis heute nicht gefunden wurden.

Große Umwälzungen gab es erst wieder, als die Wikinger mit ihren schnellen Booten die Ouse hinaufruderten. Mordend, plündernd und brandschatzend fielen sie in York ein, um dann das dänische Königreich Jorvik zu gründen, das von 876 bis 954 bestand. Auch die Eroberer aus Dänemark änderten kaum etwas am Grundriß der Stadt, sie errichteten ihre Holzhäuser entlang den alten römischen Straßen. Wer im Gewirr der Gassen und Gäßchen nicht höllisch aufpaßt, hat sich im Handumdrehen verlaufen. Ein Mitbringsel der Wikinger ist beim Stadtbummel heute noch unübersehbar: Fast jedes zweite Straßenschild endet auf *gate*, in Anlehnung an „gade", das dänische Wort für Straße.

Den besten Beweis dafür, wie gut der Unternehmungsgeist der Wikinger die Zeiten überdauert hat, liefert das Jorvik Centre mitten in der City. Eigentlich war geplant, die Reste der alten Wikingerstadt, die bei Schachtarbeiten für ein Einkaufszentrum mehr zufällig zutage traten, einfach auszugraben und ins Museum zu verfrachten. Schließlich standen die Altertümer den Fundamenten für Geschäftsbauten im Wege. Aber die bauwütigen Behörden hatten nicht mit der Hartnäckigkeit der Mitglieder und Förderer des 1972 gegründeten Archaeological Trust gerechnet, und insbesondere nicht mit der Ausdauer des Magnus Magnussen.

Das Vorstandsmitglied mit dem waschechten Wikingernamen bekniete Privatleute und Firmen, seinem Verband mit Spenden und Zusagen für langfristige Darlehen zu helfen. Schließlich lagen 2,6 Millionen Pfund Sterling in der Kasse – ein

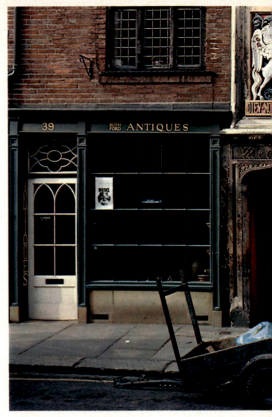

finanzielles Argument, das die Stadtverwaltung zuletzt doch überzeugte. Das Einkaufszentrum wurde über der alten Wikingerstadt errichtet und die Ausgrabungsstätten blieben erhalten. Wie eine Art Tiefgarage liegen sie jetzt unter den neuen Backsteingebäuden.

Jahr für Jahr werfen schätzungsweise 500 000 Besucher einen Blick in die unterirdischen Räume. In langen Schlangen warten Tag für Tag ganze Familien darauf, sich für ein gepfeffertes Eintrittsgeld in vollautomatischen kleinen Wagen durch Wikinger-Land fahren zu lassen. Ortsansässige Handwerker bauten mit Hilfe von Experten originalgetreue Häuser, Boote und Gebrauchsgegenstände nach und arrangierten farbenprächtige Szenen aus dem Leben der Eroberer. Lautsprecher berieseln die Reisenden mit Musik und Informationen, Gerüche aus der Wikingerzeit wehen durch die Gänge – erzeugt mit künstlichen Duftstoffen. „Sie riechen die frischen Äpfel, die auf dem Markt verkauft werden. Sie riechen den Dunst eines Schweinestalls und den Duft eines Eintopfes, der sich mit dem Rauch des Holzfeuers mischt", heißt es in der „Jorvik Times", der örtlichen Touristen-Broschüre.

Wer nicht ganz so tief in die Vergangenheit einsteigen will, kann sich auf den Weg zum Eisenbahn-Museum machen, gleich hinter dem Bahnhof gelegen. Zu den prächtigsten Ausstellungsstücken unter den Dutzenden von Lokomotiven und Waggons zählt der plüschige Salonwagen der Queen Victoria – ausgestattet mit Teeküche, Bad und Schlafzimmer. Vom Museumsrestaurant aus blickt der Besucher auf ein Gewirr von Gleisen und die aus London eintreffenden Züge. Das 1867 eröffnete Gebäude der Railway Station, eines der schönsten „neuen" Bauwerke der Stadt, bildet eine

Wer durch York streift, fühlt sich ins Mittelalter versetzt. In Shambles, der ehemaligen Straße der Metzger, wachsen die Giebel der schmalen Häuser fast zusammen. In einem Haus der mittelalterlichen Zünfte ist stilecht ein Antiquitätengeschäft eingerichtet

elegante, langgestreckte Kurve. Die geschwungene Form ergab sich aus der Absicht des Architekten Thomas Prosser, die Schienen der Verbindung London–Schottland so nah wie nur irgend möglich an die Stadtmauer heranzuführen.

Versteht sich, daß für den Bau des Bahnhofs ein Stück von Yorks Historie geopfert werden mußte. Die ein- und ausfahrenden Züge halten genau auf dem einstigen römischen Friedhof. Die Archäologen schwören Stein und Bein, daß die Überreste der Gräber längst geborgen sind. Die Verantwortlichen von British Rail aber argwöhnen trotz aller Beteuerungen, daß sich die Geister aus der Vergangenheit doch wieder melden könnten. Noch 1985 setzten sie alles daran, das eigentlich fällige Tieferlegen von Gleisen zu vermeiden. Begründung des Staatsunternehmens: „Sonst kommen wieder die Archäologen und stören monatelang den Eisenbahnverkehr."

Manchmal wäre es für die Bewohner der Stadt wohl kein sonderlich erschreckender Gedanke, wenn die Bahnlinien mal ein paar Wochen stillägen. Der Spaziergänger, der an schönen Ausflugstagen von der Stadtmauer aus das Gewimmel am Bahnhof und in den Gassen beobachtet, kann die Sehnsucht nach ein bißchen Ruhe durchaus verstehen. So sehr die Stadt mit ihren gut 100000 Einwohnern vom Tourismus profitiert, so sehr leidet sie auch unter dem fast ununterbrochenen Ansturm von Besuchern. Drei Millionen sind es pro Jahr. Seit York an das britische Intercity-Netz angeschlossen und die Fahrzeit nach London auf wenig mehr als zwei Stunden geschmolzen ist, wird die Stadt in den Sommermonaten von Scharen von Tagesbesuchern erobert. Sie fallen frühmorgens ein, bewaffnet mit Sandwich-Paketen und Cola-Dosen, stürmen im Eiltempo von Museum zu Museum und fahren abends abgekämpft wieder heim. Zurück bleiben Berge von Papier und leeren Metalldosen.

„Übelnehmen kann man es den Leuten nicht", seufzt Jim Crichton, Chef des örtlichen Touristik-Büros. „Schließlich gehört York nicht allein seinen Einwohnern, sondern ist Teil des britischen Erbes." Ein Erbe, das die Bürger der Stadt den zwar gelegentlich lästigen, aber doch auch andächtigen Touristen mit einigem Stolz vorführen. Dutzende ehrenamtlicher Stadtführer, unter ihnen Hausfrauen, Postboten und Lehrer, zeigen Besuchern zweimal täglich kostenlos die wichtigsten historischen Sehenswürdigkeiten und geben Tips, in welchen Pubs nach Feierabend das Pint of Bitter am besten schmeckt.

In einer Kneipe in der Innenstadt hat der Besucher sogar die Chance, dem Geist des zweiten Duke of Buckingham, George Villiers, zu begegnen. Im 17. Jahrhundert widmete sich dieser Edelmann ohne nennenswertes Ergebnis der Herstellung von Gold, hatte dafür aber um so größeren Erfolg bei den Damen seiner Umgebung. Gegen seinen ausdrücklichen Willen wurde der Herzog nach seinem Tode nicht im geliebten York, sondern in der Westminster Abbey im fernen London zu Grabe getragen. Das stellte sich als folgenschwere Entscheidung heraus, zieht es den Geist des toten Gentleman doch seither immer wieder gen Norden.

Wer sich nicht fürchtet, sollte sich abends auf ein großes Glas des dunklen und starken Old Peculiar-Biers in das *Cock-and-Bottle* in der Skeldergate setzen, der auf den Grundmauern der einstigen Alchimisten-Werkstatt des Duke errichtet wurde. Dort streichelt der hochadelige Geist Besucherinnen gelegentlich mit kalter Hand über den Rücken. Nicht jeder, versteht sich. Er sucht sich die schönsten aus... □

David Hockney

ICH WOLLTE MALEN, DAS WAR ALLES

Viele Jahre schon lebt der Maler David Hockney in Kalifornien, weit fort von dem grauen Himmel Yorkshires und dem kleinbürgerlichen Milieu Bradfords, wo er seine Kindheit verbrachte. Doch 1982 kam er zurück, um hier seine neue Ausdrucksform, fotografische Collagen, zu erproben. Und bei der Rückkehr kamen die Erinnerungen

Ich wurde 1937 in Bradford geboren. Bis ich elf war, ging ich dort in die Volksschule, wohin auch meine Brüder und meine Schwester gingen. Mit einem Stipendium kam ich dann in Bradford aufs Gymnasium. Ich war nicht wirklich glücklich da; wahrscheinlich langweilte ich mich zu sehr. Mit elf Jahren beschloß ich für mich, ich wolle Künstler werden. Mein Vater zeigte ein gewisses Kunstinteresse. Er verstand nicht viel von Bildern, aber er hatte in der Kunstschule in Bradford in den zwanziger und dreißiger Jahren Abendkurse besucht, was bedeutete, daß er interessiert genug war, es selbst mit Zeichnen und Malen zu versuchen. Als ich elf war, malte mein Vater alte Fahrräder an. Ich sah ihm dabei zu. Die Faszination des Pinsels, der in die Farbe getunkt wird, um sie aufzutragen – ich liebe es heute noch.

Im Gymnasium in Bradford hatten wir nur im ersten Jahr eineinhalb Stunden Zeichenunterricht pro Woche; danach wählte man entweder die alten Sprachen oder Naturwissenschaften oder moderne Sprachen, Kunstunterricht gab es nicht mehr. Ich fand das schrecklich. Ich erinnere mich, daß unser Mathematiklehrer kleine Kakteen auf dem Fensterbrett hatte; ich fand immer, ich hätte es nicht nötig, in diesen Stunden zuzuhören, und so saß ich jeweils hinten und zeichnete heimlich die Kakteen. Dann pfiffen sie mich an, weil ich zuwenig arbeitete, und der Schulleiter sagte: Warum bist du so faul? Du hast ein Stipendium. Wenn ich ihnen dann erklärte, daß ich mich mit Kunst beschäftigen wollte, sagten sie: Dafür ist *später* noch genug Zeit.

In der Schulzeitung stand immer ein Bericht über die verschiedenen Vereine, und ich erinnere mich, daß in meinem allerersten Semester im Artikel über den Kunstverein stand: „Hockney D. trug zur Auflockerung bei." Ich war damals elf und wußte nicht, was „Auflockerung" war; es klang irgendwie nach einem Fachausdruck, aus der Bildhauerei oder so, und ich dachte, vielleicht hatte ich da so was gemacht.

Gleich als ich sechzehn war, ging ich von der Schule. Ich stellte eine kleine Mappe zusammen; ich zeichnete ein paar Schriften und anderes, von dem ich glaubte, daß Gebrauchsgrafiker es so machten. Ich zeigte sie in einigen Ateliers in Leeds herum, und schließlich sagte mir einer: Gut, wir könnten dir einen Job geben, aber du würdest besser in die Kunstschule gehen. Und ich sagte: Oh, ich weiß schon. Dann sagten sie, sie würden mir einen Job geben, aber ich sagte: Nein, vielleicht geh' ich doch in die Kunstschule, ich nehme Ihren Rat an. So ging ich nach Hause zurück und sagte meiner Mutter, man habe mir gesagt, ich müsse in die Kunstschule, und sei es auch nur für ein Jahr. Sie schien überzeugt, und so begann ich in der Kunstschule in Bradford. Die meisten Studenten in dem Kurs sagten, sie wollten Lehrer werden – er wurde als eine Art Zeichenlehrerkurs angesehen. Ich sagte also, daß ich zum Malkurs überwechseln wolle. Sie versuchten, mich umzustimmen; sie sagten: Hast du ein Privateinkommen? Ich sagte: Was ist denn das? Sie sagten: Vom Malen kannst du nie leben. Aber ich ließ mich nicht beirren und wechselte in den Kurs für das National Diploma in Design. Dort studierte man zwei Jahre lang ein Hauptfach und ein Nebenfach; mein Hauptfach war Malerei, mein Nebenfach Lithographie.

Wenn man so jung ist, ist es wichtig, was man sieht. Das meiste, was ich an Kunst sah, sah ich an der Kunstschule. Damals gab es nur wenige Kunstbücher, und die Bibliothek war sehr klein; ich kann mich noch an die Ankunft der ersten großen Kunstbände mit Farbtafeln erinnern, die Skira-Bücher aus der Schweiz. Ich studierte sie eifrig – es waren Bücher über die Malerei des 19. Jahrhunderts in Frankreich, die Impressionisten. Meine erste Reise nach London unternahm ich erst mit neunzehn, das heißt, die einzigen Originalgemälde, die ich bis dahin gesehen hatte, hingen in Bradford, Leeds, Manchester und York. Die Leeds Art Gallery hatte recht gute Bilder. Damals hing dort das große Reiterbildnis von Rembrandt, das sich heute in der National Gallery befindet, und dann hatten sie ein, zwei Franzosen und einige Flamen. Die einzige zeitgenössische Kunst, die wir zu sehen bekamen, stammte aus England.

Porträt meines Vaters ist eines meiner allerersten Ölbilder. Es entstand zu Hause, Samstag nachmittags, wenn mein Vater jeweils mit seiner Arbeit fertig war. Während der letzten beiden Sommer, die ich in Bradford verbrachte, malte ich im Freien. Es entstand

eine Anzahl kleiner Bilder von alleinstehenden Doppelhäusern, der Vorstadt von Bradford. Ich lud alle Malutensilien auf einen kleinen Karren, der früher ein Kinderwagen gewesen war, fuhr sie hinaus und malte an Ort und Stelle. Und an der Kunstschule mochten sie meine Bilder; sie fanden sie recht geschickt. Das *Porträt meines Vaters* wurde sogar verkauft. Ich schickte dieses und noch ein Bild von der Straße, an der ich in Bradford lebte, zu einer Ausstellung in Leeds – das war, glaube ich, 1954, die Yorkshire Artists Exhibition, die alle zwei Jahre in der Leeds Art Gallery für die ortsansässigen Künstler aus Yorkshire abgehalten wurde. Es war ein großes Ereignis. Die gesamte Belegschaft der Kunstschule schickte Bilder ein, und die meisten Gemälde waren von Abschlußschülern, die als höchst professionell galten. Die meisten anderen Bilder stammten von Lehrern der regionalen Kunstschulen. Als ich diese beiden Bilder einsandte, fiel mir gar nicht ein, sie mit einem Preis anzuschreiben, ich dachte, die kaufe sowieso keiner.

Ich erinnere mich, wie ich an einem Samstagnachmittag zur Eröffnung ging. Es gab belegte Brötchen und Tee umsonst, und ich empfand es als ein großes Ereignis, ein ungeheures Ereignis. Ein Mann, der zur Eröffnung gekommen war, sah *Porträt meines Vaters,* kriegte heraus, daß ein Junge es gemalt hatte, und bot mir zehn Pfund dafür; ich war höchst erstaunt! Das war eine große Menge Geld, und da mein Vater die Leinwand gekauft hatte, dachte ich, es ist eigentlich *sein* Bild, es ist seine Leinwand – ich hatte nur meine Spuren darauf hinterlassen. Deshalb rief ich ihn an und sagte: Da ist ein Mann, der dieses Bild kaufen möchte, kann ich es verkaufen? Und er sagte: Uh, ja. Er glaubte, es sei *seinetwegen,* verstehen Sie, und er sagte: Du kannst ja noch eins malen. So sagte ich: Ja, in Ordnung. Nun mußte ich am nächsten Montag in der Kunstschule für alle einen ausgeben. Das kostete wohl ein Pfund. Der Gedanke, ein ganzes Pfund in einem Pub auszugeben, schien mir absurd, aber vom Rest der zehn Pfund kaufte ich mehr Leinwände und malte noch mehr Bilder, und die stellte ich dann vor allem bei Lokalausstellungen in Bradford und Leeds aus. □

David Hockney fotografierte seine Mutter vor den Ruinen von Bolton Abbey, Yorkshire: Der Künstler seziert die Welt durch die Augen-Blicke der Kamera und fügt sie in seiner Collage zu einer neuen Zusammenschau

Lake Buttermere ist einer von den kleineren romantischen Seen im Lake District

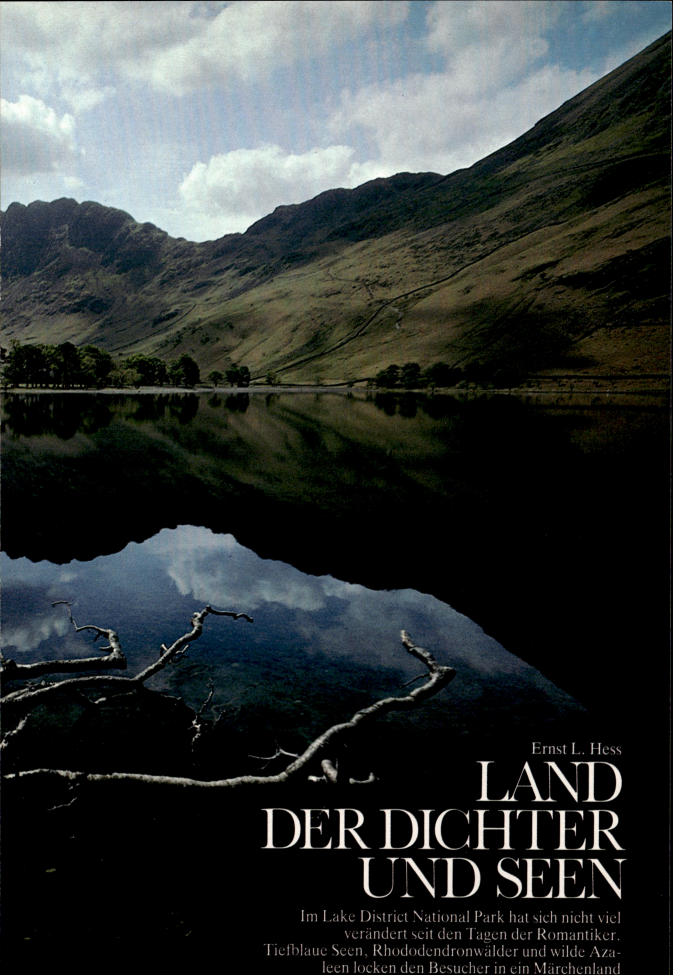

Ernst L. Hess

LAND DER DICHTER UND SEEN

Im Lake District National Park hat sich nicht viel verändert seit den Tagen der Romantiker. Tiefblaue Seen, Rhododendronwälder und wilde Azaleen locken den Besucher in ein Märchenland

Die Seenplatte ist für das englische Gemüt, was der Schwarzwald für die deutsche Seele ist

Vielleicht überläßt man die Schwärmerei besser Englands großen Romantikern, die den Lake District für die Literatur entdeckten. „Wie eine Wolke hoch im Blau / schritt einsam ich im Ungewissen", reimte William Wordsworth 1804, „da sah ich, unverhoffte Schau / ein Heer von schimmernden Narzissen / am See und unter Bäumen stehn / tanzend und schwankend im Windeswehn . . ."

Die Vision tanzender Blumen ereilte den Meister im Gowbarrow Park, unmittelbar an den Ufern des Ullswater. Kein anderer der zehn großen und mehr als ein Dutzend kleinen Seen zeigt ein so vielgestaltiges, bewegtes Ufer, gesäumt von Eichen und wilden Azaleen, Birken und Lärchen, rostroten Farnhügeln und immergrünen Koniferen aller Art. Mutig stürzt sich der Aira Force, ein kristallklarer Wasserfall, durch eine enge Waldschlucht, an deren Ende ein neugotisches Jagdschlößchen steht. Silberner Wasserstaub überzieht Moos und Stein, läßt die Blätter glänzen und die Touristen in Bewunderung erstarren. Die Seenplatte ist für das englische Gemüt, was Heidelberg und der Schwarzwald für die deutsche Seele sind und ein Inspirationsquell erster Güte für Englands Dichter und Denker. William Wordsworth, Samuel Taylor Coleridge, Robert Southey und Thomas De Quincey, die Creme der englischen Frühromantik, schöpften aus dem Lakeland Kraft und Kreativität für ein großes Kapitel der englischen Literaturgeschichte.

Fasziniert von den Bergen Cumbrias, wie sich die alten Grafschaften Cumberland und Westmorland heute nennen, war auch ein Bewunderer, der sich in Brantwood, am Ufer des Coniston Water, niederließ. „Ich habe hier ein kleines Landgut gekauft, mit dem schönsten mir bekannten Blick", schrieb John Ruskin, der Sozialreformer, Schriftsteller und Maler, 1872 an einen Freund. Wer an einem sonnigen Wintertag durch die Fenster von Brantwood House auf die verzuckerten Gipfel der Furness Fells blickt, empfindet Ruskins Urteil als maßlose Untertreibung. Selten findet sich eine so vollendete Harmonie aus Wasser, Fels, Blumen und Architektur. Als er 1871 das Cottage erwarb, charakterisierte Ruskin seinen neuen Besitz als einen „Schuppen aus verrottetem Holz und losen Steinen".

Doch er war nicht nur ein Mann brillanter Worte, sondern wußte auch die Hände zu gebrauchen. Nach und nach entstand eine viktorianische Dreißigzimmervilla mit selbstentworfenen Möbeln, selbstgemalten Bildern und einer stattlichen Bibliothek. Nur ganz behutsam griff Ruskin in den Haushalt der Natur ein, ließ den Park Wald bleiben, pflanzte Rhododendron und Azaleen, die im Lake District besonders prächtig wachsen, im Überfluß. Für die Boote seiner kleinen „Flotte" legte der international anerkannte Kunsthistoriker einen „Hafen" an, in dem noch heute der Ausflugsdampfer „Gondola" vor Anker geht. Als er mit achtzig Jahren Ende des letzten Jahrhunderts starb, hinterließ Ruskin seinen geliebten Besitz mit dem unbezahlbaren Blick auf die Cumbrian Mountains einem Malerehepaar. Die beiden komplettierten Brantwoods berühmte Galerie und wagten ansonsten nicht einmal, einen Stuhl zu verrücken. So ist die Villa nicht nur als ein liebevoll gehütetes Denkmal erhalten, sondern auch als ein geschlossenes Kunstwerk der viktorianischen Epoche.

Erst die Romantik hat Cumbria entdeckt. Das uralte Gebirge im Nordwesten Englands galt lange Zeit als unwirtlich und furchteinflößend, der karge Boden den Bauern als Strafe Gottes. Bevor Wordsworth und seine Freunde die rauhe Schönheit literarisch salonfähig machten, verirrte sich kaum ein Gentleman in diese Einsamkeit. Inzwischen gibt es nicht wenige Stimmen, die den Tourismus unserer Tage mit all seinen Auswüchsen als Plage verfluchen. Natürlich nicht die Hoteliers der großen Häuser rund um Derwent Water oder Windermere, die in den Sommermonaten jedes Bett zehnmal verkaufen könnten. Auch nicht die Andenkenverkäufer, Bootsverleiher und Gastwirte, denen man das gute Geschäft nicht zum Vorwurf machen darf. Aber der Reiz des Lake District liegt nun einmal in seiner weitgehend unberührten Natur, wie sie Ben Nicholson, William Johnstone und der Deutsche Kurt Schwitters gemalt haben. Ihre Bilder hängen an den Wänden von Abbot Hall, einem klassizistischen Herrenhaus mit Erkern und Palladiofenstern, dessen Kunstgalerie manchem Kenner mehr gilt als die großen Sammlungen in London oder Edinburgh. Das mag daran liegen, daß sich die Natur draußen vor den Fenstern auf den Aquarellen und Ölbildern im Innern des Schlößchens widerspiegelt: Das gleiche Licht, dieselben Farben. George Romney lernte in Kendal sein Handwerk, bevor er nach London ging, um Lady Hamilton in weichen, verschwebenden Farben zu malen. Nach Jahren kehrte er als Todkranker zurück, malte die Seen, den Himmel und das Feuer der Farnhügel im Herbst.

Auch im Lakeland vergißt man nicht, daß England eine Insel ist und das Meer nie weit. Es genügt eine Fahrt über den Hardknott Pass, der Ambleside mit dem Meer verbindet. Bald liegen die Rhododendronwälder wie bunte Kissen tief unten im Tal, die schmale Straße windet sich durch das Muster der Hecken und Mauern, überspringt auf verwitterten Steinbrücken den Wrynose Bottom, das Flüßchen Esk. Wolken und Schafe sind letzte Begleiter bis zum Gipfel aus Farn und Fels, den die Römer mit einem Fort bestückten. Wenn sich der Nebel lichtet, erkennt man in der Ferne die Türme von Muncaster Castle, aus rotem Sandstein in tiefgrünes Parkland gesetzt. Und am Horizont der blaßblaue Saum des Meeres; ein grandioses Panorama, hingehaucht für den Augenblick der Erinnerung.

Wir haben in unserem Park vielleicht zweihundert verschiedene Rhododendronarten", gibt sich Sir Patrick Gordon-Duff-Pennington, Herr auf Muncaster, bescheiden. Da weltweit 642 Sorten bekannt sind, bekommt man im berühmten Garten Sir Patricks schon einen gewissen Überblick. Ein Vorfahre seiner Frau, Sir John Ramsden, ließ über dem Tal künstliche Terrassen anlegen, die man mit Tausenden von Magnolien, Azaleen, Kamelien und eben Rhododendron bepflanzte. Ende Mai, Anfang Juni erstickt das mächtige Schloß fast unter der Blütenpracht. Es entsteht ein Feuerwerk aus

Millionen von Blüten, mühsam kontrolliert von einem Dutzend Gärtnern und Helfern. Große Parks haben in Cumbria eine lange, stolze Tradition. Das liegt am milden Seeklima, am Ehrgeiz der meist adeligen Schloßherren und an der Liebe der Cumberländer zu allem, was blüht. Ein Schüler des großen Le Nôtre legte den Garten von Levens Hall an, eine Spielerei des Ancien régime aus skurril gestutzten Buchsbäumen, aus Hortensien, Blumenrondellen und Rosenhecken. Holker Hall bezaubert durch seine Rhododendron-Haine, Sizergh Castle durch elisabethanische Patina und verwunschene Weiher, in deren Wasser sich Kaskaden von Goldlack, Löwenmäulchen und Azaleen spiegeln.

William Wordsworth befand sich in bester Tradition, als er rund um seinen Alterssitz Rydal Mount zwei Hektar Parkland nach eigenen Entwürfen bepflanzte. Neben seltenen Bäumen und exotischen Sträuchern fasziniert vor allem „Dora's Field", eine Hangwiese über Rydal Church, mit unzähligen Osterglocken, die der Dichter seiner Tochter schenkte. Vielleicht wollte er auch nur sein „Heer von schimmernden Narzissen" ganz nah in seine Wirklichkeit holen.

Rydal Water ist mit dem See Grasmere durch das Flüßchen Rothay verbunden. Sanft rollen die Wiesen hinunter zum Wasser, über dessen klaren Spiegel uralte Eichen und Buchen dunkle Schatten werfen. Im Röhricht stöbern die Wildenten, nur selten aufgeschreckt und deshalb fast zutraulich. Eine bukolische Landschaft, ganz im Gegensatz zu den schroffen Felsen am Honister Pass oder Scafell Pike. St. Oswald's Church im Dörfchen Grasmere sieht man kaum, so grau ducken sich die Bruchsteine aus dem 13. Jahrhundert unter das kleine Dach, umrahmt von Wacholder und wildem Wein. Bei Sonnenschein malen die Friedhofsbäume auf die grauen Mauern ein bizarres Muster, bisweilen streift ein dünner Strahl auch die Gräber von Coleridge und Wordsworth. 1799 erwarb der Dichter der „Narzissen" hier sein „Taubenhäuschen", Dove Cottage, wo er zunächst in der Gesellschaft seiner hübschen Schwester Dorothy lebte. Hier, zwischen Blumen und winzigen Fenstern, entstanden Wordsworth' schönste Gedichte; das rechte Haus für einen Mann, der sein Leben am liebsten bei kleinen Ansprüchen und großen Gedanken verbrachte.

Derwent Water, als „Königin der Seen" gefeiert und nur ein Dutzend Meilen weiter nördlich, wird von sanft ansteigenden Waldhängen umrahmt. Dahinter ragen schon die mächtigen Gipfel der Derwent und Borrowdale Fells in den oft blankgefegten Himmel. Wenn die Sonne hinter den Bergen untergeht und granitfarbene Wolken am Horizont aufziehen, erhält die Landschaft fast heroische Züge. Im milden Sommerlicht dagegen erinnert manches an die Tessiner Seenlandschaft; ja, fast ergänzen sich Vegetation und Architektur Cumbrias noch idealer mit dem tiefblauen Wasser als in südländischen Breiten. Den schönsten Blick auf die Inseln im Derwent Water hat man vom Friar's Crag, einem zerklüfteten Felsvorsprung, dessen Fuß vom gigantischen Wurzelwerk schottischer Föhren umklammert wird. Am anderen Ufer erkennt man Manestry Park, wo der Romancier Sir Hugh Walpole eine Zeitlang die Villa Brackenburn House bewohnte. Das Erlebnis dieser Landschaft und ihrer Menschen hat viele seiner heute kaum noch gelesenen Bücher geprägt.

Am Ostufer des Derwent führt die Straße lange Zeit auf dem Talgrund des idyllischen Borrowdale entlang, dessen graue Dörfer und zotteligen Schafherden den Dichter Thomas Gray zu elegischen Versen inspirierten. Plötzlich geht es in steilen Serpentinen hinauf zum Honister Pass, vorbei an Bauernhöfen, durch Wind und Wetter vorzeitig gealtert. Schottland ist auf einmal ganz nah, die Lieblichkeit Windermeres oder Derwent Waters schon Vergangenheit: schroffe Bergflanken in dunklen Eisentönen, nackte, urzeitliche Schründe ohne Lebenszeichen. Nebelfetzen lassen der Phantasie freien Lauf, und man ist erleichtert, wenn nach einer guten Stunde Buttermere und Crummock Water die tote Steinwüste ablösen. Braunblau, Rost und Mattgrün sind jetzt die dominierenden Farben, dazwischen die schwarzweißen Wollknäuel der Herdwick-Schafe. Und irgendwann ein Städtchen namens Cockermouth, Geburtsort von William Wordsworth: Ein paar ansehnliche Häuser, ein Dutzend Pubs und zwei, drei winzige Fabriken, die schon bessere Zeiten gesehen haben.

Städte spielen im Lake District kaum eine Rolle, haben sie wohl auch nie ernsthaft gespielt. Cumbria, das ist Natur pur, hier und da durch kleinere Ansiedlungen aufgelockert. Gewiß, Keswick war einst Stapelplatz für Wolle, Kupfer und andere Mineralien, die von den Edelsteinsuchern mühsam aus den Felsen gekratzt wurden. Aber längst sind die Stollen verschüttet, die Lastschiffe auf dem Derwent Water abgewrackt. Keswicks Industrie ist heute der Fremdenverkehr. Davon lebt es sich nicht schlecht, zumal zahlreiche Golfplätze in der Nähe zwölf Monate im Jahr geöffnet haben. Ein wenig Holzschnitzerei, Schieferverarbeitung und Wollweberei vervollständigen das industrielle Angebot. „Wir sind auf unsere Gäste mehr denn je angewiesen", klagt Keswicks ehrgeiziger Bürgermeister, und spricht damit auch für seine Amtskollegen in Kendal, Cockermouth, Windermere oder Whitehaven. Cumbrias Kapital liegt in der Natur, die seit ihrer Entdeckung durch die Romantiker kaum verändert wurde. Tagelang trifft man in den Bergen von Copeland Forest keinen Menschen, und das Wasser des Buttermere ist so klar, daß man vom Boot bis tief hinab auf den Grund sehen kann.

Daß es bei den Schriftstellern dieser Landschaft nicht immer ernst oder dramatisch zugeht, paßt ebenfalls zum wechselvollen Charakter des Lake District. Millionen Kinder auf der ganzen Welt brachte Helen Beatrix Potter zum Lachen und Träumen. Am Westufer des Windermere steht in einem bunten Bauerngarten „Hilltop Farm", die Heimat der Geschichtenerzählerin. Wie eh und je laben sich Wildkaninchen an Salat und Rüben. Als Mrs. Potter den Bergbauernhof 1896 kaufte, war sie gerade dreißig Jahre alt und hatte ihr erstes Buch geschrieben. Hauptperson: ein ungezogenes Karnickel namens „Peter Rabbit" ... □

> Große Parks haben in Cumbria eine stolze Tradition. Das liegt auch am Ehrgeiz der meist adeligen Schloßherren

Ickworth hat eine gerundete Vorderfront von 200 Metern. Der exzentrische Earl of Bristol ließ das Landhaus um 1800 erbauen

Nick Barkow

DIE PRACHT UND DIE HERRLICHKEIT

Landhäuser nennt der englische Adel mit vornehmer Zurückhaltung seine Domizile: architektonische Schmuckstücke, die Sinn für Schönheit und Selbstbewußtsein verraten

Man verbreitet außerhalb der Britischen Inseln gerne ein Credo ihrer Bewohner, welches trutzig klingt, aber nicht stimmt: My home is my castle. Tatsächlich gibt es dort eine Minderheit, allgemein bedauert, die von sich sagen kann: My castle is my home. Doch das Bedauern ist fehl am Platze. Der schloßbesitzenden, schloßbewohnenden Aristokratie Englands – und der Fairneß halber sei gesagt, auch Schottlands, Wales' und Nordirlands – geht es gut, jedenfalls nicht schlecht. Anzunehmen, die adligen Eigentümer würden sich davon ernähren, daß durchreisende Texaner oder Japaner für ein zähes Steak mit seiner Lord- und ihrer Ladyschaft 500 bis 1500 Mark bezahlen, um sich anschließend von wütenden Stürmen am Einschlafen im Prunkbett hindern zu lassen, wäre ganz falsch. Britische Adlige sind keine untergehende Spezies. Sie waren es auch nie. Selbst wenn sie gelegentlich aus dem Blickfeld der Öffentlichkeit verschwanden, gleichsam untertauchten, so geschieht nach dem Urteil von Anthony Sampson (er sezierte die englische Gesellschaft in seinem Buch „Anatomies of Britain") stets dasselbe: „Sie pflegen zu unerwarteten Zeiten an unerwarteten Orten plötzlich wieder aufzutauchen."

Wer das Verhältnis der britischen Aristokratie zu ihren Wohnsitzen versteht, wird ein wenig über diese sagenhafte Klasse insgesamt erfahren.

Nur der älteste Sohn erbt Titel und Vermögen. Vorher ist er ein simpler Mr. Butler oder Montagu, ein Churchill, Spencer, Strachey, Huxley, Macmillan, Keynes, Darwin, Wedgwood, Fleming oder Sponce. Wer keinen Titel geerbt hat, bleibt bei diesem „bürgerlichen" Namen. Aber er ist natürlich auch ein Verwandter des Titelträgers, ein Familienangehöriger.

Um die echten Familiennamen von denen zu unterscheiden, welche nicht echt waren oder nur angenommen – das kann man ganz einfach durch Willenserklärung –, gewöhnten sich einst die Verwalter der piekfeinen Colleges in Cambridge und Oxford an, den Schüler Butler aus edler Familie vom Schüler Butler aus einfacher Familie so zu unterscheiden, daß man hinter den einen Namen *sine nobilitate* (lateinisch: „ohne Adel") schrieb. Abgekürzt mauserte sich die abwertende Floskel „s. nob." in ihr Gegenteil. Das Prinzip, jeder ist bürgerlich, bis er adlig wird, hat der englischen Aristokratie eine ungebrochene Vitalität und einen Pragmatismus erhalten, der sie vor vielem bewahrte, was auf dem Kontinent zum Untergang

Das von Nicholas Hawksmoore erbaute Mausoleum bei Castle Howard verführte den Schriftsteller Horace Walpole zu dem Wunsch, schon als Lebender dort begraben zu werden. Die Angler haben für Castle Howard kaum einen Blick

der Edelklasse führte. Aber noch mehr trug zum Erhalt der britischen Oberklasse bei, daß in England bis vor kurzem ständig neue, erbliche Adelstitel verliehen wurden. Mehr als die Hälfte aller bestehenden Titel stammen aus der Zeit nach 1906. Viele Regierungschefs besserten ihre Parteikasse dadurch auf, daß sie Adelstitel verkauften. Premier Lloyd George brachte für die Liberale Partei so drei Millionen Pfund zusammen, damals immerhin 60 Millionen Mark.

Nur ein Drittel des britischen Adels wird *landed gentry* oder *aristocracy* genannt: das heißt „Adel mit Landbesitz" oder „Landbesitz mit Adel". Wer diese Schloßbewohner auf ihren „Landsitzen" heute besucht – gegen Eintrittsgeld und per Reisebüro –, lernt auf anschauliche und wohlig schaudernde Weise die Menschen einer Vergangenheit näher kennen, in der England die Meere und damit die Welt beherrschte. In Englands Mitte, nicht weit von den Industrieschloten der Ballungszentren entfernt, liegen einige der ältesten und schönsten Herrensitze. Hardwick Hall in Derbyshire ist einer davon.

Seit den fünfziger Jahren wurde er für die Öffentlichkeit geöffnet. Schon längst schleppt kein Butler mehr das kostbare Porzellan die 103 Stufen von der Küche in die große Festhalle. Die Besitzer haben sich auf ein halbes Dutzend Zimmer zurückgezogen. Wo man heute einsam und ein wenig fröstelnd den *Five o'clock tea* einnimmt, bewegte sich vor rund vierhundert Jahren die adlige Gesellschaft als Mitspieler in bunten Spektakeln barocker Ausmaße. In der zweiten Hälfte des 16. Jahrhunderts war „Bess", die Gräfin von Shrewsbury, Herrin auf Schloß Hard-

wick. Temperamentvoll, lebenslustig und geschäftstüchtig überlebte sie ihre vier Ehemänner und wurde neben Königin Elizabeth die reichste Frau im Königreich. Weihnachten amüsierten sich bis zu dreihundert Besucher in den Räumen des Schlosses, aßen von goldenen Tellern und tranken aus goldenen Bechern. Am Abend loderten die Fakkeln, riefen die Fanfaren der Trompeten zum Tanz.

Das schönste Schlafzimmer blieb zu Bess' Lebzeiten unberührt – wartete auf einen Besuch der Königin. Doch vergeblich. Auf Hardwick hätte man für Elizabeth spielend Reichtum und Macht des ländlichen Adels zur Schau gestellt. Für andere, weniger gut gestellte Schloßbesitzer konnte königlicher Besuch mit hundertköpfigem Troß den Ruin bedeuten. Elizabeth hat solche tödlichen Ehrerweisungen gegen unliebsame Aristokratenfamilien skrupellos eingesetzt.

Wer das Land besaß, besaß die Macht. Nur war Englands Elite klug genug, mit der Zeit zu gehen. Die Schloßbesitzer wurden Agrarexperten, auch die Einheirat in reiche Kaufmannsfamilien lehnte man am Ende nicht mehr ab. Und als sich die Industrielle Revolution abzeichnete, wurde das Land bereitwillig für profitreiche Industrien zur Verfügung gestellt. Als Nachfahren der Bess von Hardwick besaßen der Herzog von Devonshire im 19. Jahrhundert sieben „Landhäuser" und fast 810 Quadratkilometer Land, der Herzog von Portland vier Schlösser und immerhin noch 700 Quadratkilometer. Im Laufe der Jahrhunderte entwickelte die englische Oberklasse Eigenschaften, die besonders bei Katastrophen zum Vorschein kamen. *Fortsetzung auf Seite 44*

CASTLE HOWARD: DAS GESELLENSTÜCK EINES DICHTERS

Mit Castle Howard, erbaut im 18. Jahrhundert, wechselte John Vanbrugh das Metier: vom Dichter zum Architekten

KEDLESTON HALL: EIN GANZES DORF MUSSTE DAFÜR UMZIEHEN

Die 1765 von Robert Adam fertiggestellte Anlage formt Landschaft und Natur, ohne ihr den Reiz des Natürlichen zu nehmen

Die Steinernen als Putz, die Lebenden zum Putzen. Unten: Familie Howard im Besitzerstolz

Auf Warwick Castle ist seit 1985 Wachs das Maß aller Dinge: Bei Madame Tussaud's sind Herren und Diener einträchtig in Stearin vereint. Eine Kammerzofe legt letzte Hand an das Festkleid der Gräfin, ein Dienstmädchen bereitet ein Bad

WARWICK CASTLE ODER DIE GUTE, ALTE ZEIT

Warwick ist eine der ältesten und am besten erhaltenen mittelalterlichen Anlagen in England. Die ersten Befestigungen ließ König Alfreds Tochter vor tausend Jahren errichten, der Ausbau erfolgte im 14. Jahrhundert. Nach dem wilden Ritterleben ging es 1898 auf einer Schloßparty sehr viel zivilisierter zu: Madame Tussaud's hat sie in Wachs festgehalten

Chatsworth, 1687–1707 erbaut, dessen Rasen, Gärten und Parks sich über ein riesiges Areal erstrecken, zählt jährlich eine Viertelmillion Besucher. Solche Einnahmen senken die Steuerlasten

An zweien davon hätte sie eigentlich zugrunde gehen müssen: den Massenimporten von billigem amerikanischen Getreide im 19. Jahrhundert und im 20. an den Erbschaftssteuern und Einkommenssteuersätzen von über 75 Prozent. Beide Katastrophen wurden souverän überstanden. Einmal war es für die englischen Pragmatiker niemals ein Problem, reiche amerikanische Erbinnen zu heiraten, wenn sie nur viel Vermögen mitbrachten. Mesalliance ist in England ein unbekanntes Wort. Zum Beispiel hieß der erste Lord Carrington, bevor er 1797 geadelt wurde, schlichtweg Smith.

Der britische Adel hat sich allen neuen Verhältnissen mit einer Rapidität angepaßt, die durchaus dem Düsenzeitalter angemessen ist.

So begegnete man der Bedrohung durch immense Erbschaftssteuern, indem man zum Beispiel seinen Besitz den Erben vor seinem Tode übergab. Oder man verkaufte hier und da überflüssige Kunst, die im Übermaß vorhanden schien. Sotheby's und Christie's wurden so etwas wie die Börsenplätze der Schloßbesitzer.

Als der Herzog von Devonshire 71 alte Meister für rund neunzig Millionen Mark verkaufte und die Nation entsetzt war über den Ausverkauf nationalen Kunstgutes, konnte er beruhigen: Er besitze noch mindestens zweitausend Kunstgegenstände, Wert 2,1 Milliarden Mark.

Der Duke of Bedford hatte keine Hemmungen, in den Mauern von Woburn Abbey regelmäßige Nudistentreffen abzuhalten. Immerhin werden knapp zwanzig Prozent der Instandhaltungskosten des Landsitzes auf diese Weise gedeckt. In der illustren Gesellschaft

von Rubens' schwellenden Frauenleibern stören ein paar bürgerliche Nudisten ohnehin nicht. Die herzoglichen Familiengemächer sind noch unter Verschluß, doch insgesamt degeneriert das palladianische Juwel in Bedfordshire immer mehr zum kommerziell betriebenen Touristenzentrum.

Der Landbesitz der adligen Landbewohner erstreckte sich nicht nur auf Großbritannien, sondern auch auf riesige Ländereien in Kanada, den USA, Afrika, Australien. Wenn dann unter dem Boden Seiner Lordschaft Kohle gefunden wurde oder Eisenerze oder andere Bodenschätze, was oft schon im 18. Jahrhundert der Fall war, dann bekamen die Agenten in Italien, Griechenland und Ägypten zu tun. Ganze Schiffsladungen von Kunstwerken wurden zur Ausstaffierung der Landhäuser nach England geliefert. Noch heute beweist eine Berufsstatistik des Adels: Die meisten sind mit der Verwaltung ihres Eigentums beschäftigt, mit Grundbesitz und Landwirtschaft. Wer derart gesegnet ist mit Land, mit splendidem Gut und Stückgut aller Art – warum öffnet der sein Schloß, sein Eßzimmer, seinen Wohntrakt für zahlende Gäste? Die Antwort ist einfach: Häuser, die *open to the public* sind, werden steuerlich begünstigt. Ein bißchen Spaß hat man auch, wenn staunende Exoten aus Bayern, Texas oder Hawaii eintreffen und so gar keine Ahnung von britischer Kultur haben. Und aus dem Erlös bestreitet man immerhin zwanzig bis fünfzig Prozent der Haushaltskosten.

Man kann sogar, wenn man Einfälle hat, ins „Guinness-Buch der Rekorde" kommen, sagen wir mit vier Zeilen. So steht dort Sir Reresby Sitwell verzeich-

CHATSWORTH: KEIN PALAST, SONDERN EIN HAUS

Die Bescheidenheit der Besitzer wird von der Brücke und der pompösen Bibliothek Lügen gestraft

BLENHEIM: WO WINSTON CHURCHILL ZU HAUSE WAR

Der Siegerlohn für John Churchill, Herzog von Marlborough. Er gewann 1704 eine Schlacht bei Blindheim in Bayern

net, 7. Baronet of Sitwell auf Renishew Hall. Er hat den nördlichsten Weingarten Europas, nördlich von Sheffield, 1760 Rebstöcke auf Onkels ehemaligem Reitplatz hinter einer schützenden Mauer. Als er Renishew Hall erbte, verkaufte er (für ein paar Millionen) seine Landgüter in der Toskana und empfängt seither zahlende Gäste: Er schloß sich der Vereinigung „Heritage Circle" an, Schloßbesitzer, die zahlungskräftige Touristen bewirten.

Der Gedanke, Wein in einer Region anzubauen, die nördlich von Berlin und Warschau liegt und dazu noch im Dunstkreis der Industriestadt Sheffield, deren rauchende Schlote aber von einem geschickten Gartenarchitekten einst kunstvoll verborgen wurden – nein, dieser Gedanke ist keineswegs so spleenig, wie er klingt. Englischer Wein – Müller-Thurgau, Huxelrebe, Pinot Noir – ist hierzulande der letzte Schrei. Wer auf sich hält, trinkt britischen Wein, nichts als britischen Wein. Zur Hölle mit den Importen aus Frankreich, Spanien, Italien, Griechenland! So bleiben denn dem Herren auf Renishew Hall für den Eigenbedarf keine eigenen Rebensäfte, er bevorzugt ohnehin italienische Weine oder französische (und für seine Touristen die gesüßten aus Deutschland).

Der Wein von dem Boden, der einst unter Pferdehufen erdröhnte, schmeckt entsprechend seiner Provenienz nahe des 54. Breitengrades zwar etwas herb – aber angesichts kulinarischer Genüsse haben britische Gaumen stets das bewiesen, was man auf Schlachtfeldern als Mut, Hartnäckigkeit und Ausdauer rühmt. Einnahmequellen zu finden, wenn der Name adlig ist, stellt kein übermäßiges Problem dar. Viele ver-

dienen etwas dazu, weil Adelsnamen in den Aufsichtsräten großer Firmen gesucht sind und drei bis vier Lordschaften im Briefkopf Solidität ausstrahlen. Die Herrschaft, die Doddington Hall in Lincolnshire bewirtschaftet, betreibt den Anbau und Verkauf von Weihnachtsbäumen, daneben veranstaltet man auch Konzerte. Die Schloßherrin arbeitet vormittags stundenweise im Magistratsgericht und nachmittags im Regionalkomitee des National Trust, jede freie Minute wird irgend etwas im Haus ausgebessert (siehe auch Seite 112). Seufzen Hausherr und Hausherrin: „Es ist ein gutes Leben, aber wir scheinen niemals Zeit zu haben, uns etwas auszuruhen."

Allein zehn Schlösser der „Oberliga" machen pro Jahr einen Umsatz um 70 Millionen Mark, eine formidable Industrie. Doch nicht immer ziehen die Behörden mit. Einst wollte Baron Lilford 1,2 Millionen investieren, um seinen Landsitz in Lancashire zu einem „Public Pleasure Park" umzugestalten. Eine propre Rentabilitätsrechnung lag vor – nur verweigerte die örtliche Planungsbehörde die Genehmigung.

Auch wenn seit einiger Zeit die britische Aristokratie einen allgemeinen Rückzug aus der Politik, ihrer Domäne seit Jahrhunderten, angetreten hat und sich bevorzugt dem Gelderwerb widmet, dem Schaugeschäft, dem Landhaus, der Pferdezucht – es gilt, was die Autorin Nancy Mitford einst schrieb, und sie muß es wissen, denn sie stammt aus dieser Klasse: „Der englische Lord ist ein zäher, alter Vogel, der selten etwas übertreibt; darin besteht seine enorme Stärke."

Alle Landhäuser sind in der großen MERIAN-Karte verzeichnet.

HOLKHAM HALL: AUSSEN LANDSITZ, INNEN TEMPEL

Repräsentation seit 1734: im Inneren mit Marmor und Gemälden, draußen mit Wohltätigkeitsveranstaltungen

Peter Hays
KANN DENN BLACKPOOL SÜNDE SEIN

Vor hundert Jahren brachten Peepshow-Automaten die Stadt ins viktorianisch prüde Gerede. Damit war sie unwiederbringlich „verdorben" – und ist es heute noch. Lebenssprühende Hektik und überschäumender Sinn für Gaudi regieren diese Stadt – vornehmes Naserümpfen ist nicht angebracht

Entlang der Küste bei Blackpool zieht sich eine zehn Kilometer lange Promenade, gespickt mit Lebensmittel- und Getränkeautomaten

EINE PROMENADE AUF STELZEN

Besuch aus Bottrop gibt's häufig in Blackpool. Mal kommt der Besuch aus dem Kohlenpott paarweise und bringt auch seine Kinder mit, um Urlaub zu machen, manchmal kommt er aber auch als offizielle Delegation mit Würstchen, starkem westdeutschen Hopfengebräu und einem großen Bierzelt. Bezeichnenderweise nämlich hat das Seebad Blackpool nicht etwa mit einem Kurort wie Baden-Baden, sondern mit dem nicht entfernt so vornehmen Bottrop den städte-partnerschaftlichen Bund fürs Leben geschlossen. So wie es sich für den zweifelsfrei proletarischsten Badeort in ganz Europa gehört.

Drehen wir die Uhr zurück in die Mitte des 18. Jahrhunderts: Dort, wo jener torffarbene Bach, der Blackpool seinen Namen gab, über einen meilenlangen, goldsandigen Strand ins Meer plätschert, haben sich 14 Familien, die vorwiegend vom Fischfang leben, angesiedelt. Eine malerische, wenn auch windgefegte Küstenlandschaft, wie geschaffen für jene Evolution, die ähnlich attraktive Costas und Rivieras später einmal heimsuchen wird. Etwa so: Fischerdorf wird von Wohlhabenden entdeckt, in deren Auftrag stilvoll bebaut und verliert garantiert seine fischerdörfliche Unschuld, indem es den Lebensstil dieser Elite übernimmt, die noch ein Monopol hat auf Freizeit und Muße.

Doch in Blackpool läuft von Anfang an vieles anders. Aus den nahen, aufstrebenden Textilstädten wie Manchester, Bolton oder Oldham nehmen zwar arrivierte Fabrikanten und ihre Familien zwecks Ozonkur die Postkutsche an die Küste. Doch gleichzeitig, in offenen Heukarren mit notdürftigen Sitzbänken, sind Hunderte von Textilarbeitern auf derselben neuen

Ein bißchen Disneyland darf sein: unter den Cowboyhüten stecken aber echte Briten und die Schweine sind Attrappen am Strand

DER HUMOR IST HIER NICHT KLEINZUKRIEGEN

Straße durch die Salzsümpfe zum Meer unterwegs. Bereits Ende des 18. Jahrhunderts kann Blackpool ein paar vornehme Pensionen bieten, aber auch „Spottbilligquartiere", wo die Arbeiter täglich zwei Glas Meerwasser als „Medizin gegen alles" trinken und nachts sechs Mann pro Bett in einem Sechs-Bett-Zimmer liegen.

Die Industrielle Revolution war in Nordengland gleichzeitig eine Revolution des Massentourismus. Seit 1846 reichen die Schienen der Preston & Wyre-Eisenbahngesellschaft bis Blackpool, und nun wird das Seebad von Sonntagsbesuchern aus den nahen Ballungsgebieten regelrecht überflutet. Überall im Norden locken Plakate mit Slogans wie „Baden im Meer für die arbeitenden Klassen". Findige Eckladenbesitzer in Oldham, Bury oder Burnley richten kleine Reisebüroschalter ein. Als erste Primitiv-Werbekampagne hängen in all den brandneuen Bahnhöfen farbige Panoramazeichnungen von Blackpool aus. Das Ergebnis: Am 1. Juni 1849 dampfen mehr als 10000 *day trippers* aus ganz Lancashire in einem Zug nach Blackpool. Er wird von fünf Loks gezogen, die Mühe haben, die 198 Waggons ans Ziel zu bringen. Auf den Bahnsteigen warten die von den Pensionen entsandten „Abschlepper" und preisen die Pauschalangebote des Tages, zum Beispiel für ein paar Shilling *bed and cruet*, Bett ohne Wäsche, aber mit Pfeffer und Salz für den mitgebrachten Proviant. *Bed and breakfast*, geschweige denn volle Verpflegung, gibt es allenfalls in den paar Hotels.

Schon Mitte des 19. Jahrhunderts hatten Industriegesetze den Textilarbeitern zum Jahresurlaub von zwei vollen Tagen noch acht halbe Urlaubstage im Jahr dazubeschert. So war es zur Tradition geworden, daß ganze Belegschaften der Baumwollspinnereien ihre *wakes*, einwöchige Betriebsferien, in Blackpool verbrachten, während die Upper-class-Briten ihr oft monatelanges sweet do-nothing inzwischen am Mittelmeer pflegten.

In Blackpool hat der geschäftstüchtige Stadtrat den breitflächigen Ebbestrand längst in Pachtparzellen für Schausteller und fliegende Händler aufgeteilt. Dort unten auf dem festen, feuchten Sand gibt es nun Austern, Ingwerbier, Pfefferminzstangen und Speiseeis zu kaufen, Puppentheater und Bauchredner zu beklatschen, „Nigger" und auch zur Schau gestellte „zweiköpfige Riesinnen" zu begaffen. Und als die cleveren Stadtväter die ersten Peepshow-Automaten genehmigen, die bei Einwurf eines Pennys fotografierte „Pariser Szenen" abspulen, löst diese Entscheidung im viktorianisch prüden England Empörung aus.

Die Proteste gegen das „sündige Seebad" machen es gegen

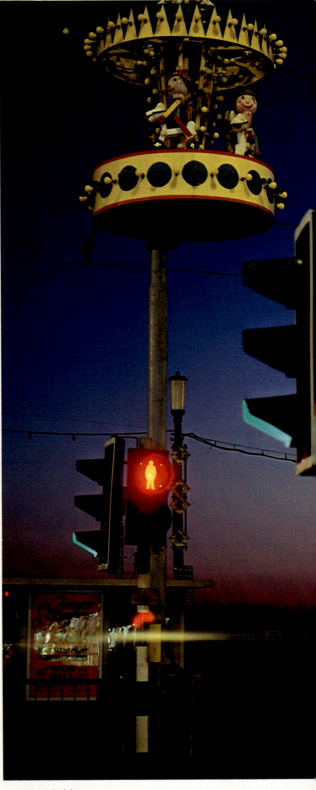

Berühmt sind in Blackpool nicht nur die kleinen Hotels und Pensionen mit „Bed and Breakfast", sondern auch „Illuminations", die hochsommerliche Festbeleuchtung

JEDE NACHT EIN FARBENMEER

Jedem das Seine:
den Partygästen das Strandseparé, der einsamen Dame die Cowboys, dem Bottroper den Bierkeller und den normal Verrückten die Perücken

Ende des letzten Jahrhunderts nur noch bekannter. Als unangefochtener Weltrekord in der damals noch jungen Urlaubsstatistik galt jenes Pfingstwochenende 1896, als 430 000 Besucher mit der Bahn nach Blackpool kamen. Weitsichtig urteilte damals der „Northern Daily Telegraph": „Es ist viel zu spät, den Charakter Blackpools verfeinern zu wollen. Die meisten Lancashire-Leute wollen jenes Blackpool, das sie seit eh und je kennen: mit seiner lebensprühenden Hektik und seinem überschäumenden Sinn für Gaudi. Ein konventionelles, vornehmes Blackpool würde alle seine Anhänger vertreiben."

Vertrieben wurde aus dem Gaudi-Paradies bis dato niemand. Die Weigerung des Badeortes, sich brave, korrekte Manieren anzueignen, blieb unerschütterlich. Das galt in meiner eigenen Jugend, einer wirtschaftlich erfolgreichen Zeit unter Premier Harold Macmillan, da ich als Möchtegern-Proletarier aus gutbürgerlichem Manchester-Milieu immer wieder ausbrach, in Manchester-Slums verkehrte, in einer Manchester-Jugendliga unter die Kicker ging und mit Vorliebe kurze Ferien im nur 65 Kilometer entfernten Blackpool verbrachte. Und das gilt auch heute, in einer Rezessionsperiode, da die Zahlenjongleure im Blackpooler Verkehrsamt immer noch stolz auf 16 Millionen Übernachtungen im Jahr verweisen.

Beim Blick hinter die statistische Kulisse entdeckt man zum Beispiel den 45jährigen Werkzeugmacher Tom Greenhough aus Doncaster, der mit Ehefrau Doris und den zwölfjährigen Zwillingen John und Sarah seit Jahren Urlaub in Blackpool macht. Neuerdings sitzt auch seine verwitwete Mutter Alice mit im klapprigen Vauxhall, der die Fahrt zum Seebad in etwa drei Stunden schafft. Ankunft auf dem betonierten Oberdeck der Promenade: Gischt vom grauen, sturmgepeitschten Meer sprüht fünf Meter hoch auf die Schienen der Panorama-Trambahn. Tom Greenhough muß nach links abbiegen. Rechts käme nach 300 Metern eines der wenigen De-Luxe-Hotels der Stadt, das *Imperial Hotel* mit über hundertjähriger Tradition und steinernen Zierlöwen in der getäfelten Lobby. Ein geeigneter Platz für Labour- und Tory-Delegierte bei deren Herbstkongressen im Seebad, aber auf keinen Fall die richtige Kragenweite für die Familie Greenhough.

Tom Greenhough biegt in die Charnley Road ein: über zwei Dutzend Reihenhäuser, jedes davon eine Pension. Neben jeder Tür blitzen kleine Messingschilder, die ungeniert bescheidene Vorzüge des jeweiligen Hauses preisen. „Steckdosen für Rasierapparate, Nachtschlüssel" werden da versprochen, ebenso „Bar Lounge mit Tanzfläche" und nebenan „Duschen. Kinder willkommen". Die Greenhoughs haben wie immer bei John und Elaine Dawson gebucht, einem Ehepaar, dem Tom „fünf Sterne für Fleiß" verleihen würde. Die Dawsons rotieren abwechselnd als Empfangsduo, Kellner und Köche durchs kleine Haus. Abends wird John Dawson sogar zum Alleinunterhalter. Doris freut sich schon auf die *singsongs* in der kleinen Bar, wenn er das Mikrophon einschaltet und mit seinen Gästen Oldies wie „Roll out the barrel" anstimmt.

Modern, wie sie sind, haben sich die Dawsons ihren Service-Schliff bei Abendkursen geholt. Abgedankt hat in Blackpool jene vor drei Jahrzehnten noch typische, alleinherrschende Zimmerwirtin, an deren Seite laut humorvoller Chronik stets „ein unscheinbarer, für niedere Dienste bestimmter Ehemann kauerte, der sich seiner wirtschaftlichen Unbedeutsamkeit voll bewußt war". John Dawson dagegen erweist sich am nächsten Morgen nicht nur als meisterlicher Zubereiter eines *full English breakfast*, also Edelspeck, genannt *gammon*, mit

Spiegeleiern sowie leicht angebratenen Tomaten, Pilzen und würzigen Würstchen. Er bemüht sich auch als Talkmaster, frühmorgendliche Gespräche zwischen den Familien und Paaren an den zehn Frühstückstischen in Gang zu bringen. Sich morgenmuffig hinter einer Zeitung oder der Cornflakes-Schachtel zu verstecken, hat wenig Sinn. Seit Tagen etablierte Gäste plaudern mit den Neulingen vertraut wie nach jahrelanger Bekanntschaft. Einer, der sich als Jimmy aus Delaware vorstellt, fragt Tom, ob der ihm etwas über den Blackpool Tower, das imposante Wahrzeichen der Stadt, erzählen könne. Mehrmals in den letzten Jahren ist der Werkzeugmacher mit dem Aufzug bis zur Aussichtsplattform des Turms gefahren. Vor zwei Jahren feierte er im großen Tower-Ballsaal einen Tanzabend lang seinen zehnten Hochzeitstag mit Doris. Aber mit irgendwelchen Daten kann er nicht dienen, sorry. Dafür um so mehr John Dawson, der alles genau nachgelesen hat. Genau 157 Meter und 70 Zentimeter hoch sei der Turm, nach Eiffel-Vorbild aus 222000 Tonnen Eisen, Stahl und Beton vor fast hundert Jahren gebaut.

Der Amerikaner schneidet gebührende kleine Grimassen des Staunens. So ein Turm mache den Unterschied zwischen Blackpool und Atlantic City, das ansonsten dem englischen Seebad verdammt ähnlich sei. Vielleicht meint er damit die Irische See, die sich in der vergangenen Nacht mit atlantischem Temperament gegen die Waschbeton-Klippe unterhalb der Promenade geworfen hat. Noch macht die Sonne Striptease hinter einem grauen Wolkengebirge, das von Westen herbeieilt. Ob sich der Tag für einen azurblauen August-Himmel oder nicht entscheiden wird, das ist den Greenhoughs so ziemlich egal. Nach vielen Sommern in Blackpool verfügen sie über die oberste Ferientugend der Briten, nämlich Fatalismus. Eine Stunde nach dem Frühstück sind sie an ihrem Stammplatz am Strand, unterhalb vom Wohnwagen, in dem städtische Angestellte verlorengegangene Urlauberkinder hüten. Doris und Alice sitzen hinter einem aus Leinwandstühlen improvisierten Windschutz und trinken eine Plastiktasse Thermostee. Tom und die Kinder stürzen sich ins inzwischen blaugetönte Meer, das sich einige hundert Meter westwärts zurückgezogen hat. Ein kurzes 18-Grad-Vergnügen. Um sich hinterher aufzuwärmen, spielen die drei Strand-Cricket. Zwei Dutzend ähnlich beschäftigte Familien kommen sich immer wieder gutgelaunt in die Quere. Organisierte Animation à la Club Méditerranée ist nicht gefragt. Und auch die Strandmode würde südlich von Manchester niemanden begeistern. Tom behält das Unterhemd an und hat die Hosen bis zum Knie hochgekrempelt. Doris und Alice sonnen sich in BH und hochgeschlagenem Rock, immer bereit zur Flucht, sollte der Westwind wieder mal Regenwolken heranpeitschen.
Alle atlantischen Tiefs von Bedeutung konzentrieren sich auf das Seebad Blackpool. Es gießt. Über die strauch- und baumlose Promenade flattert ein Wald schräg in den Wind gehaltener Regenschirme. Die Urlauber darunter wirken heiter und werden in ihrem Gleichmut nur noch von den Gäulen mit triefenden Mähnen übertroffen, die unverdrossen die kleinen Sightseeing-Droschken am Strand entlangziehen. Bei den meisten der einheimischen Geschäftsleute löst derartiger Niederschlag ebensowenig Traurigkeit aus wie etwa bei den Bewohnern einer Wüsten-Oase. Es würde sie nicht einmal die Nachricht betrüben, das Meer habe sich bei Ebbe auf Nimmerwiedersehen in Richtung Irland entfernt. Noch mehr als eine Bade- ist Blackpool nämlich eine typische nordenglische Kleinstadt, allerdings mit einer bunten Clownsmaske: ein illuminierter Vergnügungspark, ein Lichtspiel unter freiem Himmel, inszeniert mit Fiberglas und 370000 farbigen Glühbirnen, jenen Leuchtszenen, die an den Laternen und Tramleitungen der Promenade hängen und der untergehenden Sonne heimleuchten. Jeden Herbst werden die „Illuminations", manchmal in Anwesenheit einer Bierzelt-Delegation aus Bottrop, feierlich angeknipst.
Nur ein wenig intensiver glitzert, funkelt und strahlt das Seebad auch tagsüber. Aus den Strandbuden des letzten Jahrhunderts ist eine High-Tech-Kirmes geworden, deren mannigfache Versuchungen der Familienvater Tom Greenhough in seinem Ferienbudget berücksichtigt hat. Im *Pleasure Beach* am südlichen Ende der Promenade rasen seine Zwillinge fünfmal hintereinander mit der „Space-Invader"-Achterbahn durch eine simulierte Kulisse explodierender Galaxien. Danach schleppen sie ihren Vater als ambulanten Münzspender durch ein halbes Dutzend Videospielhallen. Das Zirpen und Glucksen der Automaten hat den Phonpegel einer human geführten Elektrofabrik. Die Gesichter der Urlauber schimmern grünlich im Neonlicht. Ihr treffsicheres Hantieren mit Knöpfen und Hebeln läßt auf ihren halbautomatisierten Arbeitstag in Bolton, Burnley und Manchester schließen. Zwanzig Pence schluckt der Apparat, um den neuesten Videospiel-Hit auf eine große Leinwand zu bringen.
Der zirpende Computer-Jahrmarkt ist bis hinaus auf die drei alten Flanier-Piers vorgerückt. Nur der North Pier bewahrt, trotz neongleißender Spielbude am Eingang, noch seine viktorianische Eleganz. Etwa 400 Meter weit watet der Bretter-Boulevard auf gußeisernen Stelzenbeinen hinaus ins Meer. Wenn sich die Greenhoughs draußen ganz am Ende des mit kleinen Kuppelpavillons verschnörkelten Stegs über die Reling beugen, haben sie das Gefühl, auf hoher See zu sein. Ein bescheidener, aber sicherer Ersatz-Kitzel für Kreuzfahrten, die sie nie machen werden. Die Planken unter ihren Füßen sind zwar etwas brüchig, aber sie schwanken nicht. Kein bißchen seekrank wird man nachher zum *Pyramid Café* schlendern, wo der Ägypter Mustafa Sadek köstlich altmodisch, nämlich ohne Teebeutel, frischen Tee serviert.

Ganz am Ende des North Piers, im kleinen Theater, sind die Greenhoughs immer an ihrem letzten Ferienabend zu finden. Varieté wird geboten – von jungen Talenten, aber auch von Alt-Entertainern, für die der meerumspülte Auftritt oft Endstation einer langen Karriere bedeutet. Ihre Witze haben zwar Music-Hall-Schimmel angesetzt, kommen aber beim bescheidenen Publikum Nacht für Nacht gut an. Sie entstammen demselben Genre wie jene mit ordinären Cartoons bebilderten Postkarten, die Tom und Doris Greenhough – ein alljährliches Blackpool-Muß – gestern an ihre Verwandten abgeschickt haben.
Morgen früh wird die Familie auch noch ein paar Andenken kaufen. Auf jeden Fall einige rosafarbene Pfefferminzstangen. Ebenso Porzellan-Nippes aus der *Little-Italy*-Galerie, deren Werbespruch fast jedes Jahr aktuell ist: „Streiks, Streiks, Streiks haben uns das Geschäft verdorben – deshalb alles 75 Prozent billiger." Und im Laden ein paar Straßen weiter gäbe es sogar noch „selbstgestrickte Pimmelwärmer" für anderthalb Pfund. Derlei Andenken finden nicht zuletzt ihren Weg nach Bottrop. Als Zeichen dafür, daß der nordenglische Humor der Arbeiterklasse nicht kleinzukriegen ist. □

Auf dem Friedhof der anglikanischen Kathedrale machen Kinder farbiger Immigranten ein Picknick – Erben eines Weltreiches

Pier Head mit dem turmreichen Royal Liver Building war einst der Mittelpunkt des Hafens. Heute bleibt der Fluß leer

Von St. George's Hall, einem Prunkbau auf klassizistischen Beinen im Herzen von Liverpool, führt eine Brücke direkt in die Fußgängerzone (linkes Bild)

DER KAPUTTE TRAUM
Liverpool, einst Symbol für den unaufhaltsamen Fortschritt der Industrienationen, kämpft heute ums Überleben

Die Hochhäuser in den Vorortsiedlungen sind längst zu Symbolen der Trostlosigkeit geworden

Die Lumpensammler hoffen, mit dem Abfall ein Geschäft zu machen. Immer noch besser, als ohne Arbeit zu Hause zu sitzen

Im Arbeiterviertel Anfield streikt wieder einmal die Müllabfuhr, weil die Löhne noch unter dem Arbeitslosengeld liegen (linkes Bild)

Bei den Jugendlichen macht sich ein Leben ohne Perspektiven in Gewalt und Zerstörungswut Luft

Wo wenig Geld in den Kassen ist und es keine Arbeit gibt, bildet sich schnell ein schwarzer Markt

Die Geschäfte bieten alles. Doch viele Menschen leben unter dem Existenzminimum

Jeder Vierte in Liverpool ist arbeitslos. Überall in der Stadt gibt es Flohmärkte (linkes Bild)

Die Menschen von Liverpool haben auch in Elend und Krisenzeiten stets ihren aufrechten Gang behauptet

Einst waren die Häuser in der Princess Road wohlgepflegte bürgerliche Villen. Heute säumen sie die Straße wie gespenstische Häuserleichen in einem Science-fiction-Film

Die Beatles waren hier zu Hause, der Hafen machte die Stadt reich. Heute herrschen Arbeitslosigkeit und aggressive Verzweiflung. Trotzdem geben die Menschen nicht auf

Aufstieg und Fall der Stadt Liverpool

Von Lottemi Doormann

Meine Freundin habe ich gefragt, was ihr zu Liverpool einfällt. Armut, sagt sie, und Slums. Arbeitslosigkeit. Fußball. Und kamen da nicht die Beatles her?
Sie kamen, aber die Legenden der sechziger Jahre, als die singenden Pilzköpfe und der F. C. Liverpool den Namen ihrer Heimatstadt in die Welt trugen, sind längst verblichen. Die einst blühende Hafenmetropole an der Mündung des Flusses Mersey ist nicht erst durch die Fußballtragödie im Brüsseler Heysel-Stadion in Verruf geraten. Seit Jahren häufen sich die Katastrophenmeldungen aus Englands fünftgrößter Stadt: Massenentlassungen in Werften und Fabriken, stillgelegte verschlickte Docks, verwaiste Satellitensiedlungen, vagabundierende Jugendbanden, die Autos stehlen, Geschäfte ausrauben und nachts Häuser anzünden. Zwanzig Jahre nach dem Siegeszug des Mersey-Beat ist die Beatles-Stadt zu einem Synonym für industriellen Niedergang, Verwahrlosung, Gewalt und Hoffnungslosigkeit geworden.
Stell dir vor, du kommst mit dem überfüllten Londoner Freitagnachmittagszug in der Liverpooler Lime Street Station an. Stell dir vor, du bist noch niemals hier gewesen und lauerst auf den ersten Eindruck, der deine mitgebrachten Elendsbilder sofort bestätigt. Enttäuschend die austauschbar-großstädtische Bahnhofshalle, an der überhaupt nichts ins Auge springt außer den landesüblichen Schlangen vor den Bahnsteigzugängen. Stell dir weiterhin vor, daß du mit deinem Gepäck in eine der behaglichen schwarzen Taxikabinen steigst. Der Taxifahrer, ein wenig unmutig, stoppt bereits an der nächsten Ecke vor einer schmalen Hoteleinfahrt, die von Baufahrzeugen versperrt wird. Pfützen und Farblachen ausweichend, blickst du an einer Fassade hoch, die bis unters Dach hinter Gerüsten und darübergespannten Plastikfolien verschwindet, als wäre Verpackungskünstler Christo gerade dabei, das Gebäude einzuwickeln.
Das *Britania Adelphi Hotel,* erbaut 1857, ist eine der zahlreichen architektonischen Kostbarkeiten, die die Stadt ihrem Niedergang abtrotzt. Hier, wo einst Scheichs abgestiegen sein sollen, in der originalen Pracht der Kuppelsäle, italienischen Kristall-Lüster und des gemäldebehängten Konsolen-Treppenhauses ahnt man etwas von jener glorreichen Vergangenheit, als Liverpool noch die zweitreichste Stadt im britischen Imperium war. Heute kommen am Wochenende junge Ehepaare, Familien und Fußballfans ins *Adelphi,* das – zumindest nach deutschem Maßstab – nicht teuer ist und von der Stadt betrieben wird. Dieses altehrwürdige Hotel, in dem tagsüber Restaurateure auf den langen teppichbedeckten Fluren hocken, um den Marmor an den Wänden abzudichten, während draußen die Behausungen der Einheimischen verrotten, ist ein Symbol für die widersprüchliche, von krassen Gegensätzen bestimmte Situation Liverpools – eine Stadt, die in einer kläglichen Gegenwart die Juwele ihrer Vergangenheit pflegt und putzt wie Talismane.
Samstagmorgen um zehn erwartet uns Hilary Oxlade, eine freundliche Dame im melierten Kostüm, zu einer Sightseeing-Tour. Hochnebel hängt wie eine Glocke über der Stadt, als wir durch breite, ausgestorbene Straßen zu den Docks hinunterfahren. Am Pier Head, dem einstigen Mittelpunkt des Hafens, weit und breit kein Mensch, der große weite Platz mit den drei monumentalen Gebäuden – links das Royal Liver Building, auf dessen Turmspitzen die mythischen Liverbirds ihre grünen Schwingen ausbreiten – liegt verlassen, diesig und träge der Fluß, während Misses Oxlade von Liverpools Geschichte erzählt.
Jahrhundertelang war Liverpool ein kleines Fischerdorf, in dem noch im 17. Jahrhundert nicht mehr als 800 Einwohner lebten. Im Sefton Park wird uns die Stadtführerin später das Kolumbus-Denkmal zeigen – „der Mann", sagt sie, „der Liverpool machte". Mit der Entdeckung und Erschließung Amerikas begann der Aufstieg des Ortes zu einem der bedeutendsten Häfen des Empire. „Liverpool", schrieb Karl Marx, „wuchs groß auf der Basis des Sklavenhandels" – gegen Ende des 18. Jahrhunderts betrieben die Liverpooler Kaufleute fünf Sechstel des englischen und 43 Prozent des Weltsklavenhandels.
Liverpool – das ist der Hafen, sein Aufstieg und Fall. In der Stadt hat es, abgesehen von den Werften und den kleinen Betrieben am Hafen, keine verarbeitende Industrie gegeben. Ihre Gewinne investierten die eleganten Gentlemen in den Kolonien und in den Ausbau der Hafenanlagen. Und während wir über den verwaisten Platz zum „Titanic"-Denkmal spazieren, vorbei an dem kathedralenähnlichen Kolossalbau der Hafenverwaltung, stelle ich mir die großen Schiffe vor, die nach Amerika, Westafrika und Westindien segelten und mit Baumwolle, Tabak, Zucker und Getreide beladen an den Mersey zurückkehrten. Und heute? Heute

MERIAN 63

Es kann sein, daß der Tourist gar nichts merkt von Armut und Aufruhr

ist der Pier Head Endstation zahlreicher Busse. Nur die beiden Fähren zum anderen Flußufer hinüber legen hier noch an, und hat man das Glück, eine zu erwischen, erblickt man noch immer eine der schönsten Hafenfronten der Welt. Einen Hafen, in den keine Schiffe mehr kommen außer die wenigen konventionellen Frachter und die Fähren nach Dublin und zur Isle of Man. Siebeneinhalb Kilometer nördlich liegt der moderne Containerterminal Seaforth, der die Liverpooler Docker wegrationalisierte. Nur noch zweitausend von ihnen arbeiten im Hafen – ihre Kinder werden hier keinen Arbeitsplatz mehr finden.

Südlich vom Pier Head beim Albert Dock, das noch vor ein paar Jahren im Schlamm erstickte, hat das Merseyside Maritime Museum seine Tore geöffnet. Sauberes Wasser fließt nun in den Hafenbecken, in denen Windsurfer trainieren und die frischgestrichenen, buntbeflaggten Kutter der Vergangenheit ankern, und in originalgetreu restaurierten viktorianischen Gebäuden dokumentiert das Meeresmuseum die einstige Lebendigkeit und Bedeutung des Welthafens.

Inzwischen sind die verkommenen Lagerhallen des Albert Dock wiederhergerichtet und in Cafés, Restaurants und Boutiquen verwandelt worden. Die Londoner Tate Gallery wird hier ihre nördliche Dependence eröffnen, und an der Flußseite wird an Apartments und Eigentumswohnungen gebaut. 70 Millionen Pfund staatliche Docksanierungshilfe stecken in dem Projekt, das zweitausend neue Jobs gebracht hat. Und Misses Oxlade ist mächtig stolz auf die vielen auswärtigen Besucher.

Erst tags darauf, allein unterwegs, haben wir gesehen, daß rund um den Hafen der Verfall triumphiert, allen Sanierungsanstrengungen zum Trotz. Direkt neben dem Albert Dock zerborstene Ruinen und Schutthalden, vor denen sich Müllberge türmen, und auf einen Mauerrest hat jemand mit weißer Farbe geschrieben: „Rescue me" – Rette mich.

Du brauchst nur die neue mehrspurige Autostraße vorm Albert Dock zu überqueren, um in einen Alptraum elendster Quartiere zu geraten. Finstere Straßenschluchten, wo alles verlassen ist, Läden, Werkstätten, die Häuser zugemauert und verbarrikadiert. Verbeulte Blechtonnen rollen auf dem Pflaster. Ein paar Kinder spielen mit den Tonnen, und als wir sie fotografieren, kommen sie auf uns zugelaufen, ölverschmiert, aggressiv. Am Straßenrand, hinter einem hochgezogenen Gatter, brennt ein abgestellter Container – fünf Minuten von der City entfernt. Du kannst dir nicht vorstellen, daß hier noch eine Menschenseele wohnt. Aber Wäsche flattert in ausgebrannten Hinterhöfen, und auf einen stacheldrahtumzäunten Balkonkäfig tritt eine Frau mit Lockenwicklern, die uns mißtrauisch mustert. Da machen wir beschämt, daß wir davonkommen.

Zurück zur großen Autostraße, die an den stillgelegten Süddocks entlang zum Gelände der Internationalen Gartenschau führt, Liverpools letzter Touristenattraktion und noch so ein Traum vom Aufschwung. Du kommst an gigantischen leerstehenden Lagerhallen vorbei, so hoch in den Himmel gebaut, als hätte man dort alle Reichtümer der Welt horten wollen. Vor den rostroten Ungetümen mit den zerschmetterten Fensterhöhlen – Fossilien kapitalistischen Fortschrittglaubens gleich – stehen neugepflanzte kümmerliche Bäumchen. Die Fassaden nahegelegener Arbeitersiedlungen, von der Straße aus einsehbar, sind frischgetüncht. Überall Schilder, die einen Neubeginn signalisieren. Es ist ein schöner Oktobertag, die milchige Mittagssonne taucht die schnurgerade, kilometerlange Straße in das Licht trostloser südländischer Industrievorstädte. Niemand begegnet uns außer zwei Joggern. Am Ende der Straße, am Ende der Docks, stehen wir vorm Eingang zum „Gartenfestival", das vor kurzem seine Tore schloß. Niemand weiß, was mit der Anlage geschehen wird. Geblieben ist ein riesiger Parkplatz, eine Strandpromenade, ein neuer Pub. Noch immer sind Bagger dabei, irgend etwas zu planieren, Ebenen, über die der Wind fegt, bevor sie in den Fluß münden, dort, wo kein Weg mehr weiter geht.

Liverpools Niedergang begann nach dem Ersten Weltkrieg, als der Glanz des Britischen Weltreiches bröckelte. Die Hafenstadt verlor ihre dominierende Position, und mit der Verlagerung des englischen Handels in die südöstlichen Häfen wurde Merseyside zu einer Randzone der industriellen Entwicklung.

Es gab eine Zeit, in den Fünfzigern, den Sechzigern, da schien das Glück zurückzukommen. Firmen wie Dunlop, Ford, General Motors und British Leyland errichteten Zweigwerke im Großraum Liverpool und brachten Tausende neuer Jobs. Auf den Wiesen und Äckern am nördlichen Stadtrand wurde die Satellitenstadt Kirkby hochgezogen, Reihenhäuser und Wohnblocks für 50000 Menschen. Aber bevor die geplanten öffentlichen Gebäude, Kinos, Schwimmbäder, Einkaufs- und Kommunikationszentren gebaut waren, stoppte die britische Wirtschaftskrise Liverpools verspätete Industrialisierung. Die großen Unternehmen zogen sich nach und nach wieder zurück. Als Margaret Thatcher 1979 in London die Macht übernahm und der Wirtschaft ein rigoroses Gesundschrumpfungsprogramm verordnete, begann in Liverpool die Serie der Firmenzusammenbrüche und Massenentlassungen, die seither in atemberaubendem Tempo anhält. Schon heute ist Liverpool eine der ärmsten Großstädte Westeuropas. Mittlerweile sucht jeder vierte vergebens nach Arbeit. Am schlimmsten betroffen sind die Jugendlichen: Über die Hälfte der unter 25jährigen ist arbeitslos, in einigen Stadtteilen wie Toxteth, Croxteth oder Kirkby sind es bis zu 95 Prozent.

Nottin, nottin", sagt der Mann an der Theke im korrekten grauen Anzug, „nichts, gar nichts mehr gibt es hier für die Jugend." Wir befinden uns im Pub „Vines" gegenüber dem Adelphi Hotel, eines jener prächtigen viktorianischen Pubs, die so aussehen, als wären sie für Könige gebaut oder doch zumindest für die High Society. Aber trittst du dann ein in die mahagonigetäfelten Gewölbe, sitzt da das Volk, junge Leute in abgewetzten Jeans neben den Alten mit ihren Baskenmützen, und um die Mittagszeit plauschen beim großen Hellen Hausfrauen und Rentnerinnen, die dir

Kneipen und Cafés sind überfüllt, die City ist voll von bunten Marktständen

vielleicht vorher mit Einkaufstasche und Zigarette im Mundwinkel über den Weg gelaufen sind. Der Mann an der Theke spricht den harten kehligen Dialekt der Region – *scouse*, eine Sprache für sich. Wie man hier lebt? Er lacht und nimmt einen großen Schluck Bier.
Zugegeben, er ist schon ein wenig betrunken, kurz vor Kneipenschluß an einem Sonntagabend, da tankt man halt für die Woche. „Ich bin Straßenfeger", stellt er sich vor. „Und warum sind die Straßen überall so schmutzig?" – „Als Straßenfeger verdient man kaum mehr als *one the dole*" – zu deutsch heißt das arbeitslos, und das Arbeitslosengeld ist mager – „warum sollten sich die Leute darum reißen? It's crazy", sagt er, „für die schändlichsten unterbezahlten Arbeitsplätze auch noch kämpfen zu müssen. Meine Nichte steht zwei Tage in der Woche hinter einer Ladenkasse, die übrige Zeit hängt sie rum. So geht's den meisten Jugendlichen in Liverpool, etwas anderes finden sie nicht mehr."
Wir fragen Mister Vamie Robertson von der Distriktbehörde „Mercedo", die sich um Industrieansiedlungen bemüht, was sich seit den Jugendunruhen in Toxteth geändert hat. Die Antwort lautet: Nichts. „Man hat Gras wachsen lassen und Sozialdienste eingerichtet", sagt Robertsons Kollegin Marij van Helmond, die im Arbeitslosenzentrum Frauenprojekte betreut. „Und ein neues Sportzentrum hat man gebaut und den Jugendlichen gesagt: ‚Benehmt euch!' Aber ihre Lebenssituation hat sich nicht gebessert."
Dabei hat Liverpools radikal linker Labour-Stadtrat in den letzten Jahren versucht, mit einem ehrgeizigen Wohnungsbau- und Sanierungsprogramm und einer Menge sozialer Initiativen Not und Verfall in den Griff zu bekommen. Mister Robertson zum Beispiel ist zuständig für die Gründung und finanzielle Unterstützung von Arbeiterkooperativen – ein Projekt, das einzelnen geholfen hat, eine Existenz aufzubauen, und mit dem ein paar hundert neue Arbeitsplätze geschaffen wurden – ein Tropfen auf den heißen Stein. Und die Kassen sind leer, schon jetzt ist die Stadtverwaltung, Liverpools größter einzelner Arbeitgeber, nicht mehr in der Lage, die 31000 städtischen Bediensteten zu entlohnen.
Im Haus des ehemaligen Polizeihauptquartiers in der Hardman Street befindet sich Englands schönstes Arbeitslosenzentrum, finanziert von der Labour-dominierten Merseysider Distriktregierung. „Wie ist das für dich, hier zu arbeiten, wenn die Zukunft völlig ungewiß ist?" frage ich einen jungen Mitarbeiter. „Weißt *du*, was morgen geschieht?" fragt er gutgelaunt zurück. „Du kennst die Zukunft doch nie. Weiterarbeiten, weiterkämpfen um Veränderungen – etwas anderes gibt es nicht."
Der Mann wendet sich wieder seinen Papieren zu und pfeift sich ein Liedchen.
Sein älterer Kollege, der uns durch all die Video-, Theater-, Musik-, Foto-, Druckerei- und Konferenzräume führt, lädt uns zum Schluß in das zentrumseigene Pub ein. Es ist Dinnerzeit und brechend voll. „Ich bin überall in der Welt herumgekommen", erzählt er, zu allerlei Scherzen aufgelegt, beim Bier. „Aber Liverpool", sagt er mit einer weitausholenden Geste, „das ist für mich der schönste Platz der Welt." So sind sie, die *scouser*, die Liverpudlians, charmant und gelassen, offen, gesellig, witzig, mal bitter, mal heiter.
Wir wollen in Toxteth, Liverpools traditionell aufrührerischstem Stadtteil nah am Zentrum, wo 150 Nationalitäten zusammenleben, eine Frauenselbsthilfegruppe namens „Home link" besuchen, die sich um Mütter und Kinder kümmert. Der Taxifahrer vorm Adelphi-Hotel schüttelt besorgt den Kopf, als wir unser Fahrtziel nennen. „Junge Ladys", warnt er, „sollten nicht in diese Gegend fahren, es ist gefährlich. Vandalism, you know."
Vandalismus, die Kehrseite jugendlicher Hoffnungslosigkeit, ist in Liverpool ein alltägliches Wort. Geplünderte Läden, Brandstiftung, Zerstörung und Raubüberfälle sind an der Tagesordnung. Aber zu zweit an einem strahlendhellen Nachmittag – was kann uns da schon passieren?

Unser Chauffeur hält nach ein paar Minuten in einer idyllischen kleinen Straße, rechts und links farbige Terrassenhäuschen, vor denen Kastanienbäume golden in der Oktobersonne leuchten. Erst auf den zweiten Blick sehen wir, daß Türen und Fenster kaputt oder mit Wellblech und Brettern zugenagelt sind. Vereinzelt ein Haus, eine Etage, ein schmaler Giebeltrakt, die noch bewohnt sind. Aber nirgends die „Home link". Die Hausnummer wissen wir nicht, da wir seit Tagen erfolglos den automatischen Telefonbeantworter kontaktiert haben. In der Straße sind wir mutterseelenallein, nur ein einsames Auto parkt weiter unten vor einem Bretterzaun. Ein Stückchen weiter liegt das Büro verschiedener Nachbarschaftsdienste. Es ist geschlossen. Während wir im Schaufenster die Aushänge studieren – richtig, da ist auch die „Home link" samt Hausnummer –, tauchen in der menschenleeren Straße plötzlich drei Männer auf. Sie kommen näher und näher, direkt auf uns zu, bleiben keinen halben Meter hinter uns stehen, flüstern . . . Wenn sie uns jetzt einen Schlag auf den Kopf . . . wir gehen blitzschnell davon.

Toxteth, das ist auch das Getto der Schwarzen, ungefähr 30000 leben hier, zum Teil sind es die Nachfahren der Sklaven. Auf dem Weg zu den „Black Sisters", die im Getto eine Kinderkrippe, Krisenhilfsdienste und Kurse für schwarze Frauen aufgebaut haben, laufen wir die Princes Road entlang, eine prachtvolle, wohlgepflegte Allee mit parkähnlichem Mittelstreifen. Doch die herrschaftlichen viktorianischen Bürgervillen entlang der Avenue stehen leer, verfallen, die Fenster zersplittert, die Stockwerke ausgebrannt – gespenstische Häuserleichen, die unseren Weg säumen, als wären wir in die Kulisse eines Science-fiction-Films geraten.
In einer Hinterhofgasse finden wir schließlich die „Black Sisters", junge Frauen, die uns freundlich einladen, Platz zu nehmen. Sie sind stolz auf ihre kleinen Räume inmitten der verwahrlosten Gegend und erzählen selbstbewußt von politischen Kampagnen und ihren vielen Aufgaben im Viertel. Von hier bis zum Adelphi-Hotel brauchten wir zu Fuß fünfzehn Minuten. Bis nahe an die City heran beglei-

Schiffe laufen kaum mehr ein, doch die Hafenfront ist immer noch eine der schönsten der Welt

ten dich die Spuren der Verwüstung und des industriellen Bankrotts auf Schritt und Tritt.

Armut, Ausbeutung und Arbeitslosigkeit haben seit jeher das Gesicht Liverpools gezeichnet. Selbst in der goldenen Ära städtischen Reichtums lebte der größte Teil der Bevölkerung im Elend. Bis ins 17. Jahrhundert zurück wurde Liverpool als „arm und verfault" beschrieben, und seither scheint es zu den Menschen hier zu gehören, sich in widrigsten Umständen aufrechten Ganges zu behaupten. Die legendäre Militanz und anarchische Widerstandskraft der Liverpudlians, die Revolten der Seeleute und Hafenarbeiter, „Brotaufstände" und Hungermärsche haben die Geschichte dieser Stadt mindestens ebenso geprägt wie die dicken Geldbeutel der Schiffseigner, Bankiers und Versicherungsagenten.

Kommst du als Tourist nach Liverpool, dann kann es aber auch sein, daß du von der Seite des Elends und Aufruhrs kaum etwas bemerkst. Beim Albert Dock steigen wir noch einmal in Misses Oxlades Auto und kutschieren kreuz und quer durch die Stadt, vorbei an wunderschönen großen Parks, „keine englische Stadt", erklärt uns Misses Oxlade, „hat so viele Bäume und Parks wie Liverpool." Und schon geht es weiter durch beschauliche Vororte, überall die kunterbunt kolorierten traditionellen Terrassenhäuser mit ihren Erkern und Giebeln, eine fröhliche, ungeordnete, phantasievolle Architektur.

Im Zentrum erwarten uns die Sehenswürdigkeiten, das *Bluecoat Chamber* zum Beispiel, Liverpools ältestes Gebäude und heute eine Art Kulturzentrum, vor dessen Toren samstags ein Pariserischer Bildermarkt lockt. Nahe der Universität, in der Hope Street, werden wir die moderne kegelförmige katholische Kathedrale besichtigen, die im Volksmund treffsicher „Paddy's wigwam" heißt. Dort, wo die „Straße der Hoffnung" in den Stadtteil Toxteth mündet, befindet sich die mächtige anglikanische Kathedrale aus rotem Sandstein, eine der größten der Welt; hier trinken wir bei Orgelklängen Tee, und Misses Oxlade erzählt, daß nach John Lennons Ermordung das gewaltige Kirchenschiff von Beatles-Liedern widerhallte ... Natürlich werden wir die Mathew Street aufsuchen, die Beatles-Straße mit den *Cavern*, den Kellerkneipen, „wo alles begann" – damals die Schande und heute der Stolz der Stadt. „Die Amerikaner haben ihren King Kong", erklärt uns der kommunale Werbemanager David Dunn, „und eines Tages haben wir entdeckt, daß wir etwas Besseres als einen King Kong haben – die Beatles. Das war 1978. Da haben wir angefangen, Beatles-Rundfahrten zu organisieren."

Und mitten im Zentrum, über der immer noch imposanten Silhouette der Dächer und Türme, thront wie einst St. George's Hall, einer der größten neoklassizistischen Prunkbauten Europas. Es ist die Straße des Reichtums, die zum Fluß hinunterführt, die Straße mit all den säulentragenden Palästen aus Sandstein und Marmor – versteinerte Zeugen imperialer Größe.

Vom St. George's-Plateau sind es nur ein paar Schritte bis zur Fußgängerzone, und wenn du tagsüber durch den Trubel des *Shopping Centers* bummelst, scheinen Arbeits-

losigkeit und Armut nicht zu existieren. Cafés und Pubs in der City sind überfüllt, und am späten Nachmittag drängen sich Menschenströme an den bunten Marktständen vorbei. An jeder Straßenecke rufen uralte Männer das Liverpooler Abendblatt „Echo" aus, verkürzt zu einem tiefen vollen O, das vereinigt über den Platz schwingt. Zwischen Blumenkübeln und Bänken versammeln samstags faustschwingende Volksredner ihr Publikum, während die *militants* von der linken Labour Party-Fraktion mit Passanten über Lokalpolitik diskutieren. Gleich daneben verteilen junge Mädchen Reklamezettel für irgendeinen Club. Rentnerinnen laufen mit Schildern „You need God" herum, und zwischen all dem Getümmel spazieren plaudernd und lächelnd einige Bobbys umher, als wären sie zum Einkaufen hier. Aber vielleicht bemerkst du, daß an den Eingängen der Kaufhäuser uniformierte bewaffnete Wachposten mit Funkgeräten stehen. Vielleicht bemerkst du in der Menge die verhärmten Gestalten, die sich unauffällig nach einer Zigarettenkippe bücken. Vielleicht begegnet dir bei der Ampel hinter der Fußgängerzone jener zerlumpte Alte, der auf seinem Fahrrad offenbar all seine Habe bei sich trägt. Und was tut der Mann? Er demonstriert mit selbstgemalten Plakaten gegen den Autoverkehr.

Der ist in Liverpool nun eher kleinstädtisch und abends fast ganz verschwunden. Wenn du am späteren Abend in einer belebten Kneipenstraße, eben dem Gedränge eines Pubs entflohen, übers Pflaster bummelst – neben dir scharenweise das Getrappel fröhlicher *Scouser*, die gerade vom Pub zum Club hinüberlaufen, weit und breit kein Auto, nur ab und zu biegt mal ein altmodisches schwarzes Taxi um die Ecke –, fühlst du dich auf eine fremde, erquickliche Weise ins vorige Jahrhundert versetzt. Über die Hälfte der Bürger sind nicht motorisiert, und das nicht nur wegen Elend und Arbeitslosigkeit, sondern weil sie es vorziehen, ihr Geld für anderes auszugeben – für Pubs zum Beispiel und Restaurants. Und zu Fuß kommst du in Liverpools zusammengerückter City mühelos an jeden Ort. Für die Vororte und Außenbezirke gibt's das dichte Netz der grünen und cremefarbenen Doppeldecker-Busse, mit denen zu fahren du dir nicht entgehen lassen solltest, schon wegen der witzigen Busfahrer und der fast südländisch anmutenden Kommunikationslust der Leute.

Restaurants gibt's in Liverpool fast so viele wie Pubs, und wie es sich für eine kosmopolitische Hafenstadt gehört, ist das Angebot international. In der bunten „Szene"-Straße Lark Lane kannst du mexikanisch, französisch, griechisch, italienisch und indisch speisen. Oder die Restaurants von Chinatown am Rande der City, da sitzen sie im *Yuet Ben* um einen großen runden Tisch herum und feiern Marys Geburtstag und laden uns zu einem Gläschen ein. Sie sind Automechaniker, Tischler, Sekretärinnen und stellen sich gleich alle mit ihren Vornamen vor.

Wie man hier lebt? „Gut", sagt Kevin aufgekratzt und füllt sich einen Berg braungebratenen Reis auf den Teller.

„Ist es ein guter Platz zum Leben?" – „Nein", grinst er herausfordernd aus funkelnden schwarzen Augen, „es ist ein verdammt lausiger, verrückter Platz – aber einer, wie du ihn nicht noch einmal findest auf der Welt." □

Einst kamen die Schätze des britischen Empire nach Liverpool, und die Produkte der englischen Industrien wurden von hier in alle Welt verfrachtet. Heute sind die Becken leer, die Arbeitsplätze wegrationalisiert

Uniformiert wie in mittelalterlichen Zeiten schreiten die Studenten durch den Innenraum von St. John's College in Cambridge. Traditionen verpflichten

Renate Schostack

Ziel der Universitätsausbildung in Oxford und Cambridge ist es, ein paar Gelehrte und möglichst viele Gentlemen hervorzubringen

ELITE AUS TRADITION

Die Universitätsstadt Oxford mit ihren Zinnen und Türmen ist seit dem Mittelalter eine Hochburg des Geistes

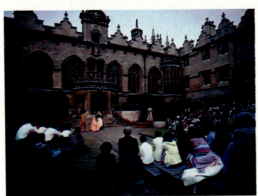

Beim Freilichttheater in Oxford spielt auch das Wetter mit

Türme und Zinnen, Kuppeln und Dachbekrönungen haben Oxfords Silhouette berühmt gemacht. Die Stadt zählt 65 Kirchen und Kapellen; jedes College besitzt seine eigene. Klösterlichen Anlagen gleich, drängen sich die Höfe, die ummauerten Plätze und Gärten der Studienhochburgen aneinander. Im Kern ist dies eine mittelalterliche Stadt. Den Mittelpunkt des alten Straßenkreuzes bildet Carfax mit seinem Turm, von dem die Quarter Boys, zwei martialisch dreinblickende schnurrbärtige Figuren mit nackten Knien und in blau-gelber Landsknechtsmontur, die Stunde schlagen. Die Stadtmauer ist zum Teil erhalten, und die Stellen, an denen im Mittelalter die vier Tore lagen, sind leicht auszumachen.

Nie wurde die Stadt zerstört, niemals gab es einen größeren Brand. Oxford ist organisch gewachsen. Die Baustile vieler Jahrhunderte sind hier zu sehen. Magdalen College zeigt Spuren des italienischen Architekten Palladio; Christopher Wren baute das Sheldonian Theatre, in dem die akademischen Zeremonien stattfinden, Nicholas Hawksmoor einen Teil von All Souls', James Gibbs die Radcliffe Camera mit ihrer Kuppel. Doch es überwiegt die Gotik, die für Engländer mehr bedeutet als Architektur, nämlich Phantasie und Lebendigkeit.

Trotz ihres Namens („Ochsenfurt") lag die ursprüngliche Siedlung nicht am Wasser. Vom Carfax geht man eine Viertelstunde bis zum Fluß. Auch der Cherwell, der unterhalb der Stadt in die Themse mündet, schlängelt sich in einiger Entfernung, von malerischem Gebüsch, von überhängenden Weiden gesäumt, durch das Land. Ein dunkles Gewässer ist das, zwischen blumigen Ufern, ein Bach wie der, in dem Ophelia ertrank. Die Stadt, hinter der, leicht gewellt, mit Gehölzen, Feldern und Weiden besetzt, kleine Hügel ansteigen, ist auf drei Seiten von nassen Wiesen umgeben. Die Statistik verzeichnet Regen an jedem zweiten Tag im Jahr. Das hält die Gärten, die von einer fast unbegreiflichen Vollkommenheit sind, grün. Doch das Klima gilt als ungesund. Man sagt, es rufe außer Erkältungen Depressionen und die Neigung zur Unentschlossenheit hervor.

Weder von der Stadt noch von der Universität ist ein Gründungsdatum bekannt. Beide berufen sich gern auf den angelsächsischen König Alfred den Großen. Doch Oxford ist älter als seine Hohe Schule, auch wenn diese, mit Bologna, Padua, Salamanca und Paris, zu den ältesten Europas gehört. Das Verhältnis zwischen Stadt und Universität, zwischen dem unbedeutenden, von Bauernland umgebenen Provinznest und der mächtigen, über einflußreiche Beziehungen verfügende Gelehrtenanstalt, zwischen *town and gown* war immer gespannt. Gegensätzliche Standpunkte wurden nicht nur mit Argumenten, sondern auch mit Waffen vertreten. Bei Kämpfen in den Wirtshäusern hatte die Universität im Jahre 1355 einhundert Tote zu beklagen. Während des Bürgerkriegs im 17. Jahrhundert stand die Stadt auf der Seite des Parlaments, die Universität hielt zum König. Im 19. Jahrhundert plädierte der Gemeinderat für den Bau der Eisenbahn; die Professorenschaft war dagegen. Bis in

DIE MINOLTA 7000.
KAMERA DES JAHRES 1985 IN EUROPA.
GEWINNER DES CAMERA GRAND PRIX '85.

Zum erstenmal überhaupt konnte eine einzige Kamera weltweit die höchsten Auszeichnungen für sich entscheiden. Es ist die Minolta 7000.

Die Fachjournalisten 9 internationaler Fotozeitschriften wählten sie zur Kamera des Jahres 1985 in Europa.

Und im Land der Spitzentechnologie im Kamerabau, in Japan, gewann die Minolta 7000 den „Camera Grand Prix '85".

Zweifellos kommt der Erfolg dieser Spiegelreflex-Kamera nicht gerade überraschend.

Ist doch die Minolta 7000 nicht einfach eine neue Kamera, sondern eine neue Spiegelreflex-Generation.

Sehen wir uns diesen Preisträger also mal genauer an. Oder besser: Sehen Sie durch.

Drücken Sie den Auslöseknopf halb ein, und schon sehen Sie Ihr Motiv scharf – präzise und schnell. Bei jedem Licht, sogar bei Blitzaufnahmen.

KAMERA DES JAHRES 1985 IN EUROPA.*

*INTERNATIONALE JURY:
FOTOMAGAZIN/D
AMATEUR·PHOTOGRAPHER/GB
FOCUS/NL
FOTO FILM & VIDEO/DK
FOTO/S
KAMERA LEHTI/SF
PHOTO CINE EXPERT/CH
PHOTO MAGAZINE/F
TUTTI FOTOGRAFI/I

CAMERA GRAND PRIX '85

Denn das Besondere an der Minolta 7000 ist ein Autofokus-System, das komplett ins Kameragehäuse integriert ist.

Endlich können Sie sich also auch bei solchen Aufnahmen ganz auf die Gestaltung konzentrieren, die per Hand eben doch schwieriger scharfzustellen sind.

Denken wir nur an Sportfotos, an Tierfotografie, an Portraits in exotischen Ländern, aber auch an Kinder. Wie oft wollte man da gerade dann den Auslöser drücken, wenn sich das Motiv aus der Schärfe bewegte.

Die Minolta 7000 übernimmt diese Feinarbeit. Und zwar zuverlässig.

Genauso befreiend wirkt die andere Premiere der Minolta 7000: die neue Programm-Automatik. Diese stellt sich von selbst auf jede neue Brennweite ein – sogar beim Verstellen des Zoom-Objektivs.

Wenn Sie jetzt mehr über die Kamera wissen wollen, die als erste diese beiden hohen Auszeichnungen gewinnen konnte: Informieren Sie sich mit dem interessanten Buch von J. Scheibel oder der Minolta Fotoschule.

Und natürlich zeigt Ihnen Ihr Fachhändler die Minolta 7000 gern ausführlich.

MINOLTA

·MINOLTA CAMERA · D-2070 AHRENSBURG

Cambridge, Gegengründung zu Oxford und große Rivalin mit King's College und Trinity College Chapel (hinten)

Bestes 18. Jahrhundert: King's College in Cambridge

dieses Jahrhundert entsandte die Universität zwei Abgeordnete ins Parlament, die Stadt nur einen. Heute ist Oxford mit rund 120 000 Einwohnern und als Sitz der Morris-Automobilwerke eine Groß- und Industriestadt, die das höchste Pro-Kopf-Einkommen Englands aufweist. Die Universität zählt nur 14 000 Mitglieder, Studenten und Professoren. Indessen gehört ihr ein Viertel des städtischen Grund und Bodens. Wenn sie, wie im Fall jener Straße, die über Collegeland gelegt werden sollte, „nein" sagt, läuft in Oxford nichts.

Die Hohe Schule, so lautet eine offizielle Version, entstand, als 1167 König Heinrich II. englische Scholaren und Professoren aus Paris zurückrief, damit sie die bereits bestehenden Klöster von Oxford zu Zentren der Gelehrsamkeit machten. Am Ende des zwölften Jahrhunderts war die Universität voll etabliert. Wenig später spaltete sich eine Gruppe ab, die in Cambridge eine Gegengründung vornahm. Bis ins 19. Jahrhundert waren dies die einzigen Universitäten Englands. Noch 1957 besaß es weniger universitäre Ausbildungsplätze als jedes andere europäische Land, von Irland und Norwegen abgesehen.

Zwischen beiden Städten gibt es bis heute keine Verkehrsverbindung. In der Vergangenheit sprachen die beiden Universitäten, wenn es sich nicht vermeiden ließ, voneinander stets als dem „anderen Ort" (the other place). Trotz aller Distanzierung schwingt darin eine widerwillige Anerkennung mit. Ihre Rivalität ist wie die zwischen zwei großen alten Familien von gleichem Rang. Denn mögen auch Traditionen und Rituale unterschiedlich sein, mag sich Oxford mehr auf die aristotelische, Cambridge mehr auf die platonische Philosophie berufen, die eine als katholisch, konservativ, exzentrisch, die andere als protestantisch, liberal und sehr nüchtern gelten, die eine mehr als Hochburg der Geisteswissenschaften, die andere als die der Naturwissenschaften betrachtet werden – so sind sie einander doch ähnlich. Das gilt nicht nur für ihre Architektur, sondern auch für Organisation, Arbeitsweise und geistige Ausstrahlung.

Man muß sich diese Universitäten wie einen Staatenbund vorstellen, der sich aus souveränen Mitgliedern zusammensetzt. Oxford besteht aus drei Dutzend Colleges, die jeweils autonome, finanziell selbständige private Körperschaften mit königlichen Privilegien sind. Ursprünglich waren sie wie Festungen in feindlicher Umgebung. Sie besaßen eigene Wasser- und Abwasserversorgung, eigene Obst- und Gemüsegärten. Jedes College hat auch heute noch seine große Halle, in der unter den Porträts der Gründer und Vorsteher gegessen wird. Die Titel der Colleges klingen herrscherlich, etwa: „Der Profos und die Scholaren der Seligen Jungfrau Maria von Oxford, gewöhnlich Oriel College genannt, Gründung Edwards II. seligen Angedenkens einst König von England." Ihre Architekturen stehen königlichen Schlössern kaum nach, ihr ganzer Zuschnitt ist aristokratisch-feudal.

Im Park von Magdalen's, das mit seinem honiggelben klassizistischen New Building aus dem 18.

Was ein Sitzbezug für die Sicherheit der Passagiere tun kann.

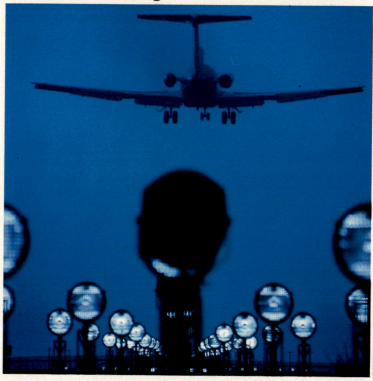

Fliegen ist immer noch die sicherste Art zu reisen.

Das liegt nicht zuletzt daran, daß die Fluggesellschaften alles tun, um ihren Passagieren die größtmögliche Sicherheit zu geben.

So auch bei den Sitzbezügen.

Untersuchungen haben gezeigt, daß sich die wenigen Unfälle in der Luftfahrt meistens beim Landeanflug ereignen. Dabei stellt der Ausbruch eines Feuers die größte Gefahr dar. Wenn es einmal brennt, ist jede Sekunde kostbar, die es gelingt, ein Übergreifen der Flammen auf den Rest der Kabine hinauszuzögern.

Schwer entflammbare Sitzbezüge tragen dazu bei, daß wertvolle Zeit gewonnen werden kann, um so viele Passagiere wie möglich in Sicherheit zu bringen.

Bereits im Rohstoff schwer entflammbar.

Die Sitzbezüge aus ®Trevira CS von Hoechst würden bei einem Feuer zwar versengt werden, aber nicht in Flammen aufgehen.

Diese besondere Eigenschaft verdanken sie einem Material, das bereits in seinem Faser-Rohstoff flammhemmend ist. Weder durch Reinigung noch durch Alterung kann diese Eigenschaft beeinträchtigt werden.

Die Sitzbezüge werden bei Spezial-Webereien hergestellt. Sie sind einerseits sehr leicht, aber gleichzeitig sehen sie besonders gut aus und fühlen sich weich und komfortabel an.

Kein Wunder, daß immer mehr Fluggesellschaften der Welt ihre Passagiere auf Trevira CS fliegen lassen.

Und daß auch Vorhänge, Sicherheitsgurte und Schlafdecken an Bord zunehmend aus dieser Faser hergestellt sind.

Aus denselben Gründen, aus denen Trevira CS an Bord zu finden ist, wird diese Spezialfaser auch überall dort eingesetzt, wo starker Publikumsverkehr herrscht und schwer entflammbare Textilien aus Gründen der öffentlichen Sicherheit vorgeschrieben sind.

Eine sichere Sache auch in anderen Bereichen.

Beispielsweise in Krankenhäusern, Hotels, Kinos oder Theatern.

Trevira CS sorgt hier nicht nur für mehr Sicherheit, sondern auch für eine angenehme Atmosphäre.

Trevira CS ist ein gutes Beispiel für Hoechst High Chem, für Hochtechnologie in der Chemie. Es zeigt, wie wir mit einer breit angelegten Forschung und deren Ergebnissen in Form neuer Verfahren, neuer Werkstoffe und Materialien die Voraussetzungen für Produktinnovationen auf den unterschiedlichsten Gebieten schaffen.

Hoechst High Chem ist unser Programm für zukunftsorientierte Technologien.

Hoechst AG, VFW
6230 Frankfurt/M. 80

®*Hoechst High Chem*

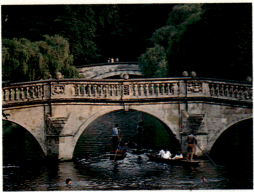
Clare Bridge, eine der schönsten Brücken in Cambridge

Training für die traditionelle Regatta gegen Oxford

Jahrhundert eines der schönsten Bauwerke Oxfords besitzt, weidet eine Herde Damwild unter Maulbeerbäumen. Auf der Weide von Christ Church, die von den Collegemauern bis zur Themse reicht, grasen schwarz-bunte Rinder unter einem durchsichtigen Himmel.

Von großer Schönheit sind selbst die kleineren Blumengärten und Parks der Stadt, wo man im jahrhundertelang gepflegten Rasen versinkt, die Höfe mit ihren Statuen, Wasserbecken und Sonnenuhren, die zahlreichen Wandelgänge, in denen Professoren und Studenten im Gespräch auf und ab gehen wie einst die griechischen Philosophen im Hain des Akademos.

Alle vier Jahre wird ein neuer Vice Chancellor, Rektor, ernannt. Die Colleges wechseln sich dabei im Rotationsverfahren ab. Das Gesamtbudget der Universität kommt zu Dreivierteln aus staatlichen Mitteln, doch die Hälfte der Professorengehälter zahlen die Colleges selbst. Es gibt übergeordnete Gremien, aber jedes College wählt seinen eigenen Leiter und beruft neue Mitglieder, die *fellows*. Auch seine Studenten sucht es selbst aus – meist gehören zwischen zwei- und fünfhundert zu einem College; es beherbergt und ernährt sie, es fördert und überwacht ihre Studien und führt sie zum Abschlußexamen.

Die Vorlesungen richten sich an alle Studenten eines Fachs. Die *tutorials* aber erfolgen an dem College, dem ein Student angehört. Der Tutor sieht seine Scholaren jeden Tag. Auf diesem intensiven Privatunterricht beruht das Erfolgsgeheimnis von „Oxbridge", wie man das nennt, wofür beide Universitäten stehen.

Was tut ein Mensch, der dort gern studieren möchte? Zunächst einmal fährt er in die Stadt seiner Wahl und besucht an einem der offenen Tage die Colleges, um sich über deren Angebote zu informieren. Nach Ablegung der Oxford- oder Cambridge-Aufnahmeprüfung schickt er seine Bewerbung an das College seiner Wahl, begleitet von den Zeugnissen und Empfehlungsschreiben der Schule. Und hier liegt das eigentliche Nadelöhr: Die Schule ist entscheidend für die Erfolgsaussichten. Die Vorentscheidung, ob ein junger Mensch an einer der beiden Elite-Universitäten studieren wird, fällen die Eltern bei der Wahl der Schule.

Trotz aller Anstrengungen, sowohl von Labour-Regierungen wie auch von den beiden Hochschulen selbst, ist es seit Jahrzehnten nicht gelungen, die Zahl der Kandidaten von staatlichen Schulen wesentlich zu erhöhen. Noch immer kommt die Hälfte der Studenten, die nach Oxford oder Cambridge ziehen, von den aufgrund ihrer Leistung angesehenen, aber kostspieligen Privatschulen. Sie machen ihren Schülern Mut, sich um einen Studienplatz zu bewerben, während die Lehrer vor allem neuerer Gesamtschulen die zusätzliche Prüfung scheuen, aber auch die Enttäuschung, die eine Ablehnung für ihren Kandidaten bedeuten.

Das Studium des *undergraduate* ist den Gegenständen, weniger deren wissenschaftlicher Diskussion gewidmet. Wer Philosophie oder Literatur studiert, liest in den drei Jahren des Grundstudiums hauptsächlich die Texte. Das *tutorial* findet einmal pro Woche statt; das Gespräch mit dem Tutor, das Vorlesen eines Aufsatzes über ein bestimmtes Thema und dessen anschließende Diskussion dauert eine Stunde. Dabei kann sich keiner durchmogeln. Ob ein Student versteht, was er gelesen hat, welche geistigen Fähigkeiten er besitzt, wird hier offenbar. Heute werden die Studenten vom Tutor meist mit dem Vornamen angeredet.

Bis in dieses Jahrhundert hinein nahmen die Männerhochburgen der englischen Universitäten Frauen kaum wahr. Oxbridge war die Domäne von „Herren" (lateinisch domini): *dons* werden die Professoren deshalb genannt. Bis in die 1870er Jahre mußten die Gelehrten unverheiratet sein und dem geistlichen Stand angehören. Die zögernd zugelassenen Frauencolleges fristeten lange ein Schattendasein. Erst nach dem Zweiten Weltkrieg brach der Damm. Seit 1974 beherbergen sämtliche Männercolleges von Oxford auch Studentinnen (während sich von den fünf Frauencolleges nur zwei männlichen Studenten geöffnet haben).

Es gibt reiche und arme Colleges. Das reichste in Oxford ist zugleich das größte, prächtigste und berühmteste: Christ Church, das sich selbstbewußt „The House" nennt; in Cambridge soll es Trinity College sein. Die Colleges besitzen Aktien, Grundbesitz, altes Silber, Gemälde; Christ Church zum Beispiel zeigt in seiner Gemäldegalerie eine großartige Sammlung Alter Meister. Der Reichtum beruht auf Schenkungen und testamentarischen Hinterlassenschaften, mit denen Gründer, Stifter und ehemalige Schüler ihre Colleges bedenken. Als St. John's in Oxford 1960 einen neuen Flügel errichtete, konnte das College das Millionenprojekt ganz aus eigenen Mitteln finanzieren. So

SIEG DER VERNUNFT

Wirtschaftlichkeit und Umweltfreundlichkeit machen den Volvo 740 vernünftig. Das gilt sogar für den neuen 740 Turbo Kat.

Mit ihrem großzügigen Platzangebot und dem serienmäßigen **KOMFORT** machen die 740er auch lange Reisen zum ungetrübten Vergnügen: verstellbare Kreuzrückenstützen vorn, Fahrersitz höhenverstellbar, dazu Servolenkung, Scheinwerfer-Wisch-Wasch-Anlage und 5-Gang-Getriebe bzw. 4-Gang-Getriebe mit Overdrive. Vernünftig ist beim 740, daß die **WIRTSCHAFTLICHKEIT** nicht auf Kosten des Komforts geht. Also keine übertrieben schrägen, aber dafür getönte Scheiben.

Aus einem **GROSSEN PROGRAMM** mit modernster Motorentechnologie für wirtschaftliches und umweltfreundliches Fahren können Sie wählen: zum Beispiel den 740 GL mit 2,3-l-Motor, 84 kW/114 PS[1]: Schubabschaltung, computergesteuerte Zündung mit Klopfsensor sowie das **ABGASRÜCKFÜHRUNGS- UND PULSAIR-SYSTEM (EGR)**[2] sorgen für niedrige Abgas- und Verbrauchswerte. Hoch dagegen ist das Drehmoment für kraftvolle Beschleunigung. Gleiche Leistung und ebenfalls günstige Verbrauchswerte bie-

[1] DM 30.850,- (unverbindliche Preisempfehlung ab Importeurlager). [2] Bedingt schadstoffarm, Gruppe A/ermäßigter Kfz-Steuersatz. [3] Schadstoffarm/steuerbefreit

...et der 740 GL Einspritzer mit **GEREGELTEM DREIWEGE-KATALYSATOR**[3]: 6,6 l bei 90 km/h, 8,9 l bei 120 km/h, 11,3 l im Stadtverkehr (bleifreies Normalbenzin auf 100 km, nach DIN 70030). Besonders sparsam ist der vibrationsarme 2,4-l-**DIESELMOTOR**[3] **MIT 6 ZYLINDERN.**

Noch mehr serienmäßigen Komfort bietet der abgebildete 740 GLE: u. a. Zentralverriegelung, Stahlkurbel-Hubdach, Velourspolsterung und elektrisch einstellbare und beheizbare Außenspiegel. Sein Einspritzmotor mit EGR[2] hat 96 kW/131 PS. Noch mehr Temperament und gleichzeitig Umweltfreundlichkeit bietet **DER NEUE 740 TURBO MIT SERIENMÄSSIGEM KATALYSATOR.** Er hat 115 kW/156 PS, beschleunigt in nur 8,7 sec. von 0 auf 100 km/h und fährt bleifrei, wie alle 740er.

Für welchen Volvo 740 Sie sich auch entscheiden, die vorbildliche Volvo-Sicherheit ist immer eingebaut.

VOLVO. EIN VORBILD AN SICHERHEIT, ZUVERLÄSSIGKEIT UND LANGLEBIGKEIT.

VOLVO

brauchte man sich den staatlichen Vorschriften für Universitätsbauten nicht zu unterwerfen, konnte sich einen guten Architekten leisten und schönere Materialien nehmen, als sie für die mit öffentlichen Geldern gebauten Häuser bewilligt werden. Der Bau wurde richtungsweisend für die gesamte neuere Universitätsarchitektur in Oxford, wurde doch hier zum erstenmal das Schema historisierenden Bauens überzeugend durchbrochen.

Ein reiches College bedeutet niedrige Miet- und Verpflegungskosten für die Studenten, vor allem aber können alle Scholaren beherbergt werden und müssen nicht, wie bei einigen der ärmeren Häuser, im dritten Studienjahr in die viel teureren Privatunterkünfte der Stadt ausquartiert werden.

Was sagt die Beschreibung des Systems über den Ort selbst aus? Nirgendwo sonst ist die Herkunft abendländischer Gelehrsamkeit aus dem Geist des Mönchtums so sehr Bild geworden wie hier. Heilige und Bischöfe, Kardinäle und Könige zieren Giebel und Portale der Colleges; ihre Wappen und Motti, wahre Fundgruben für Heraldiker, sind überall gegenwärtig, selbst auf den gestickten Sitzkissen in den Kapellen, den silbernen Salzfäßchen, die auf dem *high table* der Professoren stehen.

Doch überall findet man auch Verweise auf die Nachtseite der Geschichte, auf Rauch, Feuer, Blut. Mitten in Oxford steht ein viktorianisches Steinkreuz, dort, wo 1555 und 1556 die Begründer der englischen Reformation verbrannt wurden, die Bischöfe Thomas Cranmer, Hugh Latimer und Nicholas Ridley. Aus dem nahe gelegenen St. John's kam der später seliggesprochene Edmund Campion, der 1581 gehenkt und geviertailt wurde. Im herrlichen Renaissancehof des Colleges blickt der schöne spitzbärtige Stuartkönig Karl I., dessen Eleganz Anthonis van Dyck auf mehreren Porträts festgehalten hat, melancholisch auf seine Königin, welche die Stirnwand gegenüber ziert; 1649 wurde er aufs Schafott geführt.

Oxford, die Hochburg des Anglikanismus, in der einige der berühmtesten englischen Kirchenlieder entstanden, ist auch eine Stätte des gehobenen Nonsense. Lewis Carroll, als Charles L. Dodgson Universitätsprofessor für Mathematik, schrieb hier „Alice im Wunderland". (Siehe auch Seite 108.) Studentenscherze sind auch heute noch keine Seltenheit. Da wird ein Bär, mit Talar und Doktorhut bekleidet, als „Assyrerkönig Tiglatpileser" durch die Straßen geführt. Da wird alljährlich in der Sommerszeit, gemäß der testamentarischen Bestimmung eines Bischofs aus dem 17. Jahrhundert, die akademische Honoratiorenschaft mit Pfirsichen, Sahne und Champagner bewirtet. Land Crewe's Benefection heißt das Ritual.

Während sich auf der Queen Street mit gesträubtem Punkerhaar und schwarzvioletten Lippen, in Lederjacken und engen Miniröcken die Stadtjugend ergeht, läßt sich ein paar Gassen weiter die Creme der englischen Studentenschaft bewundern. Die Jeunesse dorée spielt mit ihren teuren klassischen Pullovern, den gestreiften Hemden und flachen Schnallstiefeln Understatement. In der High Street wird alter Portwein und französischer Champagner angeboten, in den Markthallen sind Moorhühner, Wachteleier und frischer Lachs zu haben. Alles vom Feinsten.

Das Flair der zwanziger Jahre wird kultiviert und sie waren – man lese es in Evelyn Waughs Roman „Wiedersehen mit Brideshead" nach – auch in Oxford die Goldenen. Da galt es als wunderbar, wenn sich junge Lords im Zustand der Volltrunkenheit aus dem dritten Stock fallen ließen, um durch solche Gesten dem Spießerleben nonchalant eine Abfuhr zu erteilen. Damals ging man nach Oxbridge, um sich zu amüsieren. Die Professoren spielten eine Nebenrolle. Heute gibt es das nicht mehr. Die effiziente Mittelmäßigkeit, so heißt es, werde auch hier inzwischen dem faulen Genie vorgezogen.

Der englische Journalist Paul Johnson warf Oxbridge in seinem Buch „The Offshore Islanders" vor, Englands Sturz als Industrienation mitverursacht zu haben, weil diese Universitäten die klassische Gelehrsamkeit zu lange favorisiert hätten. Wenn auch *greats,* das Studium der griechischen und lateinischen Philosophie, Geschichte und Literatur, in Oxford heute noch einen besonderen Stellenwert hat, so trifft diese Kritik jedoch seit gut hundert Jahren nicht mehr. Oxford hat heute einen vorzüglichen Ruf in Physikalischer Chemie, Biochemie, Medizin. Das Penicillin wurde hier von Alexander Fleming entdeckt.

Dennoch: Die englischen Uhren gehen anders. Auch heute wird in England ein geisteswissenschaftliches Studium nicht unbedingt als Vorbereitung für einen Beruf aufgefaßt. Bernard Shaws Ausspruch, Ziel der Universitätsausbildung sei es, ein paar Gelehrte hervorzubringen, vor allem aber sehr viele Gentlemen, hat noch Gültigkeit. Oxbridge lehrte und lehrt Lebensart. „An keinem Ort der Welt", schreibt Jan Morris über Oxford, „lernten so viele Männer die Kunst der Politik." Aus einem einzigen College, Christ Church, gingen elf Rulers of India, indische Vizekönige, und dreizehn Premierminister hervor. Heute mögen die Wege von Oxbridge nicht mehr schnurstracks in die Schaltstellen politischer Machtzentralen führen. Doch die Tradition bewirkt, daß es die Abgänger der beiden Elite-Universitäten bei der Suche nach Arbeitsplätzen weitaus leichter haben als die Absolventen anderer Hochschulen. Daran wird sich, solange die alten Colleges stehen, nicht viel ändern. Ihre „schier hypnotische Schönheit", so liest man in Anthony Sampsons Klassiker „Anatomy of Britain", ist durch nichts einzuholen. Oxbridge sei das letzte was die Engländer fahren ließen.

Radikale Kritiker wissen das. Immer wieder sagen sie: „Man müßte, um etwas zu ändern, ganz Oxbridge abreißen." Sie meinen es nicht ernst. Heimlich unterschreiben sie, was der Romantiker William Wordsworth gedichtet hat: „Oh ye spires of Oxford! domes and towers! / gardens and groves! / your presence overpowers / the soberness of reason." Das ist das Geheimis von Oxford und Cambridge, ihrer Kuppeln und Türme, ihrer Gärten und stillen Winkel: Ihr Dasein überwältigt die Nüchternheit der Vernunft. □

Welche Telefonnummer hat Hannes von der Hallig?

Gibt's noch Karten für die Oper?
Wo sind Autobahn-Baustellen?
Welche Aktien sind zur Zeit interessant?

Fragen... Fragen... Fragen. Je schneller und aktueller Sie Antwort bekommen, desto größer ist Ihr Vorsprung. Das Wissen der Welt wird täglich größer. Mit Bildschirmtext sind Sie immer gut informiert – beispielsweise über 25 Millionen Rufnummern im Bereich der Deutschen Bundespost. Auch über die von Johannes Both auf der Hallig Hooge. Und das Schönste: Btx ist rund um die Uhr dialogbereit. Möchten Sie mehr über den Btx-Dienst der Post wissen? Rufen Sie an: 0130 0190 – bundesweit zum Nahtarif.
Btx... und Sie sind besser im Bilde.

Bildschirmtext

Die Post in Btx ✱ 20 000 #

POST

Peter Nonnenmacher

Geduldet – aber nicht erwünscht

Englands farbige Minderheit kommt aus allen Ländern des ehemaligen Empire. Viele haben keine Ausbildung, die meisten stehen im sozialen Abseits und haben keine Chancen

Der alte Liverpooler Wahldistrikt Toxteth – heute heißt er offiziell „Liverpool 8" – ist die älteste Farbigenkolonie Großbritanniens. Schon um die Jahrhundertwende siedelten hier etliche tausend schwarze „Liverpudlians", Seeleute zumeist, Somalier – Ostafrikaner. Die Spur zu den allerersten dunkelhäutigen Menschen in Liverpool führt in der städtischen Chronik aber noch sehr viel weiter zurück – bis zur Mitte des 18. Jahrhunderts, als in der Hafenstadt schwarze Kinder versteigert wurden und die örtlichen Zeitungen Anzeigen wie die folgende druckten: „Zum sofortigen Verkauf: Ein starker Negerjunge, etwa zwanzig Jahre alt, hat zwölf Monate lang an Bord eines Schiffes gearbeitet und ist ein sehr dienstbarer Gehilfe." Oder: „Bei der Auktion in Georges Caféhaus, zwischen sechs und acht Uhr, zu verkaufen: Ein sehr feines, gesundes Negermädchen von ungefähr acht Jahren. Kann bis zum Zeitpunkt des Verkaufs bei Kapitän Robert Syers an der Börse besichtigt werden."

Vor 200 Jahren, in den achtziger Jahren des 18. Jahrhunderts, war Liverpool die europäische Stadt, in der die Fäden des internationalen Sklavenhandels zusammenliefen. Jedes vierte Schiff, das aus den Häfen am Mersey auslief, diente damals dem Handel mit Menschen: 60 Prozent des britischen und 40 Prozent des europäischen Sklavenhandels insgesamt gingen aufs Konto Liverpooler Reeder und Kaufleute. Liverpooler Schiffe transportierten schätzungsweise anderthalb Millionen Afrikaner bis zum Ende jenes Jahrhunderts zum amerikanischen Kontinent. Gigantische Gewinne flossen aus diesem Geschäft zurück, der verschlafene Fischerort von einst schlug nun als Handelsplatz sämtliche Küstenkonkurrenz aus dem Feld.

Die meisten schwarzen Briten, die heute in Toxteth leben, sind erst nach dem Zweiten Weltkrieg, nach dem Zerfall des Empire, nach England gekommen. Jene Einwandererwelle der fünfziger Jahre, die der Insel zum ersten Mal einen nennenswerten farbigen Bevölkerungsanteil bescherte, war von hoffnungsvollen Erwartungen erfüllt. Die 100 000 Westinder und die 50 000 Inder und Pakistani, die allein in den vier Jahren von 1954 bis 1957 nach England zogen, waren größtenteils von britischen Firmen und Behörden angeworben worden, weil es im Boom-Britannien der Nachkriegszeit an Arbeitskräften fehlte. Viele von ihnen waren ausgebildete Facharbeiter, und etliche ließen gar gute Stellungen oder kleine Geschäfte zurück, um in Europa weiterzukommen.

Eine faire Chance jedoch erhielten sie nie. Jobs, die ihren Fähigkeiten entsprachen, waren für sie in England nicht verfügbar, wie sich rasch herausstellte: Mit dunkler Hautfarbe war, bei aller fortschrittlichen Gesetzgebung, in bessere Positionen nicht vorzustoßen. Britanniens Gewerkschaften mauerten zusätzlich gegen die „schwarze Bedrohung". Unternehmer stuften farbige Arbeiter als billige, unorganisierte Arbeitskräfte im unteren Bereich der Belegschaftspyramiden ein, und Hausbesitzer machten es den schwarzen Wohnungssuchenden schwer, aus den Gettos der schlechten Unterkünfte auszubrechen.

In die tiefe Enttäuschung, die sich darauf der farbigen Commonwealth-Bürger bemächtigte, mischte sich vielfach das Gefühl, dieses Scheitern selbst verschuldet zu haben. Das hinderte viele von ihnen, sich beizeiten wieder nach Hause abzusetzen. Wer sich umhört unter Angehörigen der „ersten Generation" jener Einwanderer in England, der wird auf zahllose Stimmen dieser Art stoßen: „Hätten wir damals gewußt, was uns erwartete, wären wir nie hierhergekommen. Aber heute, nach dreißig Jahren, können wir auch nicht mehr zurückkehren. Wohin sollten wir gehen? Da ist nichts, was uns erwartet und wo wir uns, nach so langer Zeit in England, noch zurechtfinden könnten."

Diese Auswegslosigkeit gilt in noch stärkerem Maß für die Jüngeren, für die „zweite Generation" der Einwanderer. Von den über zwei Millionen Farbigen, die heute in Großbritannien leben (die Hälfte davon in London), ist mittlerweile fast schon jeder zweite im Königreich geboren und aufgewachsen; die meisten sind britische Staatsbürger. Für sie ist England das Zuhause, sind die Schulen, die Läden, die Pubs von Toxteth oder Brixton die von klein auf vertraute Umgebung. Sie sprechen Englisch mit dem Akzent Liverpools oder Birminghams, Coventrys oder Bradfords, Bristols oder Süd-Londons. Gleichberechtigte Bürger Britanniens sind aber auch sie bis heute nicht geworden. Im Gegenteil. Mit den Schwierigkeiten, denen sich die britische Wirtschaft in den siebziger und achtziger Jahren gegenübersah, wuchsen ihre Schwierigkeiten. Die Rezession traf nicht alle britischen Regionen gleichermaßen. Sie traf am schwersten die städtischen Zentren der britischen Industrie und des früheren Empire-Handels – und dort besonders die schwarzen Arbeitskräfte, deren Hautfarbe sich, mehr denn je, als entscheidendes Hindernis beim Wettrennen um die verbliebenen Arbeitsplätze erwies.

Toxteth sank rasch zu einem der hoffnungslosesten Flecken des ganzen Königreichs herab. Im industriellen Herzen der Midlands wiederum, in Manchester und Birmingham, fanden sich Mitte der achtziger Jahre erstmals ganze Jahrgänge farbiger Schulabgänger ohne Job. In Birminghams Stadtteil Handsworth, fest in britisch-karibischer Hand, wo heute jeder zweite arbeitslos ist, können nur zwei von hundert Schülern und Schülerinnen mit einem festen Arbeitsplatz rechnen.

Während in den zusehends verelendenden Vierteln wie Toxteth oder Handsworth der Unmut der Jüngeren sich in den achtziger Jahren zum Unwillen und Zorn staute und sich in den Straßenkämpfen der Sommernächte von 1981 und 1985 entlud, war es andernorts einer Minderheit farbiger Briten gelungen, sich eine Existenz aufzubauen. Vor allem unter den Einwanderern aus Indien und den aus Uganda vertriebenen indischen Familien gab es Händler und Ladenbesitzer, die mit

Einst waren die farbigen Untertanen Ihrer Majestät von britischen Firmen angeworben worden, weil es auf der Insel an Arbeitskräften fehlte. Viele jener Einwanderer möchten heute wieder zurück, aber wohin? Die Wurzeln sind abgeschnitten, und in England haben sie keine neue Heimat gefunden

geringem Kapital kleine Geschäfte eröffneten und deren unermüdlicher Einsatz im Familienkollektiv – von morgens bis spät in die Nacht, sieben Tage lang – vielerorts den englischen Ladeninhabern Konkurrenz bereitete. Heute sind diese indischen Geschäfte aus den britischen Städten kaum mehr wegzudenken. Inder und Pakistani betreiben Lebensmittel-, Tabak- und Schreibwarengeschäfte, sie stehen hinter den Schaltern kleiner Postämter, in Drogerien, in Zeitungskiosken, in Schnapsläden. Die Zahl indischer Restaurants auf der Insel scheint die der chinesischen fast zu übertreffen. Mag der Profit gering, die Arbeit hart sein: Startkapital und familiärer Unternehmungsgeist haben diesem Teil der farbigen Bevölkerung zumindest zu einer Einnahmequelle und einer gewissen Anerkennung bei der weißen Kundschaft und Nachbarschaft verholfen.

Gegenüber den „tiefschwarzen" Briten freilich sitzen die Vorurteile tiefer: Das afro-karibische Drittel der 2,2 Millionen dunkelhäutigen Untertanen Ihrer Majestät hat es von vornherein schwerer, sich durchzusetzen und vom weißen England akzeptiert zu werden. Um so mehr verblüfft in vielen gemischten Stadtteilen die Selbstverständlichkeit, mit der Weiß, Braun und Schwarz miteinander umgehen. Mischehen sind, vor allem in Middleclass-Quartieren, keine Seltenheit, und wenn alljährlich der karibische Karneval gefeiert wird, nimmt mittlerweile auch das weiße Großbritannien mehr und mehr teil und sucht sich im Rhythmus der heißen Klänge mitzuwiegen.

Wo es um Arbeit, um Positionen, um wirtschaftliche und politische Einflußnahme geht, da liegt es für das schwarze Inselvolk allerdings im argen. Daß bis heute fast die Hälfte der britischen Unternehmen weißen Bewerbern den Vorzug vor asiatischen oder afro-karibischen Kandidaten auch dann gibt, wenn diese gleiche Qualifikationen vorweisen können, ist spätestens seit den umfassenden Untersuchungen des Londoner Policy Studies Institute bekannt. Ein Blick auf die Statistik der mittachtziger Jahre bestätigt das Bild auch hinsichtlich des öffentlichen Dienstes und der Medien: Unter 600 000 Staatsangestellten weniger als ein Prozent Farbige; von 113 000 Polizeibeamten gerade 700, die nicht weiß sind; von 33 000 gewerkschaftlich organisierten Journalisten im Königreich nicht mehr als 17 mit dunkler Hautfarbe. Noch dünner ist die Luft in den oberen Rängen: Kein schwarzer Richter, kein schwarzer Polizeichef, gerade eine Handvoll schwarzer Schulleiter, kein Farbiger in hoher politischer Funktion in der Regierungsmaschinerie Whitehalls. Um so größere Bedeutung haben deshalb für die farbige Minderheit Britanniens die wenigen Schwarzen, die inzwischen die unsichtbare Schranke durchbrochen haben und deren Gesichter heute die ganze Nation kennt – das schwarze Sportidol Zehnkämpfer Daley Thompson, die populäre Nachrichtensprecherin Moira Stewart, der Fernsehmoderator Trevor McDonald und Hochwürden Wilfred Wood, der erste schwarze Bischof der Kirche von England.

Der aus Barbados stammende Geistliche Wilfred Wood wurde 1985 vom Erzbischof von Canterbury in Amt und Würden berufen, und dieses Jahr sah noch eine weitere wichtige britische Premiere: In Bradford wählte der Gemeinderat den Pakistani Muhammad Ajeeb zum ersten farbigen Oberbürgermeister Großbritanniens. Ajeeb, ein Labour-Stadtrat und praktizierender Muslim, war vor 25 Jahren nach England eingewandert und hatte sich zunächst als Hilfsarbeiter, Gleiswächter, Busschaffner und Lkw-Fahrer durchgeschlagen. Sein Aufstieg zum Lord Mayor wurde in Bradford, das eine knappe halbe Million Einwohner zählt, wie ein Triumph gefeiert – endlich war zur Genugtuung der farbigen Bewohner die Amtskette einmal einem der ihren über die Schultern

Die neueste Idee vor

Volkswagen: Jetta Beach.

Na, schon in Urlaubsstimmung? Wer noch nach passender Reisebegleitung Ausschau hält, braucht jetzt nicht länger zu suchen. Wir empfehlen: Jetta Beach.

Schon von außen eine Bereicherung für jedes Urlaubsfoto. In Alpinweiß, Tornadorot oder, als Extra, Diamantsilber metallic. Außerdem: grüne Wärmeschutzverglasung, vier Türen, flotte Dekorstreifen, breite Stoßprofilleisten, 5½ J x 13-Leichtmetallräder und vieles mehr.

Aber auch die inneren Werte des Jetta Beach versprechen Reisen erster Klasse. Sportsitze vorn. Sitzbezüge in eigenständigem Dessin. Vierspeichen-Sportlenkrad. Höheneinstellbarer Fahrersitz. Mittelkonsole. Von innen einstellbare Außenspiegel in Wagenfarbe. Audio-System „alpha". Alles zu einem Preis, der so günstig ist, daß Sie sich im Urlaub noch ein paar Extra-Touren leisten können.

Dazu sechs Motoren ganz nach Wunsch, drei davon mit Abgasreinigung, mit denen Sie bis zu 2.200 DM Steuern sparen.

Der Jetta Beach. Startklar für Ihren Urlaub. Buchungen nimmt jeder V.A.G Partner gerne entgegen.

 Volkswagen — da weiß man, was man hat.

Nur wenigen gelingt der Ausbruch aus der Tristesse der Einwanderergettos – hier mit Hilfe der Musik. Für die anderen gibt es kein Entrinnen aus dem Teufelskreis von schlechten Startchancen, Arbeitslosigkeit und Kriminalität. Viel mehr als die Weißen haben die Farbigen unter dem Niedergang der großen Industriestädte zu leiden. In Straßenkrawallen wie in Handsworth macht sich die Hoffnungslosigkeit Luft

gelegt worden; wenn auch das Amt letztlich ein Ehrenamt ist und wenig direkten Einfluß bietet. Muhammad Ajeebs Erfolg in Bradford bezeichnet die Veränderung, die diese Stadt (und manche englische Stadt mit ihr) im letzten Vierteljahrhundert durchlebt hat. Als Ajeeb nach England kam, waren Tausende seiner Landsleute dabei, ihre Koffer und Kisten für die Reise nach Bradford zu packen. Die Textilfabrikanten der englischen Kammgarn-Metropole, die für die Rund-um-die-Uhr-Beschickung neuer Maschinen billige Arbeitskräfte suchten, hatten im Commonwealth-Staat Pakistan die Werbetrommel gerührt.

Damals, in den frühen sechziger Jahren, glaubte niemand in Bradford so recht, daß die Neuankömmlinge auf Dauer im kühlen englischen Norden bleiben würden. Über Einwanderungsprobleme, soziale Integration und den Aufeinanderprall verschiedener Kulturen wurde noch kaum nachgedacht. Heute sind diese Begriffe aus Bradfords kommunalpolitischen Debatten nicht mehr wegzudenken. Denn 60 000 der 460 000 Einwohner der Stadt sind Farbige, meist Muslime aus Südasien, und ihr Anteil wächst. Dreißig Moscheen werden rege genutzt, und für das Stadtzentrum ist ein großer Neubau mit einem 35 Meter hohen Minarett – er wird mehr als 10 Millionen Mark kosten – geplant.

Nicht alle „Ureinwohner" Bradfords sind über diese Veränderungen in „ihrer" Stadt glücklich. Daß ein Muslim die Stadt repräsentiert, daß demnächst ein Minarett in der City aufgepflanzt werden soll und daß in einigen Schulen die weißen Kinder längst in die Minderheit geraten sind – das liegt so manchem Alt-Bradforder, der seine politischen Weisheiten aus den Spalten des rechtsgewirkten „Daily Telegraph" bezieht und der die Welt gern hätte wie sie war, schon schwer im Magen. Das farbige Bradford aber läßt sich heute durchaus nicht mehr bieten, was es einst hinzunehmen gewohnt war. Unbedachte Äußerungen der Art, daß ein zu hoher Farbigenanteil den allgemeinen Leistungsstandard in den Schulklassen drücke, können nun leicht zu empfindlichen Reaktionen führen – was, ebenfalls im Jahr 1985, der Bradforder Schulrektor Ray Honeyford zu spüren bekam. Über Wochen hin boykottierten die aufgebrachten Eltern farbiger Schüler den Unterricht und das Schulhaus Honeyfords, weil dieser ihrer Ansicht nach „rassistisches Gedankengut" verbreitet hatte. Der Rektor mußte schließlich die Segel streichen – der erste englische Schulleiter, den der Druck farbiger Minderheiten zum Rücktritt (sprich: in den vorzeitigen Ruhestand) nötigte.

Ob im Fall Honeyford oder mit der Wahl Ajeebs oder bei wichtigen Gemeinderatsentscheidungen: In Bradford erleben derzeit die dunkelhäutigen Bürger Britanniens, was politischer Druck, was politische Einflußnahme vermag. Mit mehr, noch viel mehr schwarzen und braunen Stadträten in Großbritannien und dazu ein paar farbigen Abgeordneten im Unterhaus zu Westminster: Damit, meinen die Sprecher der verschiedenen ethnischen Gruppen, wäre den „farbigen vier Prozent" der Insel schon gedient, wäre ihnen zumindest eine klarere politische Stimme gegeben. Daß auch im Gewerkschaftslager sich nun, sehr langsam, einiges zu ändern beginnt – der gebürtige Jamaikaner Bill Morris rückte just zum zweiten Mann der großen britischen Transportarbeiter-Gewerkschaft auf –, wird ebenfalls mit Beifall vermerkt. Und so ist es ein sonderbarer Kontrast, der die Lage der farbigen Bevölkerung Britanniens in den späten achtziger Jahren charakterisiert. Ein kleiner Teil der schwarzen Briten, gut ausgebildet und politisch interessiert, erringt beim „langen Marsch durch die Institutionen" erste Erfolge; ein größerer Teil, verarmt, sieht sich zunehmend ins soziale Abseits gedrängt. □

Erst zur Sparkasse. Dann in die Ferien.

Wer den ReiseService der Sparkasse nutzt, fährt gut und geht auf Nummer Sicher, denn wir wissen über die Devisenbestimmungen in den Reiseländern Bescheid und werden Sie umfassend beraten. Sie wissen dann, wieviel Sie in Bargeld, Reise- oder Euroschecks mitnehmen. Ihr Geldberater kennt sich aus.

Planen Sie vor dem Kofferpacken den Weg zur Sparkasse ein, den ersten Schritt in Richtung Urlaub! Darum: Erst zur Sparkasse – damit Sie Ihre Ferien sorglos genießen können.

Sprechen Sie mit unserem Geldberater über den S-ReiseService.

Wenn's um Geld geht – Sparkasse

Mit Liebe zum Kleinen malte John Constable die Umgebung der väterlichen Mühle. Willy Lotts Cottage, ein verwinkeltes, weißgetünchtes Bauernhaus aus dem 16. Jahrhundert, wurde durch Constables Gemälde zum englischen Cottage schlechthin

BALSAM FÜR DIE SEELE

Peter S. Cotman über den Müllersohn John Constable, für den Malen nur ein anderes Wort für Fühlen war

Vom Fluß aus sah ich zuerst nur ein Knie im Gras und daneben die Staffelei. Sie war mit einem kleinen Sandsack beschwert. Ein paar Weiden ächzten im Wind. Ich machte mein Boot an einer Baumwurzel fest und ging quer über die Wiese. Natürlich mußte die Staffelei gerade jetzt umkippen.

„Nichts passiert", sagte er, „ich bin wohl eingeschlafen." Martin Chapman, ein Maler aus Suffolk, findet seine Motive dort, wo schon John Constable sie fand, „unter jeder Hecke und an jedem Weg". Seit Constables Zeit ist hier fast alles unverändert. „Wenn auch nur ein Baum gefällt würde, gäbe es einen Aufschrei der Nation." Tatsächlich ist dies die am besten gehütete, am meisten reproduzierte Landschaft der englischen Kunstgeschichte. Wie viele Bed & Breakfast-Ladies haben mir nicht schon den berühmten „Heuwagen" als Frühstücksbrettchen oder Keksdose vorgesetzt, bevor ich 1976 bei der Jubiläumsausstellung der Tate Gallery zwei Stunden Schlange stand, um Constable ohne Keks und Krümel zu sehen. Damals erklärte „The Sunday Telegraph", begeistert wie alle Londoner Zeitungen, diese Landschaft sei „national heartlands, inner countryside", Seelenlandschaft der Nation.

Nun saß ich also im Ruderboot und ließ mich durch Englands grüne Seele treiben, den Stour hinunter von Dedham nach Flatford Mill. Es war ein warmer Sommertag. Libellen standen flirrend über dem Wasser. Ab und zu flog ein Teichhuhn auf. Am Ufer Kühe, in der Ferne ein paar Häuser, der Kirchturm von Dedham. Eine spektakuläre Landschaft ist das nicht. Eher alltäglich, bescheiden, von gelassener Natur. Und doch war es dieses Stück Erde an der Grenze zwischen Suffolk und Essex, das Constable ein Leben lang mehr faszinierte als alle Länder, die sein Zeitgenosse William Turner rastlos durchstreifte. „Ich verbinde meine sorglose Kindheit mit allem, was an den Ufern des Stour liegt. Sie machten mich zum Maler." Constables Vater war Müller, ihm gehörten die Mühlen von Flatford und Dedham. Die Felder von Dedham Vale gaben das Korn für die Mühlen des Vaters und die Motive für die Bilder des Sohnes. Hier am Stour sah der junge John die Lastkähne, die das Mehl flußabwärts zur Küste und von dort nach London transportierten; sah die Treidelpferde auf dem Leinpfad, die Schleusen mit ihren bemoosten Eichenbalken. Hier lernte er als Gehilfe seines Vaters Wind und Wetter beobachten, Voraussetzungen für das Handwerk des Müllers, die er als Maler brillant zu nutzen wußte.

So realistisch war sein Gefühl für die Atmosphäre eines frischen Frühlingsmorgens oder eines drohend heraufziehenden Sturms, daß sein Kollege Henry Fusely bemerkte, beim Anblick eines Constable-Bildes habe er „immer das Bedürfnis, nach Mantel und Regenschirm zu greifen".

Flatford Mill, fast 200 Jahre nach Constable: Am Stumpf einer alten Weide wird Lunch im „Haywain" annonciert. „Fangen Sie Heringe?" fragt ein Amerikaner den Angler am Mühlteich. „Genau wie auf dem Bild in Washington, D.C.", stellt er befriedigt fest, „da ist auch ein Angler drauf, rechts die Pappelreihe und vorne das Schleusentor." Die Umgebung der Mühle hat man getreulich nach Constables Bildern rekonstruiert. Allerdings sind die „old rotten planks", die der Maler so liebte, durch eine Schleusenkammer aus Beton ersetzt. Die alte Holzbrücke über den Stour (mit Asphaltbelag), das pinkfarbene Strohdachhaus (mit Tea-Shop), die Mühle aus rotem Backstein und daneben das pittoreske Cottage Willy Lotts: lauter Constable-Motive in Kodacolor.

So wie Constables Country mit den sanft gewellten Hügeln des Stour-Tals als Inbegriff der englischen Countryside gilt, wurde Willy Lotts Cottage, geweißelt und verwinkelt, zum englischen Cottage schlechthin. Der Mann, der in diesem Bauernhaus des 16. Jahrhunderts geboren wurde, Willy Lott, soll über 80 Jahre dort gelebt haben, ohne daß er mehr als vier Tage auswärts verbracht hätte. Soviel Bodenständigkeit war offenbar schon zu Constables Zeiten ungewöhnlich, erst recht in der mobilen Gesellschaft von heute. Flatford Mill, Eigentum des National Trust, wird seit 1946 vom Field Studies Council als Studienzentrum für Kurse aller Art genutzt, von Pflanzen- und Vogelkunde bis Kunst- und Landschaftsschutz. Im Dachatelier der Mühle treffe ich eine Gruppe von Hobbymalern beim Porträtieren, junge und alte: „Hier kann man alles vergessen, Verkehr und Streß", sagt ein Geschäftsmann aus Yorkshire, „und alles, was man braucht, findet man in der nächsten Umgebung."

Auch Constable kehrte immer wieder ins Stour-Tal zurück, vom Londoner Akademiebetrieb und später, als er mit seiner Familie in Hampstead lebte. Die Landschaft seiner Kindheit blieb die Kraftquelle seiner Kunst. Das verbindet ihn mit Wordsworth, dem großen Lyriker der englischen Romantik. Mit ihm teilte er die „Andacht zum Kleinen", eine Naturfrömmigkeit, die in Bäumen, Blumen und Wolken Offenbarungen göttlicher, geistiger Kräfte sah. „Der Landschaftsmaler sollte im Geist der Demut über die Felder wandern. Keinem arroganten Menschen war es je vergönnt, die Natur in ihrer ganzen Schönheit zu erblicken." Constables ästhetisches Credo las ich in der Kirche von East Bergholt auf einer Tafel im Seitenschiff: „Malen ist für mich nur ein anderes Wort für Fühlen."

In East Bergholt wurde Constable 1776 geboren, in der Dorfkirche wurde er getauft, auf dem Friedhof liegen seine

OSRAM DIASTAR für Magazinbetrieb. Die neue Art, Dias anzuschauen – ohne Leinwand, ohne Verdunkeln.

Ihre guten Dias verdienen eine ebenso gute Präsentation: Im DIASTAR wirken die Dias brillant wie in einem Projektor, sind aber schneller und bequemer anzuschauen als mit dem Diaprojektor.
DIASTAR – das ist die neue Generation leuchtendheller Tageslichtprojektoren mit sehr großem Bildschirm 185 x 185 mm, bestens geeignet für Tischbetrieb, ruckzuck vorführbereit: Anschließen, aufklappen, Magazin reinschieben – fertig! Sollten Sie sich beim Fachhändler mal anschauen.

DIASTAR eignet sich für drei der gebräuchlichsten Dia-Magazinsysteme. Er ist zusammengeklappt platzsparend.

DIASTAR 320. 20-W-Halogenlampe, Weitwinkelobjektiv, Vor- und Rücklauf. Halbautomatik.
DIASTAR 350. Superhelle 50-W-XENOPHOT®-Halogenlampe. Gebläse für Dia-Direktkühlung. Langzeitbetrieb. Halbautomatik.
DIASTAR 350 electronic. Vollautomatik mit Fernbedienung. Superhelle 50-W-XENOPHOT®-Halogenlampe. Gebläse für Dia-Direktkühlung. Langzeitbetrieb. AV-Buchse für Tonbildschauen.

TAGESLICHTPROJEKTOREN VOM LICHTSPEZIALISTEN   **OSRAM**

Die Landschaft seiner Kindheit, die Constable so reichlich Motive lieferte, und in die er immer wieder zurückkehrte, trägt heute seinen Stempel: „Constable's Country" werden die sanften Hügel des Stour-Tals genannt

Eltern begraben. „Time passeth away like a shadow", steht auf der Sonnenuhr über dem Portal der Kirche, auch sie ein Motiv seiner Bilder. Im alten Pfarrhaus von East Bergholt lernte er seine spätere Frau kennen. Sieben Jahre mußte er auf die Hochzeit warten, da Marias Eltern ihn als erfolglosen Maler ablehnten. Erst mit 53 wurde Constable als Vollmitglied in die Londoner Royal Academy aufgenommen und selbst dann noch gedemütigt, als die Kollegen seine „Wasserwiesen bei Salisbury" ausjurierten als „a nasty green thing", abscheuliches grünes Zeug. Gerade das bewunderte Eugène Delacroix: wie Constable das Grün einer Wiese aus dem ganzen Spektrum grüner Töne entfaltete. Der freie, den Impressionismus vorwegnehmende Umgang mit der Farbe war das revolutionäre Element dieser Heimatmalerei. Nicht umsonst pflegt East Bergholt Partnerschaft mit Barbizon, wo die französischen Freilichtmaler des 19. Jahrhunderts sich trafen.

Mit Constables Popularität wuchs auch die Zahl der Fälschungen seiner Werke. Die kriminalistische Befriedigung, sie aufzuspüren, wird nur noch übertroffen von dem Vergnügen, die Schauplätze seiner Bilder zu finden. Beiläufig schärft sich so der Blick für die Eigenart eines Künstlers und seiner Landschaft, für die feinen Unterschiede von Natur, Kunst und Leben. Auch im scheinbar so zeitlosen Constable Country hat sich einiges verändert: Zugewachsen der malerische Blick von Gun Hill ins Stour-Tal, Dedham Mill umgebaut in Luxusapartments, Wivenhoe Park nicht mehr Landsitz, sondern Teil der Universität von Essex. In der Kirche von Nayland fand ich statt Constables Altarbild nur helle Aufregung: Es war kurz zuvor gestohlen worden. „Isn't it a shame", klagten die messingpolierenden Frauen: „Stellen Sie sich vor, wir wären hier gewesen, als die Diebe kamen – was für ein Drama!" Inzwischen ist das auf eine Million Mark geschätzte Gemälde, eines von drei Altarbildern Constables, unbeschädigt wieder aufgetaucht. Im Park von Helmingham fand ich die Eichen, die Constable im Sommer 1800 malte, und in Dedham seinen Ur-Urenkel. Auch er heißt John, ist Maler und so erfolglos wie einst sein Vorfahre. Kein leichtes Erbe, mit Constables Totenmaske im Regal als Künstler zu reüssieren: „Alle erwarten doch, daß ich wie Constable male." Mit seiner Frau, drei Katzen und den Möpsen Phoebe, Rosy und Bertha lebt John Constable der Jüngere etwas außerhalb des Dorfes. Sein Atelier ist ein umgebauter Schweinestall. Früher hat ihn die Constable-Vermarktung auf Handtüchern und Ansichtskarten geärgert: „Alle verdienen an dem Namen, den man trägt, und selber sieht man keinen Penny davon." Im Gegenteil, Constable hatte für seine Constables so viel Vermögenssteuer zu zahlen, daß er fünf Gemälde an die Tate Gallery verkaufen mußte, „und da sind sie leider im Depot". Mit den noch im Familienbesitz verbliebenen Bildern und Erinnerungsstücken wollte er vor Jahren ein kleines Constable-Museum eröffnen. Wäre Flatford Mill nicht der geeignete Ort? „Natürlich. Ein Field Studies Centre kann man überall einrichten, ein Constable-Museum nur dort." So kommen Besucher aus aller Welt und sehen von Constables Bildern nur Kunstpostkarten. National Trust und English Tourist Board haben eine Chance verschlafen.

Aus Sudbury, nur wenige Meilen flußaufwärts, stammt Thomas Gainsborough, der hier 1727 geboren wurde. Gainsborough, der Maler pastoraler Idyllen am Vorabend der Industriellen Revolution, und Constable sind der Beweis, daß die strahlendsten, stillsten Bilder europäischer Landschaftsmalerei tief in der ostenglischen Provinz entstanden.

Spanien besitzt eine Kultur, wie sie sonst nirgendwo im „Abendland" zu finden ist. Und nicht von ungefähr: Als die Mauren 711 Spanien besetzten, brachten sie die wesentlichen Elemente ihrer orientalischen Kultur mit. Auch nach ihrer Vertreibung im 15. Jahrhundert blieb dieser Einfluß erhalten.

Die Schmiedekunst Toledos hat ihre Wurzeln in der Tradition orientalischer Metallbearbeitung. Die maurische Baukunst begegnet Ihnen nicht nur in Granada, sondern auch in den Holzarbeiten Santanders oder den Türklopfern Caceres. Und im Parador von Merida können Sie diese Kunst sogar bewohnen, z. B. im „Salon Capilla".

Spanische Kultur, gelungene Synthese aus Orient und Okzident.

Sollte das der Grund sein, warum Sie demnächst Spanien besuchen?

Dann senden wir Ihnen gerne unser Informationsmaterial einschließlich einer Landkarte kostenlos zu: Staatliches Spanisches Fremdenverkehrsamt, Düsseldorf, Graf-Adolf-Str. 81, Frankfurt, Bethmannstr. 50–54, München, Oberanger 6.

Spanien. Kultur zwischen Orient und Okzident.

ALLES UNTER DER SONNE

1985 erhielt der Ford Scorpio den „Premio Attualita". Den ersten **Preis für fortschrittliches Design** von Italiens Magazin „Motor". Das elegante Aeroheck des Scorpio hat handfeste Vorteile.

Es beschert dem Scorpio einen riesigen Innenraum. „Geradezu **üppige Platzverhältnisse** bietet er für die Passagiere im Fond." (FAZ, 27. 3. 85).

Und mit der geteilt umklappbaren Rücksitzlehne lassen sich aus 440 Liter Kofferraum 1350 machen. Die niedrige Ladekante macht dabei das Einladen leicht. Dazu bei allen Scorpio-Modellen: **Anti-Blockier-System** serienmäßig. Einer von vielen Gründen, warum der Scorpio 14 bedeutende Auszeichnungen gewann. **Und wie jeder Ford-P mit Dieselmotor ist auch der Scorpio**

Diesel in Superform. Der neue Ford Scorpio 2.5 D.

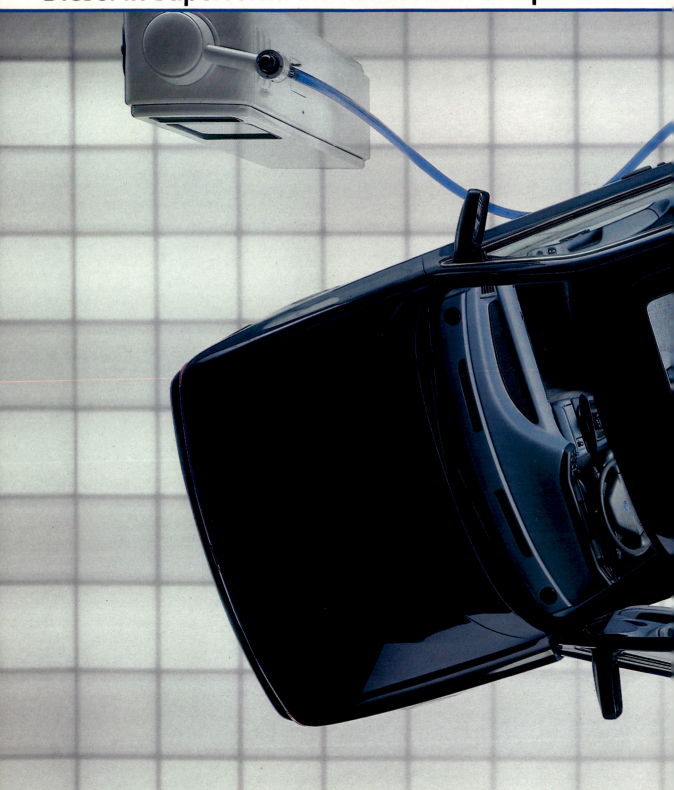

Ford macht hochwertige Technologie erschwinglich

hre von der Steuer befreit. Ersparnis: s zu 1.100 DM. Wer den Benzinmotor rzieht, spart auch kräftig Steuern: bis 2.200 DM beim 2.0-l-i mit Katalysator.

Und selbst ohne zusätzliche technische aßnahmen fahren Sie mit den 2.0-l-i- und 2.8-l-i-Motoren, bedingt schadstoffarm Kategorie A, lebenslang zum günstigsten Steuersatz von nur 13,20 DM je 100 ccm.

Lernen Sie den Scorpio jetzt kennen. Bei Ihrem Ford-Händler, der Testwagen steht bereit.

Steuerersparnis	
Diesel:	max. 1.100 DM
Katalysator:	max. 2.200 DM

JWT 6-434

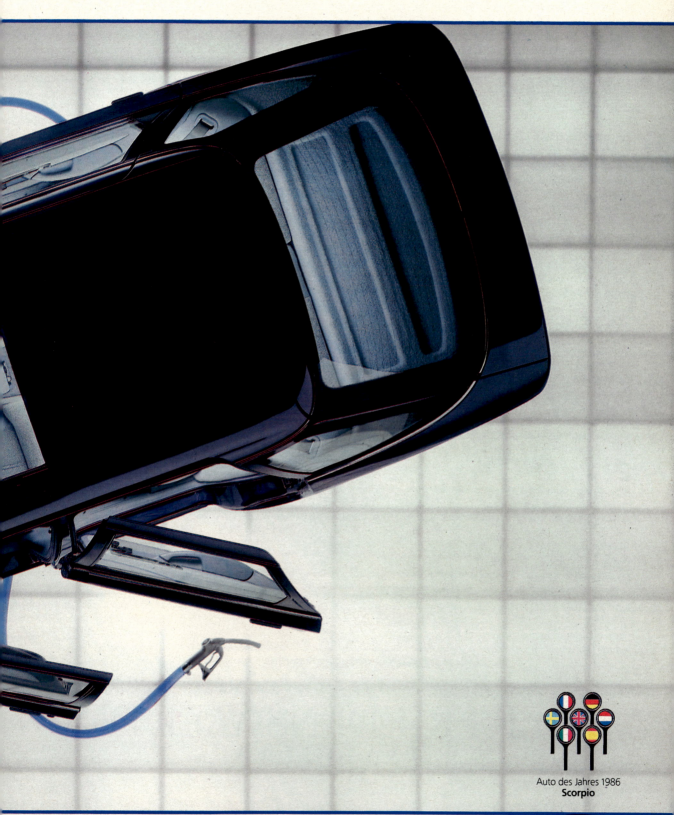

Auto des Jahres 1986
Scorpio

Der Hadrianswall im Norden Englands ist die erste Mauer in der Geschichte der Menschheit, die ein ganzes Land durchzogen hat, sie reichte von Küste zu Küste, ein lineares militärisches Sperrwerk. Im Jahre 43 hatten die Römer unter Claudius Teile Britanniens erobert, die vorhandenen Stämme und Fürstentümer zu *civitates* zusammengefaßt und eine römisch kontrollierte Selbstverwaltung eingeführt. Jahrzehnte später rückten die Legionen und Kohorten bis nach Schottland vor, zogen sich aber bald wieder zurück auf eine Grenze, die annähernd der heutigen Grenze zwischen Schottland und England entspricht. Der Rückzug hatte etwas mit dem Essen zu tun. Roms Soldaten ernährten sich vorwiegend von Getreideprodukten. Im südlichen Schottland aber lag mageres Grasland. Davor, ungefähr südlich einer Linie von Carlisle nach Newcastle, war Getreideland, Wohlstandsland.

Die nördlich dieser Linie lebenden Selgoven und auch die wilden Pikten hatten kein Wohlstandsland. Häufig zogen sie nach Süden und holten sich dort plündernd, was bei ihnen nicht gediehen war. In den Jahren zwischen 117 (Hadrians Regierungsantritt) und 120 scheinen im Norden besonders schlechte Zeiten geherrscht zu haben, denn häufiger als sonst fielen die Nordlichter ein und plünderten römische Civitates – ein unangenehmer Steuerausfall für die Besatzungsmacht.

Kaiser Hadrian, darauf bedacht, das römische Imperium zu konsolidieren, begab sich im Jahre 122 nach Britannien, um eine Lösung des Problems zu finden. Nach einem Modell mußte nicht lange gesucht werden, die Römer waren bereits im Bau von Grenzwällen, dem Limes, erfahren. Solche Grenzwälle mit Aufwerfungen und Palisadenbefestigungen gab es in Germanien, in den Donauprovinzen Pannonien, Dakien, Moesien und in Afrika. Für den Bau einer Mauer quer durch das Land sprach, daß zwischen dem heutigen Carlisle und Corbridge schon eine befestigte Militärstraße existierte – und daß sich dort die schmalste Stelle zwischen den Küsten der Irischen See und der Nordsee anbot. 122 begannen die Arbeiten, sechs Jahre später stand ein formidables Befestigungswerk. Und so sah es auf einer Länge von 80 römischen Meilen (120 Kilometer, ungefähr die Entfernung Hamburg–Hannover) aus: Nach Norden hin wurde ein etwa drei Meter tiefer und 8 Meter breiter Graben ausgehoben. In rund 6 Metern Entfernung vom Grabenrand wurde eine Mauer errichtet, 5 bis 6 Meter hoch, die Krone bis zu 3 Meter breit, mit einer Art steinerner Brustwehr nach Norden hin. Parallel dazu verlief die befestigte Militärstraße und verband die Küsten. Dazwischen lag ein militärisches Sperrgebiet von unterschiedlicher Breite und ohne Bewuchs. Nach Süden hin schloß eine Erdaufwerfung an, ein Graben und auf der anderen Seite des Grabens wieder eine Erdaufwerfung, *vallum* genannt. Ab 124 wurde das Konzept verändert, die Forts an der alten Militärstraße im Hinterland wurden zum Wall verlegt. Im Abstand von 3 bis 13 Kilometern entstanden Kastelle, die je nach Größe 500 bis 1000 Mann Unterkunft boten. Pro Meile wurden auf der Mauer zwei kleinere steinerne Wachtürme errichtet und am Ende jeder Meile ein größerer Turm für eine Wachmannschaft. Gebaut wurde diese Anlage von den drei in Britannien stationierten römischen Legionen sowie freiwilligen Hilfstruppen. Jeder Centurion war mit seiner Hundertschaft für den Bau von 46 Metern verantwortlich.

Die Pikten und Selgoven empfanden den Hadrianswall als ein empörendes Ärgernis, und nicht wenige der nordbritischen Stämme teilten diese Meinung. Die Ausgesperrten machten die ärgerliche Mauer zum Ziel permanenter Angriffe, und die Römer mußten immerfort die Mannschaften verstärken. Zuletzt dienten ständig 10000 Mann an Hadrians Friedenswall. Zwar wuchsen um die Forts herum Dörfer, und im Schatten des Bauwerks errichteten ausgediente Soldaten blühende Farmen, auch Herbergen, Tempel, Badehäuser – aber die Mauer selbst beanspruchte derart viel Militärpersonal, daß eine Lösung gefunden werden mußte: noch ein Wall. Unter Kaiser Antoninus Pius (136–161) rückten die Römer vor und errichteten um 141/142 zwischen Firth of Forth und Firth of Clyde eine Vorbefestigung, 59 Kilometer lang, den Antoninuswall. Er war weniger solide gebaut als das Hadrianswerk – aber er entlastete dieses personell.

Der Antoninuswall war weniger als zwanzig Jahre besetzt (142–155, 158–163), die Nordhorden überrannten schließlich das Bauwerk an der schmalsten Stelle des heutigen Schottland, schlugen die Römer zurück und eroberten vorübergehend auch Teile der Hadriansmauer (183/184). Nur mit Mühe gelang es den Legionen, des Kaisers Bauwerk in der Hand zu behalten. Es mußte kostspielig ausgebessert und modernisiert werden (205–207), es wurden auch mehrere Tore gebaut. Die folgenden 200 Jahre tat die Mauer ihren Dienst, mehr schlecht als recht. Dann begann die Völkerwanderung, Invasoren kamen über See, da nutzte keine Mauer mehr. 410 zogen die Römer ab. Sie ließen zurück, was keine Touristenattraktion ist wie die Mauer in China oder die in Berlin. Besichtigen aber kann man die respektablen Überreste des Bauwerks, so bei Housesteads oder Corbridge, kilometerlang. □

Der Hadrianswall trennte England und Schottland

Nick Barkow über eine der ältesten Mauern der Welt

DER FRIEDENSWALL DES HADRIAN

Lieber Urlauber,

unser „Reise-Paket", mit dem man auf Auslandsreisen im Krankheitsfall sicher geht.

Ihre DKV, die private Krankenversicherung.

Für Spaß und Sport im Urlaub – dieses Wurfspiel bekommen Sie bei Anforderung der Versicherungs-Information.
Deutsche Krankenversicherung AG
Köln/Berlin

Reise-Paket

Damit im Urlaub alles glatt geht, gibt Ihnen die DKV, Europas größte private Krankenversicherung, gern für alle Fälle Ihr Reise-Paket mit auf den Weg. Zum Beispiel kann man ganz schön „sprachlos" sein, wenn man im Ausland mal einen Arzt braucht. Dafür hat die DKV einen Dialog mit dem Arzt in 5 Sprachen für Sie vorbereitet. Für sonstige Reise-Tips gibt es eine Checkliste und ein Verzeichnis mit den wichtigsten Telefonnummern in ganz Europa. Und als umfangreiches Sicherheitsangebot: Für nur DM 14,– gibt es den Krankenschutz, mit dem Sie ein ganzes Jahr auf allen Auslandsreisen bis zu jeweils 6 Wochen privat krankenversichert sind. Sorgen Sie selbst mit dem Abschluß dieser Versicherung vor. Fern der Heimat ist das sehr beruhigend. Um für die nächste Auslandsreise gerüstet zu sein, am besten gleich den Coupon einsenden.

Für alle Fälle im Urlaub hätte ich gern Ihren

☐ DKV Ratgeber für den Auslandsurlaub (kostenlos)

☐ Die DKV Versicherungs-Information (kostenlos)

Name: _____

Straße: _____

PLZ/Wohnort: _____

Deutsche Krankenversicherung AG
Abteilung Öffentlichkeitsarbeit
Aachener Str. 300, 5000 Köln 41

Gesundheit ist ein Stück von Ihrem Lebensglück.

Knipsen, knipsen, knipsen.

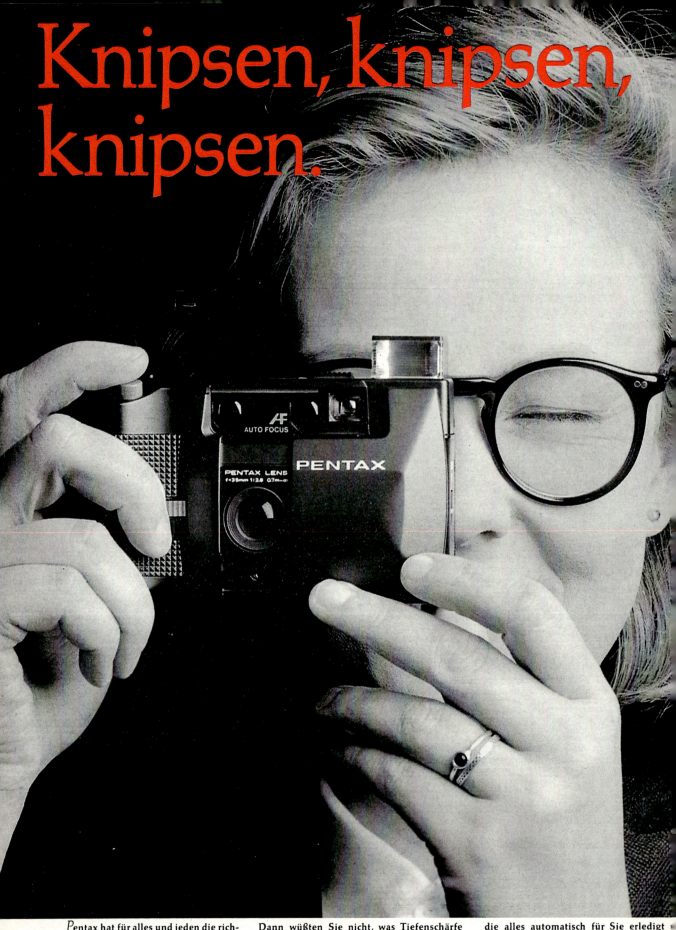

Pentax hat für alles und jeden die richtige Kamera. Ganz gleich, ob Sie blond oder schwarz, dick oder dünn, professioneller Fotograf oder Buchhalter sind. 📷 Aber nehmen wir nur mal an, Sie wären eine junge Frau.

Dann wüßten Sie nicht, was Tiefenschärfe oder Brennweite ist, würden Kameras nur mit spitzen Fingern anfassen und könnten trotz allem die tollsten Fotos machen. Vorausgesetzt, Sie hätten eine Pentax PC 35 AF-M,

die alles automatisch für Sie erledigt keine Angst, sondern Spaß macht. 📷 Na lich könnten Sie ebensogut ein begeiste Tüftler sein, der am liebsten so knifflige zeigen wie die hier fotografiert. Dann wäre

Tüfteln, tüfteln, tüfteln.

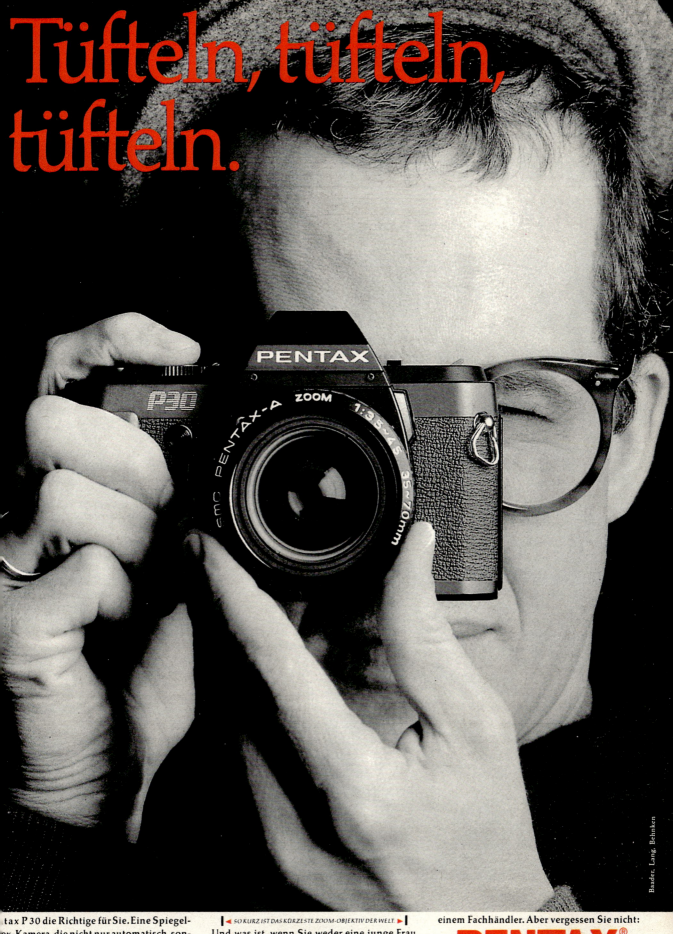

...tax P 30 die Richtige für Sie. Eine Spiegel-
...ex-Kamera, die nicht nur automatisch, son-
... auch manuell zu bedienen ist und statt
...rflüssigem Schnickschnack das kürzeste
...m-Objektiv der Welt hat. Gucken Sie mal:

◀ *SO KURZ IST DAS KÜRZESTE ZOOM-OBJEKTIV DER WELT.* ▶
Und was ist, wenn Sie weder eine junge Frau
noch ein begeisterter Tüftler sind? Dann
warten Sie einfach auf die nächste Pentax-Anzeige oder, noch besser, Sie gehen gleich zu

einem Fachhändler. Aber vergessen Sie nicht:

PENTAX®
JEDEM DIE SEINE.

Damit haben Sie in ganz Europa gute Karten. Für nur DM 37,50.

Aral Kartensatz 86/87 Deutschland und Europa

Neue Ausgabe!

mit Ortsverzeichnis

15 Landkarten mit 125 Stadtplänen.

Autoren · Fotografen

Dieter Stäcker

Lottemi Doormann

Nick Barkow, Jahrgang 1928, freier Journalist und Buchautor, acht Jahre Korrespondent in England.
Dr. Barbara Beuys, Jahrgang 1943, ist Mitglied der MERIAN-Redaktion.
Heidede Carstensen, in Magdeburg geboren, arbeitet als freie Journalistin, u. a. für den BBC-Weltservice.
Peter S. Cotman, Jahrgang 1945, ist Reporter und macht zum Ausgleich mit Vorliebe Reise- und Kunstthemen.
Lottemi Doormann, 1943 in Berlin geboren, arbeitet seit 1967 als freie Journalistin in Hamburg.
Peter Hays wurde 1944 in Wittenberg geboren. Seine journalistische Laufbahn begann er in Exeter, lebt heute als Journalist in München.
Ernst L. Hess, Jahrgang 1944, lebt als freier Journalist und Rechtsanwalt in Heidelberg.
David Hockney, 1937 in Bradford, West Yorkshire, geboren, weltberühmter Vertreter der englischen Pop-Art-Malerei, der sich auch besonders mit den künstlerischen Möglichkeiten der Fotografie beschäftigt. Er lebt in Hollywood, Kalifornien.
Dr. Rolf Hosfeld, Jahrgang 1948, ist Mitglied der MERIAN-Redaktion.
Peter Nonnenmacher, Jahrgang 1950, war Skandinavien-Korrespondent der *Frankfurter Rundschau.* Seit 1981 berichtet er aus Großbritannien und Irland.
Ferdinand Ranft, Jahrgang 1927, ist Mitglied der MERIAN-Redaktion.
Renate Schostack, Jahrgang 1938, war Korrespondentin der *FAZ* in London, erhielt 1977 den Sonderpreis beim Wettbewerb um den Ingeborg-Bachmann-Preis.
Dieter Stäcker, Jahrgang 1938, lebt als Journalist in Berlin, war 1978–1981 Korrespondent für die *Frankfurter Rundschau* in London.
Karin Voigt-Karbe, Jahrgang 1943, lebt seit 1982 in England. Seit 1974 arbeitet sie als Journalistin u. a. für die *FAZ* und die Deutsche Welle.
Anthony Weller, 1957 in Georgia, USA, geboren, ist Journalist und Schriftsteller. 1980 erhielt er den Preis der Akademie Amerikanischer Dichter. Lebt in Amsterdam.
Ulrich Wildgruber, Jahrgang 1937, ist Spezialist für Shakespeare-Rollen, spielt an mehreren deutschen Bühnen.

Grafik

Hilda Körner und **Lothar Walter** zeichneten die Große MERIAN-Karte; **Bernhard Ziegler** die Karten auf S. 110 und 135.

Bemerkungen

Den Beitrag auf S. 6 übersetzte Christel Wiemken aus dem Englischen. Der Text auf S. 26 ist eine gekürzte Fassung aus „Bilder von David Hockney", © 1980 by Diogenes Verlag AG, Zürich.

Bildnachweis

Titel: Thomas Mayer; S. 3 Tony Stone; S. 41 Jan Berry/Magnum, r Adam Woolfitt/S. Griggs Ag.; S. 51 Annie Griffiths, m Richard Waite, r

Barbara Beuys

Patrick Ward; S. 8 Berry; S. 9 Mayer; S. 10/11 Griffiths; S. 12/13 Berry; S. 14/15 Julian Calder, 15 u Mayer; S. 16/17 Berry, 16 u Griffiths; S. 18/19 Barry Lewis/Sunday Times Mag.; S. 18 u, 20–23 Berry; S. 24/25 Mayer, 25 r Berry; S. 26 Michael Montford; S. 27 David Hockney/Tradhart Ltd.; S. 28/29 Berry; S. 32/33 Fred Maroon; S. 34, 36 u Timm Rautert; S. 33–40, 44, 45, 47 Maroon; S. 41–43 Calder; S. 46 Dan Dry/W. Camp/Focus; S. 48 Chris Steele-Perkins/Magnum, 48/49 Lewis; S. 50–53 Steele-Perkins; S. 54 o, m Ward, 54 u, 56, 57 o, 58–61 Berry; S. 57 u, 67 Peter Marlow/Magnum; S. 62 Brigitte Hellgoth; S. 68/69, 72 o J. Röhrscheid; S. 70 John Bulmer/Griggs; S. 72 u Charles Hering; S. 74, 88 o M. Yamashita/W. Camp/Focus; S. 82 o Griffiths; S. 82 u, 86 o Marlow, u Brian Harris/Impact Photos; S. 88 u Ipswich Museums and Art Galleries; S. 90 o Peter Sager, u Warren Coll. Courtesy, Museum of Fine Arts, Boston; S. 94 Berry; S. 100 H.-J. Anders/Stern; S. 112 David Reed/Impact; S. 116 Mary Evans; S. 117 Archiv Gerstenberg; S. 119 Archiv f. Kunst u. Geschichte; S. 120–30 Waite; S. 131 Wolfgang Lauter; S. 132/3 Manfred Hamm; S. 140 o Horst Munzig, m V. Krämer/Stern; S. 141 Mayer; S. 142, 143 m Berry, u Munzig; S. 144 Mayer; S. 145 m Krämer, u Woolfitt/Griggs; S. 146 o Mayer, u Griffiths; S. 150 Hering; S. 151/2 Woolfitt/Griggs; S. 156 Harris/Impact; S. 157 Berry; S. 158 Lewis. □

„Thomapyrin bei Kopfschmerz."

(Die Meistverlangte.)

Denn Thomapyrin bei Kopfschmerz erfüllt aufgrund ihrer speziellen Zusammensetzung die Erwartungen die an eine moderne Kopfschmerz-Tablette gestellt werden: Sie wirkt zuverlässig und schnell bei guter Verträglichkeit. Der Grund dafür sind 3 niedrig dosierte gut aufeinander abgestimmte Wirkstoffe. Thomapyrin bei Kopfschmerz läßt sich leicht teilen, mit etwas Flüssigkeit problemlos einnehmen und hilft gegen Kopfschmerz, Monatsbeschwerden und Erkältungskrankheiten. Und das seit 40 Jahren.

**Thomapyrin bei Kopfschmerz.
Die zeitgemäße Lösung.
Fragen Sie Ihren Apotheker.**

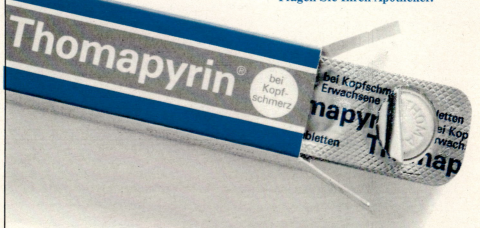

Thomapyrin bei Kopfschmerz, Zahn- und Regelschmerzen, Erkältungskrankheiten. Nicht anwenden bei Magen-, Zwölffingerdarmgeschwüren, erhöhter Blutungsneigung. Bei gleichzeitiger Anwendung gerinnungshemmender Arzneimittel, bei Glucose-6-Phosphatdehydrogenase-Mangel, Asthma, Überempfindlichkeit gegen Salicylate, andere Entzündungshemmer/Antirheumatika oder andere allergene Stoffe, Magen- oder Zwölffingerdarmbeschwerden, vorgeschädigter Niere, in der Schwangerschaft – insbesondere in den letzten 3 Monaten – sollte Thomapyrin nur nach Befragen des Arztes angewendet werden. Nebenwirkungen: Magenbeschwerden, Magen-Darm-Blutverluste, selten Überempfindlichkeitsreaktionen, sehr selten Verminderung der Blutplättchen. Thomapyrin soll längere Zeit oder in höheren Dosen nicht ohne Befragen des Arztes angewendet werden.

Thomae Dr. Karl Thomae GmbH, Biberach/Riss.

Ulrich Wildgruber

Gedanken über Shakespeare

Kein deutscher Schauspieler hat sich so mit Shakespeare auseinandergesetzt, keiner ist so umstritten, keinem wurde so oft Genialität bescheinigt wie Ulrich Wildgruber. Er spielte den Lear und den Petrucchio; er war Hamlet, Oberon und Othello. MERIAN bat ihn, über seine persönlichen Erfahrungen mit dem Dramatiker aus Stratford-upon-Avon zu berichten

Ulrich Wildgruber im Shakespeare-Land, seinen Dichter zitierend

Das erste, was ich las von Shakespeare, war *Macbeth*. Ich stöberte und schmökerte, ein Däumling damals, auf dem Arbeitstisch meines Vaters, der als erprobter Buchbindermeister einen Haufen Flatterzeugs aus Papier und Pappe und mitunter Leder in Regalwürdiges zu setzenstellenfalzenglättenrichten hatte, und da lagen nun die Brosamen des Alphabets in bester Unordnung – Sperlings Lust und Leid –, tingelten die Klassiker durch höchst Triviales, tanzten Novellen durch Gedichte, Reisebeschreibungen durch Romane und umgekehrt, tauschten brillante Essays mit geschliffensten Aphorismen Billets und Plauderstündchen, kurz, die Tafel war sehr reich gedeckt in morgenländisch anmutender Unvereinbarkeit, und ich schlabberte und schleckte. *Macbeth* legte ich schnell wieder zur Seite, ich verstand kein Wort dieses Meisterwerks und behielt nur ein fernes Grummeln im Ohr von Shakespeare.

Denn beutelüstern wie ich war in jenen Jahren, genoß ich auch die Schauer der Eroberung, die mich befielen, wenn ich die jeweiligen Vor- und Nachworte, die jedem Buche, das etwas mehr auf sich halten durfte, als selbstverständliche Honneurs verpflichtet waren –, Shakespeare also, ein Name, den es sich zu merken galt, wert intensivster Beschäftigung vielleicht in reiferen Jahren, wenn einmal die Mysterien verzweigterer Maserungen und tieferer Betrachtungsweisen Blicke in einen Himmel gestatten könnten, der seinerseits noch verhältnismäßig blau und julihaft den Abdruck höchstens von „Sindbad der Seefahrer" und ähnlichem Abenteurertum, zuweilen auch schon der steilen Auf- und Ausbrüche schillerisch schillernder Ideale, solange sie sich in Versen hielten, die Zensurschwelle des Faßbaren passieren ließ. (Waren da nicht doch schon die Hexen tätig?)

Tempi passati. – „Und als ich ein winzig Bübchen war, / hop heisa bei Regen und Wind! / Da machten zwei nur eben ein Paar; / denn der Regen, der regnet jeglichen Tag!" Mit diesem Lied des Clowns aus *Was ihr wollt* rumpelte sie los, glaube ich, meine kleine Geisterbahn, zu dem unbekannten Stern, der

Leonhardt & Kern

Wahre Exclusivität ist etwas Rares. Ein Automobil kann noch so gut sein, wenn man ihm an jeder Straßenecke begegnet, ist es mit der Exclusivität vorbei.

Nun, der Lancia Thema gehört hierzulande zu den exclusiven Fahrzeugen. Denn der Lancia Thema ist unter seiner eleganten Karosserie ein technischer Leckerbissen, wie wir ihn ansonsten kaum auf unseren Straßen finden:

LANCIA

Der Thema hat Frontantrieb und einen querstehenden Motor. Dadurch hat er innen die Ausmaße einer großen Limousine und außen die Abmessungen der gehobenen Mittelklasse. Sein Fahrwerk vereint meisterlich Komfort und Sportlichkeit. Und seine vier Motoren-Konzepte sind jedes für sich eine technische Delikatesse:

Thema i.e. turbo: Vierzylinder-Einspritzmotor mit Ladeluftkühlung, 1981 ccm, 122 kW/ 165 PS, Fünfganggetriebe, 0–100 km/h in 7,2 Sek., 218 km/h.

Thema 6V: Sechszylinder-Einspritzmotor, 2829 ccm, 110 kW/ 150 PS, Fünfganggetriebe, 0–100 km/h in 8,2 Sek., 208 km/h.

Thema turbo diesel: Vierzylinder-Turbodieselmotor mit Ladeluftkühlung, 2428 ccm, 74 kW/ 100 PS, Fünfganggetriebe, 0–100 km/h in 11,9 Sek., 185 km/h.

Thema i.e.: Vierzylinder-Einspritzmotor, 1981 ccm, 88 kW/ 120 PS, Fünfganggetriebe, 0–100 km/h in 9,7 Sek., 195 km/h.

Sie sollten den Lancia Thema probefahren, wenn Sie ein wirklich exclusives Fahrzeug suchen!

EIN PAAR INFORMATIONEN ZUM LANCIA THEMA.

unter dem vielzackigen Namen *Shakespeare* mit enormer Leuchtkraft die Strahlen wirft, in deren weitem Lichternetz sich so manche der Erscheinungsweisen unserer Welt verfangen, um sich von da an weiter in scheinbar Unendliches zu spiegeln.

„Der Wind, der durch die Welt die Jugend treibt, / Sich Glück woanders als daheim zu suchen" *(Der Widerspenstigen Zähmung)* – nur mühsam ächzte das Schifflein vorwärts, das meine paar Perücken durch Klippen- und Klapptexte steuerte und, von einem übermächtigen Herrn Prospero mit sehr beträchtlichen Zauberkräften ferngelenkt, auf eine Narreninsel manövrierte, wo ich meine erste Nahrung fand, als ich pappnasig und andachtsvoll in der Shakespearebibel schnüffelte. – „Und als der Wein mir steckt' im Kopf, / hop heisa, bei Regen und Wind, / da war ich ein armer betrunkener Tropf, / denn der Regen, der regnet jeglichen Tag."

Die Narren also, die Besserwisser, die Papperlapapps, die dunklen traurigen Wahrsager aus den Komödien, die zwergigen Kassandren, die Plappermäuler, Wutentbrannten, die Ein- und Ausgeschlossenen, die mit der Klingelkette und dem schmalen Beutel, die Straßensänger, Gaukelspieler, die Rechts- und Wortverdreher, die Herzenshüter und Gemütsverwalter, und in leicht abgewandelter Erscheinung die Beineschleuderer, die Hinker, die Bäuche, Schatten, das Peripheriegeläute tobender Theaterschlachten – „Nie sah ich so ein seltsam Ding als dies" *(Der Sturm)* – die Ausgepeitschten, Fieberkranken, die an den Rand Geschäumten, nothing, nichts, hier klammerte ich mich fest. – „Ist das nichts! / Mein Weib ist nichts, und nichts in all dem Nichts, / Wenn dies nichts ist" *(Ein Wintermärchen).*

Da zappelte ich an der Leine. An diesen Nichtsen, wollte mir scheinen, führte kein Weg vorbei. Diese schwarze Vokabel, hingeworfen wie ein Fehdehandschuh, lässig, spielerisch, in einer Laune. Das war nicht nur Theaterlatein, hier glühte, loderte ein Feuer, dessen – wenn auch naturgemäß nur schwachem – Widerschein soweit als möglich sich zu nähern als unabdingbar gelten mußte. Da waren sie nun, die großen finsteren Gestalten, nach denen sich eigentlich so ziemlich alle Mimenhälse recken, und hui! – „Mich dünkt, ich sehe meinen

Die Jagd nach der Wirklichkeit

Vater. / Wo, mein Prinz? / In meines Geistes Aug', Horatio!" *(Hamlet.)*

Urplötzlich fand ich mich in jener Kutte wieder, die jeder, der das Glück des Rampenschwindels gelegentlich mit dem Elysium verwechselt, in würdevoller Haltung für sein angestammtes Brautkleid achtet. „Nicht bloß mein düstrer Mantel, gute Mutter, / Noch die gewohnte Tracht von ernstem Schwarz, / ... ist das, was wahr mich kund gibt; dies scheint wirklich: / Es sind Gebärden, die man spielen könnte, / Was über allen Schein, trag ich in mir; / All dies ist nur des Kummers Kleid und Zier" *(Hamlet).* – „Nun ward der Winter unseres Mißvergnügens / Glorreicher Sommer durch die Sonne Yorks" *(Richard der Dritte).*

Die Alchimie des Zufalls wollte es, daß ich mir diese beiden Traumfiguren versagen mußte, als ich mich gerade etwas dreister ins allgemeine Bühnentreiben mengte. Hamlet und Richard der Dritte, zwei ragende Riesen in der Phantome Flucht und Pfänderspiel – beide die Pulverkammern ihrer Innenräume randvoll gefüllt mit anarchischem Zunder –, so dachte ich damals, doch Buckel und Weltschmerz moderten im Fundus, denn niemand reichte die Hand, den Sprung in das unentdeckte Land, „von des Bezirk kein Wand'rer wiederkehrt" *(Hamlet)* (auf jeden Fall nicht so, wie er sich hineinbegibt), mit mir zu wagen. Und so wurde meine erste wirklich große Shakespearerolle der *Lear*, das Ganze also von hinten aufgezäumt, ein Kuriosum.

Hatte hier Puck, der „Up-and-down"-Kobold aus dem *Sommernachtstraum,* die Zettel vertauscht? Denn Jahre später, als ich zumindest etwas Silbergeld von Bart und Schläfe dem armen Lear hätte borgen können, ereilte mich der Appell, schnellstens in Helsingör einzutreffen, um über meine Erfahrungen aus dem Cypernkrieg zu referieren, denn zwischendurch hatte ich mich als General Othello „höchst königlich bewährt" *(Hamlet),* mit einer kleinen ethnologisch wertvollen

Unter einem Stern zur Welt gekommen

Studie in „Der Färber und sein Zwillingsbruder" (Johann Nepomuk Nestroy). – O Puck, du Esel, finde sich einer zurecht in dieser „Komödie der Irrungen", „to be or not to be", ach, denkt doch „was ihr wollt", bitte, ganz „wie es euch gefällt", gestatten: Heinrich der Achte – angenehm: Othello – angenehm: Percy Heißsporn – macht nichts, ich habe ein Taschentuch – hum hum – wie geht's der Frau Gemahlin Desdemona? – tot – shocking, und Emilia? – tot – und selbst? – tot.

„Wir Neugebornen weinen, zu betreten / Die große Narrenbühne" – *(König Lear)* – Und hier bauscht sich nun in der Erinnerung das Piratensegel, mit dem wir dazumalen in einem Bochumer Kino auf Entdeckungsfahrt gingen. Es war einer dieser herrlichen chronischen Anfälle theatralischen Größenwahns, der den Puls beschleunigt und von Fieberkurve zu Fieberkurve die Farbeindrücke intensiviert und des ewigen Rätsels, das um der Menschen Glieder flattert, vorüberhuschende Lösung auf die Kulissen projiziert. Ein paar Seitenwände, kahl und albern, längst aus der Mode gekommene Theatermaschinchen zur Herstellung von Donner, Nebel, Sturmgepeitsche.

Viel alter Klamottenplunder, Funduskram, ein Regenschirm, Zylinder, Kreissägen, Accessoires vergilbter Boulevardträume einer Zeit, die auf sich hielt, eine Mohrrübe, drei Orangen, Stangen, Schwerter, Helme und zweivier Kronen aus purem Bühnengold, mit solchem Flickzeug schichteten wir die Sequenzen um die herzzerreißende Geschichte des greisen Königs, der mit seinem Narren an der Leine auf letzte Jagd geht nach einem Stückchen Wirklichkeit, dessen foppendes Geklirre ihn aller Konventionen nach und nach entkleidet, bis er in einem Augenblick den Tod entdeckt, ein kleines Würgemal am Halse seiner Tochter.

Othello, Hamlet, Stationen, die folgten, die beiden Schwarzen, Haut und Habitus, fest eingegraben beide „Im Buche meines Hirnes, unvermischt / Mit minder würdigen Dingen! *(Othello);* daß dabei der Mohr von Venedig in einer anderen Stadt der Brücken, nämlich Hamburg, mit seinem Tod fast ein neues „Tragiko-Komiko-Historiko-Pastorale" *(Hamlet)* ins Leben gerufen hätte, verdanken wir, dessen bin ich nahezu sicher, ausschließlich Puck, der permanent und boshaft, durch die später gesammelten Werke dieses freundlichen Druiden unruhisiert und den auch Beatrice gekannt haben muß, wenn sie in einem vertraulicheren Gespräch Don Pedro versichert: „Aber es tanzte eben ein Stern, und unter dem bin ich zur Welt gekommen" *(Viel Getu um nichts).* ◻

Deutschland wird für 3 Milliarden verkabelt.
Ihr Badezimmer für 229 DM* entkabelt.

Der Braun micron® vario 3 universal L rasiert Sie ohne Kabel so gründlich wie mit. Die Braun two-way-Technologie macht es möglich. Kein Kabel, keine Bindung, mehr Bewegung. Und die Sicherheit, jederzeit wieder „ans Netz" zu können. Eben Braun two-way. Immer mehr Männer nutzen diese Freiheit. Der universal L ist das Spitzenmodell unter den Braun two-way-Geräten. Der Fachhändler zeigt Ihnen gern die Vorzüge des gründlichsten Braun.

**Braun two-way-Technik
Die Rasur mit Zukunft**

Braun micron® vario 3 universal L

*unverbindliche Preisempfehlung

BRAUN

ZUM TEE BEI WILLIAM

Rolf Hosfeld über eine Begegnung mit
dem romantischen Dichter William Wordsworth
im Cottage am Grasmere-See

Die Postkutsche aus Yorkshire kommt von Bolton Bridge, passiert Skipton und nimmt Kurs auf Lonsdale, die alte Landstraße entlang. Während die Pferde gewechselt werden, um die letzte Etappe über Kendal und Windermere nach Ambleside in Angriff zu nehmen, genießen wir auf dem Friedhof von Lonsdale noch einmal den Blick auf das Tal des River Lune. So hätte die Fahrt verlaufen können, wären wir den Anweisungen für Touristen aus William Wordsworths „Guide to the Lakes" von 1810 gefolgt.

So stellen wir es uns vor. *Behold!* ruft uns Wordsworth bei Ambleside entgegen. Seht nur das kleine sanfte Tal, abgeschirmt vor aller Welt: *Beneath our feat, a little lowly vale. So placed, to be shut out from all the world.* Und dann, William, nach Rydal Mount!

Ein bescheidener Landsitz, ein Cottage fast noch, empfängt uns hier. Blühende Rhododendronbüsche, Farne, Heidekraut, Blumen, alles sorgfältig angelegt, eine farbenprächtige Gartenlandschaft um das Haus der Wordsworths, die im feuchten Klima von Grasmere und Rydal besonders gut gedeiht. Deine Landschaft, William: „Ich kenne wirklich keinen anderen Landstrich, auf dem in solcher Nähe eine ähnliche Vielfalt von Licht- und Schattenspielen sich über die erhabenen und schönen Bilder des Landes legt."

Wolken ziehen am Himmel vorbei und wechseln ab mit plötzlichem Sonnenschein, ein kleiner Regen kommt auf. William, dein Wetter: „Die Schauer, die das Land verdunkeln und wieder aufhellen, wenn sie von Hügel zu Hügel fliegen, bieten dem Auge einen nicht weniger dankbaren Anblick, als wenn fein miteinander verwobene Passagen ausgelassener und trauriger Musik, das Ohr berühren."

Dorothy ist aus der Tür getreten, Dorothy Wordsworth, die seelenverwandte Schwester, gefolgt von Mary, der Ehefrau. Kurze Begrüßung, kurze Erfrischung, auf der Terrasse ist der Tisch gedeckt: Pasteten – William lebt streng vegetarisch – und selbstgebrautes Ale. Am Abend kleine Runde am Kamin. Von Wordsworth ist überliefert, daß er sich selbst für den interessantesten aller Gesprächspartner hielt. William rezitiert eigene Gedichte, doch der Punsch („Wir liehen uns einige Flaschen aus, um Rum abzufüllen", notiert Dorothy im Tagebuch), der Punsch löst mit fortgeschrittener Stunde den gewohnten Ritus aus.

William, was ist mit Samuel Coleridge? „Durch die Beweise von Jahren habe ich meine Überzeugung erhärtet, daß Coleridge weder etwas von wesentlichem Nutzen zustandebringen will noch kann, sei es für sich selbst, seine Familie oder die Menschheit." William, Sie sind hart gegen einen alten Freund und Dichterkollegen. „Er war der wertvollste Mensch, den ich je gekannt habe."

Wir schreiben das Jahr 1814. William Wordsworth, ein Mann von vierundvierzig Jahren, immer noch mit etwas vorstehenden Vorderzähnen und markanter Nase, aber kaum noch in einfacher Bauernkleidung wie in den ersten Grasmere-Jahren um die Jahrhundertwende: Ein Mann, schon lange auf der Höhe seines Ruhms, von bescheidenem Wohlstand, der seine Erfüllung im Wandern, Dichten und in der Landschaftsgärtnerei findet.

Man kennt Wordsworth als den Dichter der Blumen und Wolken, der Berge, Täler und Seen, als Englands bedeutendsten Dichter seit John Milton, als den vermutlich einzigen Bukoliker, der in seinem Leben wirkliche Schäfer gekannt hat, vor allem aber als den Dichter, mit dessen Augen man die Lakes noch heute sieht. Seine Poesie hat aus allen Plätzen, die er jemals erwähnte, Wallfahrtsorte gemacht, und durch ihn sind auch die unscheinbarsten Gegenden der Lakes in aller Welt bekannt geworden.

William, wo ist die Zeit geblieben? Es war im Jahr 1791. Das revolutionäre Frankreich rüstete sich gegen eine drohende Intervention von außen. Wordsworth, damals in Paris, dichtete: „O Seligkeit, in dieser Morgendämmerung zu leben!" Er nahm an den Versammlungen des Jakobinerklubs teil, besuchte die Gesetzgebende Versammlung und fühlte sich politisch mit den Girondisten verbunden. Und dann, William? „Die Franzosen hatten einen Verteidigungskrieg in einen Eroberungskrieg verwandelt, und sie vergaßen, wofür sie eigentlich gekämpft hatten. So lernte ich Natur zu sehen, nicht wie in den Tagen gedankenloser Jugend, sondern stets im Ohr des Menschseins stille traurige Musik." Die letzten Zeilen stehen so in den „Lyrical Ballads" von 1798, dem großen gemeinsamen Werk von Wordsworth und Coleridge. Es war das Werk eines romantischen Freundschaftsbundes gleichgestimmter Seelen. Als Coleridge 1804 nach Malta reist, um sich zu erholen, hat er im Gepäck eine Unze Rohopium und neun Unzen Laudanum. Traumvisionen im Opiumrausch waren manche seiner Gedichte, *Pains of Sleep*: „Phantastische Leidenschaften. Ein Verlangen, mit Abscheu gemischt." Immer wieder, zwischen den Zusammenbrüchen, überkommt ihn eine tiefe Sehnsucht nach der Natur. Er hatte seit 1800 ein Haus im Lake District, Greta Hall bei Keswick, 13 Meilen von den Wordsworths entfernt. Dorothy schildert die ausgiebigen und erholsamen Spaziergänge, die sie gemeinsam um den Grasmere-See unternahmen. Und dann wieder, im Oktober 1806: „Ich habe niemals einen derartigen Schock empfunden wie bei seinem Anblick." 1816 hatte Coleridge seinen letzten großen Zusammenbruch und lebte seitdem, ein „lädierter Erzengel", mit einem halben Liter Laudanum pro Tag im Haus von Dr. James Gillman in Highgate, London, wo er 1834 starb.

William, was ist geblieben?
„Gebend und nehmend, verausgaben wir unsere Kräfte: Nur wenig sehen wir in der Natur, was uns berührt; wir haben unsere Herzen abgewandt."

Wieder ist es einer dieser durchwachsenen, hell-dunklen Tage, an dem wir Wordsworth diesmal besuchen. Er ist weit über siebzig, und wir haben auch nicht mehr die Postkutsche genommen. Schon längst ist eine Eisenbahnlinie von Kendal nach Windermere gebaut worden, und statt über die bucklige, unebene Landstraße zu rumpeln, hat uns die Dampfmaschine „wie ein Projektil" durch die Landschaft geschleudert.

„Ist denn kein Winkel englischer Erde sicher vor dreistem Überfall?"

Mit dieser schmerzlichen Klage aus dem Sonett über die Eisenbahn von Kendal nach Windermere verabschieden sich Wordsworth und seine Zeit von uns. □

DAS KANINCHEN MIT DER TASCHENUHR

Karin Voigt-Karbe über den Junggesellen Lewis Carroll und seine Liebe zu Alice

Ein Sommertag in Godstow an der Themse, unweit von Oxford, 4. Juli 1862. Zwei Ausflügler, die auf der Uferwiese rasten und ihren Tee nehmen, verbindet ein besonderer und folgenreicher Hang zu märchenhaften Phantasien. Was ihnen in ihrer Sommerszenerie erschien, darf man sich wohl so vorstellen: Die Gänseblümchen duften, die Bienen summen, und die Sonne hat den Ehrgeiz, alles auf Ofentemperatur zu erwärmen. Über wohlig entspannte Lippen wollen keine Worte, und den Augen hinter blinzelnden Lidern verwischt sich die vorder- zur hintergründigen Wirklichkeit. Da verwandelt sich ein mausgraues Feldkarnickel unversehens in jenes herrlich weiße Kaninchen, das der vielbewunderte Zauberkünstler bei seiner letzten Vorstellung aus dem Lackzylinder zog. Und sicher hat seine hoppelnde Eile die gleiche, wohlbekannte Ursache, die wir alle kennen: „Du lieber Himmel, ich werde mich verspäten!"

„Aber als das Kaninchen sogar eine Uhr aus der Westentasche zog, einen Blick darauf warf und dann weitereilte, sprang Alice auf, denn es wurde ihr blitzartig klar, daß sie bis dahin nie ein Kaninchen mit einer Westentasche oder Taschenuhr gesehen hatte. Brennend vor Neugier lief sie ihm über das Feld nach und konnte gerade noch sehen, wie es unter der Hecke in einem großen Kaninchenloch verschwand. Einen Augenblick später war Alice ebenfalls darin verschwunden, ohne auch nur im geringsten darüber nachzudenken, wie um alles in der Welt sie wieder herauskommen sollte."

Und so entschwindet die kleine Alice Anno 1862 aus der träumerischen Schläfrigkeit eines Sommernachmittags von einer Themsewiese in ein unterirdisches Wunderland. Erlebtes, Gesehenes, Gehörtes und Geträumtes eines Kinder- und eines Erwachsenendaseins im viktorianischen Oxford verweben sich dort zu unsinnig-sinnigen Abenteuern.

„Alices Abenteuer im Wunderland", diese zeitlos faszinierende Liebeserklärung an Kindheit, Kinderträume und Kinderlogik, ist das Produkt einer ungewöhnlichen Freundschaft, die aus dem Mathematikdozenten und Verfasser nüchterner Fachliteratur, Charles Lutwidge Dodgson, den Erfolgsschriftsteller Lewis Carroll machte. Das Buch erreichte noch zu seinen Lebzeiten die damals unglaubliche Auflage von einer Viertelmillion. Es ist seitdem in Millionen-Auflagen in nahezu alle Kultursprachen übersetzt, als Theaterstück bearbeitet, vertont, verfilmt und von den Legionen seiner internationalen Anhänger mit einem wahren Kult umgeben worden.

Die Geschichte beginnt in Oxford an einem Aprilnachmittag im Jahre 1856, als der 24jährige Charles Dodgson, Lehrer für Mathematik am Christ Church College und begeisterter Amateurfotograf, mit einem Freund zum Garten der Dekanei schlendert, um von dort die zum College gehörende Kathedrale zu fotografieren. In der parkähnlichen Anlage mit den alten Bäumen, Blumenrabatten und weiten Rasenflächen spielen die drei kleinen Töchter des Dekans, die zehnjährige Lorina, die sechsjährige Edith und die vierjährige Alice Liddell. Am späten Abend vermerkt Charles Dodgson in seinem minutiös geführten Tagebuch: „25. April: Ging am Nachmittag mit Southey zur Dekanei, um Aufnahmen von der Kathedrale zu machen. Beide Versuche mißlangen. Die kleinen Mädchen waren die meiste Zeit im Garten und wir wurden ausgezeichnete Freunde ... Ich markiere diesen Tag mit einem weißen Stein." Ein Symbol, das Ereignissen und Tagen von besonderer Bedeutung im Leben des Charles Dodgson vorbehalten war.

Seine Einschätzung erwies sich als richtig. Die an diesem Frühlingstag begonnene Freundschaft zwischen dem scheuen, sensiblen Vikarssohn und dem lebhaften Kindertrio, insbesondere der kleinen Alice, sollte in den folgenden Jahren die Inspiration zu dem „hinreißendsten Unsinn in englischer Sprache" liefern, wie der amerikanische Literaturkritiker Alexander Woollcott Anfang der dreißiger Jahre das Gesamtwerk des Kinderfreundes Lewis Carroll nennt. Zunächst entwickelt sich jedoch die Freundschaft und nimmt in gemeinsamen Teestunden, Spaziergängen, Ausflügen und Besuchen von Oxford und seiner Umgebung institutionelle Formen an. Dabei zeigt der im Umgang mit Studenten, Kollegen und Bekannten keineswegs einfache Mann überraschend neue Züge. So überpenibel und eigenbrötlerisch der zurückgezogen lebende Junggeselle im Verkehr mit der Erwachsenenwelt sein kann, so nachsichtig und aufgeschlossen ist er in

dtv MERIAN reiseführer

dtv MERIAN reiseführer London

Die lieferbaren Bände:

Ägypten
Berlin
Bodensee
Budapest
Costa Brava
Barcelona
Côte d'Azur
Elsaß
Hamburg
Irland
Israel
Kanar. Inseln
Köln/Bonn
Korsika
Kreta
Kykladen
London
Mainfranken
Mallorca
München
New York
Paris
Prag
Provence
Rom
Schleswig-Holstein
Schottland
Südtirol
Tal der Loire
Toskana
Venedig
Wien

DM 18,80 bis DM 24,80

Gesellschaft von Kindern. Sie haben in endloser Prozession unangemeldet Zugang zu seinen Räumen im College, den mit selbstgebasteltem Spielzeug gefüllten Schubladen, dem Fotoatelier, vor allem aber zu seiner Zeit und seiner unerschöpflichen Phantasie. Nie wird er müde, für seine kleinen Freunde neue Spiele und Märchen zu erfinden, auf ihre Fragen und Forderungen einzugehen. Auf die verwunderte Frage eines Studenten, ob Kinder ihn denn nie langweilten, antwortet er nur verständnislos: „Kleine Kinder sind Dreiviertel meines Lebens. Ich kann nicht glauben, daß sie irgend jemanden langweilen."

Lag es daran, daß er in ihrer Gesellschaft in Gedanken aus den Zwängen des Erwachsenseins in die Unbeschwertheit des väterlichen Pfarrhauses in Cheshire zurückkehren konnte? Dort hatte es zu den größten Vergnügungen des jungen Charles gehört, seinen sieben Schwestern mit selbsterfundenen Spielen, Marionettenaufführungen und Puzzles die Zeit zu vertreiben. Alice jedoch mit ihrer ständigen Bitte „Erzählen Sie uns eine Geschichte", ist nicht nur die wichtigste Förderin des Fabuliergenies. Sie gibt schließlich auch den Anstoß, daß den spontanen Einfällen vergänglicher Zusammenkünfte unvergänglicher Ruhm zuteil wird.

Am 4. Juli 1862, jenem bewußten Sommertag, notiert Charles Dodgson in seinem Tagebuch: „Unternahm einen Ausflug flußaufwärts nach Godstow mit den drei Liddells. Wir tranken unseren Tee auf den Uferwiesen und waren erst um halb neun wieder in Christ Church." Der lapidare Eintrag verrät mit keinem Wort die Bedeutung dieser Bootspartie, an deren Ende die nunmehr zehnjährige Alice dem höflichen „Auf Wiedersehen" an der Haustür den sehnsüchtigen Wunsch anschließt: „Oh, Mr. Dodgson, ich wünschte, Sie würden Alices Abenteuer für mich aufschreiben." Und Charles Dodgson, dem die kategorischen Bitten seiner kleinen Freundinnen stets Gebot sind, setzt sich noch in der gleichen Nacht an den Schreibtisch, um pflichtschuldig zu Papier zu bringen, was ihm davon in Erinnerung geblieben ist. Zwei Jahre später überreicht er Alice ein eigenhändig bebildertes, handgeschriebenes Manuskript als „Weihnachtsgeschenk für ein geliebtes Kind zur Erinnerung an einen Sommertag". Als Oxforder Freunde das Manuskript sehen, raten sie dringend zur Veröffentlichung, und am 4. Juli 1865 hält Alice das erste Exemplar des bei Macmillan verlegten und von Punch-Zeichner John Tenniel illustrierten Buches in der Hand.

So bizarr Alices wundersame Erlebnisse unter der Erde auch anmuten, die Vorgänge haben realere Vorbilder, als der erste Blick vermuten läßt. Sowohl Charles Dodgson als auch die kleine Alice waren scharfe und kritische Beobachter der intellektuellen, gesellschaftlichen und künstlerischen Szene Oxfords, in der Freunde und Bekannte wie John Ruskin, Henry Acland, John Everett, Alfred Tennyson, Ellen Terry und die Rossettis manch ungewollte Anregung lieferten. Und mögen auch sprachbegabte weiße Kaninchen mit Vatermörder und Taschenuhr unter den Oxforder Feldkarnickeln eher selten gewesen sein, so gehörten doch den Plakaten viktorianischer Entertainer zufolge sprechende Fische, lebende Blumen in Zaubergärten und Magier, die Wasser zu Essig verwandeln und das Gedächtnis betroffener Zuschauer schwinden lassen konnten, durchaus zum gängigen Unterhaltungsangebot. Auch der ausgestorbene Vogel Dodó, in dessen Gefieder Charles Dodgson schlüpfte, war und ist unverändert eine Oxforder Rarität. Seine Reste sowie sein im 17. Jahrhundert gemaltes Konterfei lassen sich im Universitätsmuseum bestaunen. Greif und Adler stellen sich dem Anno 1986 auf Alices Spuren wandelnden Touristen als naive Illustrationen auf einem Kachelfries dar, den Charles Dodgson für seinen Wohnzimmerkamin erwarb. Und die Nachkommen des Wunderlandrehs streifen weiterhin ungestört durch den Wildpark des Magdalen College.

Der Kastanienbaum mit dem einladend ausladenden Zweig, auf dem die abenteuerliche Cheshire-Katze ihr unvergängliches Grinsen zurückließ, diente zunächst der Liddellschen Hauskatze Dinah als Stammplatz. Die Wunderquelle der heiligen Frideswide, vermutlich Vorbild für den Heilbrunnen in der Geschichte der Maus, plätschert im Kirchhof von St. Margaret in Binsey bei Oxford. Den Krämerladen des Schafes in St. Aldate mit dem hervorragenden Gerstenzucker aber ziert heute das Schild „Alice in Wonderland Shop". Trotz aller in Oxford reichlich vorhandenen Reminiszenzen kommt man Phantasie und Wirklichkeit der Abenteuer des Universitätsdozenten Charles Dodgson und der kleinen Alice Liddell womöglich immer noch am nächsten, wenn man sich an einem Sommertag auf eine Themsewiese mit Blick auf Oxfords filigrane Türme und Giebel legt, den dunklen, würdigen Schlägen der großen Glocke Tom lauscht, die Lewis-Carroll-Taschenbuchausgabe unter den Kopf schiebt und mit halbgeschlossenen Augen nach einem weißen Kaninchen Ausschau hält... □

LIEBER MERIAN-LESER,

über 170 Jahre haben sich britische Parlamente gegen eine Kanalverbindung zum Kontinent ausgesprochen. Nun aber soll es vorbei sein mit der Abnabelung vom Rest Europas, die doch wesentlich dazu beigetragen hat, daß sich auf den **BRITISCHEN INSELN** eine eigenständige geschichtliche, kulturelle und wirtschaftliche Entwicklung vollzogen hat. Gemeinsam mit unseren **STUDIENREISELEITERN** werden Sie diesen Entwicklungen und ihren Auswirkungen auf die Spur kommen. Auf verschiedenen Studienreisen zwischen Land's End und Loch Ness, Parklandschaften und Industrie-Anlagen, Pubs und Castles, Tradition und Skepsis der jungen Generation. Unsere Reiseleiter sind seit vielen Jahren intime Kenner des Landes und Sie werden mit ihnen viele aufschlußreiche und erlebnisvolle Reisetage verbringen. **ENGLAND - SCHOTTLAND,** 14täg. Studienreise ab DM 2575,-.

Unseren neuen Katalog Frühjahr, Sommer, Herbst 1986 mit Studienreisen durch 28 Länder mit und ohne Erholungsurlaub erhalten Sie in Ihrem TUI-Reisebüro oder direkt von Dr. Tigges-Fahrten, Abteilg. 4641/M6, Postfach 29 47, 3000 Hannover 1.

DR. TIGGES-FAHRTEN
In guter Gesellschaft die Welt erleben

KÄPT'N IM FLACHEN KANAL

Ferdinand Ranft

Die Kanäle in den Midlands wurden einst angelegt, um Kohle in die Industriestädte zu transportieren. Heute dienen sie nur dem Vergnügen: Auf 2 Meter breiten Schmalbooten ist man sein eigener Kapitän und kann das Land kreuz und quer bereisen

Kaum zu glauben: Im Herzen von England, zwischen London und York, erstreckt sich ein weitverzweigtes Wasserstraßennetz von 3200 Kilometern Länge! Ein Teil dieser Wasserwege sind Flüsse wie Nene, Ouse, Themse, Severn oder Trent, die meisten aber sind Kanäle aus dem frühen Industriezeitalter, mehr als dreißig an der Zahl. Die Briten ließen dieses riesige Wassermuseum nicht verkommen; sie gründeten 1962 eine eigene Wasserstraßenbehörde, das British Waterways Board, das Parlament bewilligte das notwendige Geld, und so wurden die langsam verfallenden Kanäle, Schleusen, Brücken und Tunnel wieder instandgesetzt. Die Industriekanäle werden jetzt in der Saison von März bis Oktober von buntbemalten *narrowboats* (Schmalbooten) befahren. Riesige Marinas dienen als Parkplätze und Versorgungsstationen für die weit über tausend Boote. Gedruckte Kreuzfahrt-Führer schleusen durch jede Kurve, vermerken jede Brücke, jede Schleuse, vor allem aber jeden Pub; man kann unterwegs aber auch Wasser und Treibstoff tanken, einkaufen, einen Stromanschluß für den Bordfernseher finden, kurz: die United Kingdom Waterway Holidays Limited hat die mehr als 3000 Kilometer Wasserstraßen fest im Griff.

Glücklicherweise verteilen sich 1000 Boote über mehr als 3000 Kilometer Wasserstraßen. Ich habe das im letzten September auf den beiden Hotelbooten „Snipe & Taurus" getestet. Und zwar auf dem Oxford und dem Grand Union Canal zwischen Oxford und Warwick, eine Strecke von gut 100 km, für die wir die geruhsame Zeit von sechs Tagen benötigten. Wer das ganze Kanal- und Flußsystem in voller Länge abfahren möchte, benötigt dafür rund sechs Monate, also die ganze Saison – und das soll gar nicht so selten vorkommen.

Zwei Bootstypen und zwei Arten, die Midland Canals zu befahren, sind zu unterscheiden. Erstens die Hotelboote für zwölf Passagiere mit vier Mann Besatzung, die jeweils in Zweier-Päckchen operieren, und zweitens die Selbstfahrerboote für zwei bis zwölf Passagiere. Gemeinsam ist beiden Bootsarten, daß sie lang und schmal wie Würstchen sind, bis über 20 Meter lang, aber nur zwei Meter breit. Die Hotelboote erinnern an eine Kombination aus Schlaf- und Speisewagen, aber alles eine Nummer kleiner. Es gibt Einzel- und Doppelkabinen mit einer winzigen Waschgelegenheit. Aber selbst bei 1,90 Meter Länge kommt man ganz gut zurecht. Das eine Boot umfaßt den Maschinenraum, einige Kabinen, Dusche, WC und Bar, das andere die restlichen Kabinen, Kombüse, Mannschaftsquartiere und Speiseraum. Auf den Selbstfahrerbooten hat die Crew wesentlich mehr Bewegungsspielraum. Für welche Reiseart soll man sich entscheiden – Hotelboot oder Kapitän auf eigenen Planken? Auf dem Hotelboot ist man Gast, man legt nur gelegentlich an den Schleusen mit Hand an, bekommt einen *early morning tea* ans Bett gebracht, setzt sich an den gedeckten Frühstücks-, Mittags- und Abendtisch, erhält zwischendurch Gebäck und Tee, muß keine An- und Ablegemanöver fahren, nicht in die Schleusen hineinmanövrieren. Die Route ist vorgegeben, man hat sie vorher fest gebucht.

Der Freizeitkapitän bucht dagegen nur die Zeit, während der er sein Boot benutzen will; er kann fahren, wohin er will (er muß nur am Schluß wieder an den Ausgangshafen zurückkehren), kann Pausen einlegen, wann er will, er kann mitnehmen, wen er will, er kocht an Bord oder speist an Land, er ist in allem sein eigener Herr. Nicht ganz freilich, denn allein vermag er in den Kanälen nicht herumzuschippern. Fürs Ab- und Anlegen und die Schleusenmanöver braucht er gut und gerne noch zwei Mitfahrer, die keine zwei linken Hände haben dürfen. Das Ein- und Ausschleusen ist nämlich jedesmal eine kleine Prozedur. Einer springt an Land, läuft voraus und öffnet das Schleusentor. Es läßt sich immer erst dann aufschieben, wenn sich der Wasserspiegel in Fahrtrichtung außen und innen auf gleicher Höhe befindet. Ist das nicht der Fall, muß die Schleuse erst mit Hilfe von Schiebern geflutet oder entleert werden. (Möglichst nicht die Finger einklemmen beim Kurbeln!) Wenn das Boot in der Schleuse festgemacht hat (Achtung! Leinen locker vertäuen, sonst hängt man plötzlich in der leeren Schleuse an der Wand!) wird das Tor wieder geschlossen. Zwei Mann öffnen nun die Schieber. Das Ein-

Ein Netz von Kanälen durchzieht Mittelengland

beziehungsweise Auslaufen des Wassers dauert nur ein paar Minuten. Hat sich der Wasserspiegel in Fahrtrichtung wieder egalisiert, werden die Tore geöffnet, das Boot verläßt die Schleuse, die Schieber und das Tor werden wieder geschlossen. Das klingt alles etwas kompliziert, ist im Grunde aber höchst einfach. Ich empfehle allen, die schon mal ein Auto gesteuert haben, es mit einem Selbstfahrerboot zu versuchen. Bootsführerscheine werden auf den Midland Canals nicht verlangt. Außerdem kenne ich kein Wasserrevier, für das so hervorragende Routenbeschreibungen herausgegeben wurden wie für dieses. So sind beispielsweise alle Brücken im Führer und in natura numeriert; spätestens bei der nächsten Brücke weiß auch ein verträumter Kapitän, wo er sich befindet.

Warum machen diese Kanalfahrten soviel Spaß? Man ist unabhängig, man kann improvisieren, ein wenig Abenteuer ist auch damit verbunden. Und was sieht man nicht alles während der Fahrt! Die Kanäle sind ja keine Betonwannen wie hierzulande. Sie wurden seinerzeit mit Schaufeln und Spaten ausgehoben. Heute sind viele Kanalufer bewachsen, manchmal hängen Zweige malerisch über das Wasser; die Kanäle bieten kein Bild wirtschaftlicher Effizienz, sondern das einer verträumten Romantik. Die Dörfer mit ihren kleinen Häusern haben etwas Puppenstubenhaftes, alles atmet Ruhe und Beschaulichkeit.

Ich empfehle allen Kanalfahrern, mindestens einmal am Tage in einem der Pubs einzukehren, die am Ufer liegen oder in den nahegelegenen Dörfern, oder eines der alten Landhotels in der Umgebung aufzusuchen. Wir haben beispielsweise fürstlich in *Lords of the Manor Hotel* in Upper Slaughter, in der Nähe von Bourton-on-the-Water, gespeist. Köstlich war der Frühschoppen unter großen alten Bäumen im *Trout Inn* in Godstow an der Themse, am Oxford Canal.

In den Pubs kommt man auch mit den Einheimischen schnell ins Gespräch. Man hockt sich an die Bar oder man beteiligt sich an einer Runde Darts, offenbar das beliebteste Spiel in mittelenglischen Pubs.

Eines können Sie mit an Sicherheit grenzender Wahrscheinlichkeit auf einem solchen Bootstrip nicht machen: baden. Ich würde es jedenfalls niemandem empfehlen. Meine Tochter ist bei einer früheren Fahrt auf den Norfolk Broads aus Versehen ins Wasser gefallen, sie verlangte anschließend mit Recht ein Bad. Aber Ausflüge in die Umgebung bieten sich an, entweder per Fahrrad (das man an Bord mitnehmen kann) oder per Taxi. Wir besuchten in Stratford-upon-Avon eine Vorstellung der *Royal Shakespeare Company* und empfanden diesen Abend als doppelten Genuß: wegen des Kontrastes zu unserem Wasserbummel, aber auch wegen der Lässigkeit, mit der Briten solche sommerlichen Festivals begehen.

Und sollten Sie in Warwick vorbeikommen, dann ist Warwick Castle ein *must*. Vor ein paar Jahren erwarb „Madame Tussaud's" diese schönste Burg Englands (14.–17. Jahrhundert) für ganze anderthalb Millionen Pfund und das Mobiliar als Leihgabe (siehe auch S. 41). Man hat in den Wohnräumen mit Wachsfiguren eine illustre Party nachgestellt, die hier tatsächlich im Jahr 1898 stattfand. Die Royal Weekend Party mit dem Prince of Wales, dem späteren König Edward VII., der sich sehr für die damalige Schloßherrin interessierte. Hier hat sich Madame Tussaud's selbst übertroffen; das Innere von Schlössern, sonst museal und langweilig, hier erscheint es ‚belebt'. Deshalb strömen auch jährlich eine Million Besucher durch die Räume. Der Bootstourist kann den Rummel schnell hinter sich lassen, er muß ja auch nicht in einer großen Marina anlegen, die eher Campingplätzen gleichen. Wer will, findet immer ein stilles Plätzchen und ist dann mitten im Ferienparadies ganz allein. (Weitere Informationen S. 143) □

Wo sogar lange Sommertage viel zu schnell vergehen.

Schweden. Die schönsten Seiten des skandinavischen Sommers.

Wer die schönste Zeit des Jahres nicht verbummeln will, der macht Aktiv-Urlaub in Schweden. Auf Schusters Rappen oder auf dem Fahrrad, im Kanu oder auf dem Floß, beim Angeln oder Hochseefischen, beim Golfen, Reiten, Surfen, Tennisspielen, im Heißluftballon, im historischen Dampfzug oder im „Goldrausch" im Gebiet von Bergslagen und im hohen Lappland, wo Sie das gelbe Metall selbst schürfen können. Lernen Sie die schönsten Seiten des skandinavischen Sommers kennen. Im großen Schweden-Katalog mit 144 Seiten. Kostenlos von Ihrem Reisebüro oder per Coupon.

Schweden zum TT-Minitarif.

Auf kürzestem Weg direkt nach Schweden.
Von Travemünde nach Trelleborg mit TT-Line. Abfahrten bis zu dreimal täglich. Zum Beispiel ab Juni mit der neuen PETER PAN, dem größten deutschen Jumbo-Fährschiff (30.000 BRZ). Mit Komfort und Service im Kreuzfahrt-Stil – das ist Urlaub von Anfang an. Und besonders preisgünstig: 1–5 Personen inkl. Pkw oder Wohnmobil (bis 6 m) bei Tagesabfahrt einf. Fahrt ab DM **85,–**

TT-Line
Mattentwiete 8 · 2 HH 11 · Tel. 040/3601 442-446
Das schönste Stück Autobahn über die Ostsee.

JA, senden Sie mir kostenlos das „Schweden-Paket '86" mit dem kompletten Fährlinien-Programm.

Name: _____

Anschrift: _____

An
Schwedische Touristik Information
c/o Drei-D-Kuvertierung,
Daimlerstraße 10, 2200 Elmshorn

Kein Platz für Bodenspekulanten

Karin Voigt-Karbe berichtet über das erfolgreiche „Unternehmen Neptun", das weite Küstenstriche vor der Zerstörung rettet

Die Vorstellung von englischer Landschaft ist in erster Linie mit Bildern sattgrüner Rasenflächen, romantischer Dörfer und elisabethanischer Herrensitze besetzt. Ihre seltene Flora und Fauna, ihre spektakulären Felsen und Klippen, Landzungen und Meerbusen, ihre einsamen Buchten, grasbewachsenen Sanddünen und weiten Salzmarschen blieben vielen Englandreisenden weitgehend unbekannt.

„Rettet unsere Küsten! Laßt sie nicht nur zur Erinnerung werden." Mit diesem Motto startete der National Trust in Großbritannien 1965 das „Unternehmen Neptun", eine Kampagne, die ihm einen neuen, phantastischen Erfolg brachte. Der National Trust ist eine 1895 von drei Privatpersonen gegründete Stiftung und gemeinnützige Gesellschaft, deren Aufgabe es ist, nationale Natur- und Kunstschätze vor Verfall und Zerstörung zu bewahren. Bereits 1907 verlieh die Regierung dem Trust in Anerkennung seiner Leistungen das Mandat, „zum Wohle der Nation die dauernde Erhaltung von Land und Gebäuden zu fördern, die sich durch besondere Schönheit oder historisches Interesse auszeichnen". Ein Erlaß im Rahmen dieses Gesetzes ermächtigt die Stiftung, Land und Gebäude für „unveräußerlich" zu erklären. Ohne ausdrückliche Genehmigung des Parlaments kann derartiger Grund- und Hausbesitz dann weder verkauft noch abgegeben oder seiner Bestimmung entfremdet werden.

Inzwischen ist der National Trust mit einem Grundbesitz von 133 200 ha und weiteren 19 500 ha unter seiner Verwaltung zum drittgrößten Grundbesitzer Großbritanniens avanciert. Er wird darin nur von der Krone und der Forstverwaltung übertroffen. Er ist zudem Herr und Heger von unter anderem 310 einmaligen historischen Gebäuden und Herrensitzen, 24 Schlössern, 36 Kirchen und Kapellen, 21 Wind- und Wassermühlen, 17 Industriedenkmälern, 165 Läden, 109 der schönsten Park- und Gartenanlagen, 103 prähistorischen Stätten, 40 kompletten Dörfern und Flecken, 100 Naturschutzgebieten, 1145 Bauernhöfen und von Kunstsammlungen mit nicht zu bezifferndem Wert.

Auch das Meer reißt Löcher in die Küste

Bis zum Anbruch des neunzehnten Jahrhunderts waren die rund 5000 Kilometer Küste vorwiegend unberührte Natur, deren oft grandiose Einsamkeit nur von Hafenstädten, Fischereiansiedlungen und vereinzelten Trutzburgen und Farmen unterbrochen wurde. Lange vor Beginn des Massenverkehrs schossen an landschaftlich und klimatisch reizvollen Stellen entlang der Küsten Hotelkästen im viktorianisch-großbürgerlichen Prachtstil in die Höhe, der englische Badeort, *Seaside Resort*, war geboren. Im Laufe der Jahrzehnte forderten Camping- und Parkplätze weiteren Landschaftstribut, ebenso wie Öl- und Erdgasförderung, Kernkraftwerke und militärische und zivile Nachrichtenanlagen, die den Verantwortlichen abseits der Siedlungszentren am besten an den Küsten aufgehoben schienen. Mitte der sechziger Jahre hatten die Hiobsbotschaften über neue Erschließungs- und Bauprojekte im Küstenbereich endlich ein solches Ausmaß erreicht, daß der National Trust sich auf seine Aufgabe besann und zu handeln beschloß.

Der erste Schritt war eine umfassende Bestandsaufnahme. Als die Vermessungsstudie 1963 vorlag, verstörte ihr Ergebnis nicht nur die professionellen Landschaftsschützer: Nur noch knappe 900 Meilen waren erhaltungswürdig. Mehr als ein Drittel der übrigen 2100 Meilen war durch Erschließung unwiederbringlich zerstört, der Rest entweder teilerschlossen oder landschaftlich uninteressant. Und nur ein Bruchteil war durch Maßnahmen der Forstverwaltung, der Nationalparkkommission, von Naturschutzorganisationen, Krone und Kirche geschützt. Aber auch für den spärlichen Rest schien die Uhr beinahe abgelaufen. Jeden Tag konnten Parzellen zum Verkauf angeboten, von Gemeinden zur Bebauung freigegeben oder von der Industrie zur kommerziellen Erschließung angefordert werden. Zwar hatte ein Gesetz den Trust 1946 ermächtigt, an ein aus Mitgliedern des Unter- und Oberhauses zusammengesetztes Komitee zu appellieren, wenn von privater oder öffentlicher Seite wichtiges nationales Natur- und Kulturgut bedroht scheint. Notfalls kann der Trust in diesem Zusammenhang sogar gegen Staat, Gemeinden und Einzelpersonen vorgehen. Doch da man der Wirksamkeit wiederholter Eingaben an Parlament und Regierung wenig traute, bot sich als wirkungsvolle Lösung nur der Erwerb bedrohten Küstenlandes an. Zwei Millionen Pfund Sterling, so hatten Experten vorsichtig geschätzt, könnten für die dringendsten Aufkäufe zunächst genügen. Um sie aufzubringen, wollte man den vielfach erprobten und noch stets erfolgreichen Weg des öffentlichen Spendenaufrufs beschreiten.

Das „Unternehmen Neptun" wird im Mai 1965 unter der Schirmherrschaft des naturfreundlichen Herzogs von Edinburgh lanciert. Es ist das ehrgeizigste Konservierungsprojekt, das der Trust bis dahin initiiert hat, und in seinem Umfang in Großbritannien ohne Beispiel. Bald zeigt sich, daß die Resonanz alle Erwartungen weit übertrifft. 250 000 Pfund Sterling stellt allein das Finanzministerium als Ausdruck der offiziellen Unterstützung zur Verfügung. Positiv ist auch die Reaktion der lokalen Behörden. Zum Jahresende haben 227 Gemeinden Neptuns Schatzkammer ihr Scherflein gezollt. Von anderer Seite kommt moralische Unterstützung. So verpflichtete sich das Verteidigungsministerium, die Stiftung rechtzeitig zu informieren, wenn die Streitkräfte ein bis dato benötigtes Stück Küstenland freigeben. Die Grundstücksverwalter der Krone und das Herzogtum Cornwall erklären sich zum Abschluß langfristiger Pachtverträge bereit, wo Vorland unmittelbar an Küstengebiete in Stiftungsbesitz anschließt. Die Universität von Reading wiederum erstellt auf der Grundlage der ersten Vermessung eine vollständige Übersicht über die geplante Küstenlandverwendung in England, Wales und Nordirland, derzufolge pro Jahr sechs Meilen Küste durch Erschließung verlorengehen werden.

Mitte 1967 ist die erste Million aufgebracht, und zwei Jahre später kann die Projektleitung bekanntgeben, daß die ersten 100 der insgesamt 900 Meilen in den unveräußerlichen Besitz des Trusts übergegangen sind. 1973 füllen bereits über zwei Millionen Pfund Sterling die Kasse, und 338 Meilen Küste werden der Nachwelt in ihrer Ursprünglichkeit erhalten bleiben. Als mit Ausklingen des Jahres 1984 der zwanzigste „Geburtstag" der Kampagne bevorsteht, dürfen sich die Initiatoren gratulieren: Mehr als sieben Millionen Pfund Sterling sind seit 1965 aufgebracht worden. Davon gaben die Regierung mehr als 1 Million (teils durch Landübertragungen, die dem Staat im Rahmen der Erbschaftssteuer zufallen), lokale Behörden 750000 Pfund und Wohltätigkeitsorganisationen 600000 Pfund. 480000 Pfund Sterling spendeten Industrie und Wirtschaft, und vier Millionen erbrachten Öffentlichkeit und Trustmitglieder in Form von Barmitteln, Schenkungen und Legaten. Inzwischen kontrolliert der Trust 450 Meilen Küste und mehr als 25000 ha dazugehöriges Hinterland nach der Maßgabe, Küstenland möglichst *one farm deep* zu erwerben, das heißt, die Küste durch ein Stück offenes, vorzugsweise landwirtschaftlich genutztes Hinterland zusätzlich abzusichern. Und dennoch ist damit noch lange nicht genug erreicht. Die Inflation treibt die Grundstückspreise in astronomische Höhen, und das Einkommen aus den angelegten Mitteln von etwa 400000 Pfund jährlich müßte mindestens verdoppelt werden, um für notwendige Aufkäufe rechtzeitig liquide zu sein. „Unsere Mittel müssen sofort verfügbar sein, wenn ein Stück Land auf den Markt kommt", sagt Neptun-Geschäftsführer Robin Harland. „Für Spendenaufrufe bleibt in den seltensten Fällen Zeit."

Mit den Preisen wachsen auch die Ansprüche auf die restlichen 450 Meilen. Die Forderungen nach neuen Wohngebieten, nach der Erschließung neuer und billigerer Energiequellen und nach zusätzlichen Ferien- und Erholungszentren nehmen zu, wie auch die Folgen der Land-, Luft- und Wasserverschmutzung immer stärker zu spüren sind. Zudem werden die Küsten nicht mehr allein von Auspuffgasen, saurem Regen, Industrieauswurf und Massentourismus geschädigt, sondern inzwischen auch von der See aus, die eine gedankenlose Wohlstandsgesellschaft als scheinbar unerschöpfliche Müllkippe mißbraucht.

Am 23. April 1985, zwanzig Jahre nach dem Startschuß für die Kampagne, treffen sich im neuen Londoner Hauptquartier des National Trust in Queen Anne's Gate die Spitzen der britischen Presse und des Fernsehens sowie Repräsentanten aus Wirtschaft und Öffentlichkeit, um den Trust-Vorsitzenden Lord Richard Gibson anzuhören. Es geht um die Wiederaufnahme des Unternehmens, das in der zweiten Phase weitere Gelder für den Erwerb der ausstehenden Meilen mobilisieren soll. „Die Arbeit ist erst halb getan", lautet der Appell an die Öffentlichkeit, „wir leben auf einer dichtbesiedelten Insel, auf der unbesiedeltes Land ein kostbarer ‚Bodenschatz' ist. Wenn wir wollen, daß künftige Generationen unsere Freude an der Unberührtheit und Vielfalt unserer Küsten teilen können, müssen wir jetzt eine entschiedene Anstrengung machen!" Es genüge nicht, die Küstenstriche vor kommerzieller Erschließung zu bewahren. Wo die Tätigkeit der Akquisiteure des Trusts endet, müsse die Arbeit seiner Konservierungsexperten und Naturschützer beginnen.

Die Ursprünglichkeit der Küsten und das Leben der Tiere vor menschlicher Störung zu schützen, ist angesichts des Zustroms von Naturfreunden und Touristen keine leichte Aufgabe. Wanderwege, Zauntritte und Klippenstufen müssen in Harmonie mit der Landschaft angelegt und unterhalten werden. Park- und Campingplätze sind zu verlegen und so abzuschirmen, daß sie das Landschaftsbild nicht beeinträchtigen. Andererseits werden durch den Trustbesitz Gemeinden in ihrer traditionellen sozialen Struktur erhalten, und die Schaffung neuer Arbeitsplätze ist für die lokale Bevölkerung ein ebenso willkommenes Nebenprodukt wie das wachsende Verständnis nicht nur der Küstenbewohner für die Umwelt und die Arbeit der inzwischen 70 Naturschutzwarte des „Unternehmens Neptun". Die Haltung der britischen Öffentlichkeit zu den praktischen Auswirkungen des Projektes faßt der Naturliebhaber, Autor und prominente Fernsehmoderator David Bellamy zusammen: „Welch ein Segen, über sauberen Sand schreiten zu können, weder ölverklebte Vögel noch Coca-Cola-Dosen sehen zu müssen und anstelle eines Frikassees aus bleiverbrämtem Stickstoff- und Schwefeloxid, Essigaustauschstoffen und Abfall wieder Ozon einatmen zu dürfen." □

---

12 Jahre Schlafgarantie: typisch hülsta-Qualität.

Wer morgens ausgeruht aufwachen will, braucht das richtige Bett. Von Rumat.

Vorbildlich in Qualität und Verarbeitung. Wer sonst gibt 12 Jahre Garantie auf die Federholzrahmen? Perfekt darauf abgestimmt die Matratzen, die mit hochwertigen Materialien für optimalen Wärmehaushalt und Feuchtigkeitsaustausch sorgen. Vollständige Informationen zum Rumat- „Gesundschlafsystem" per Coupon.

hülsta-werke, Postfach 1212, D-4424 Stadtlohn.

Härteregulatoren

Achten Sie auf die „grüne Schicht der Garantie" in den Federholzlamellen

Mit den patentierten Härteregulatoren läßt sich der SUPER-Federholzrahmen auf das eigene Körpergewicht einstellen. Alle Rahmenteile sind weich gerundet mit Rundum-Möbeloberfläche, zerschundene Hände beim Bettenmachen sind passé.

COUPON:

✂------------------

☐ Bitte informieren Sie mich kostenlos über das RUMAT-Schlafsystem.

☐ Bitte senden Sie mir kostenlos Prospekte über die hülsta-Schlafraum-Programme.

MR66

Einsenden an: hülsta-werke, Postf. 1212, D-4424 Stadtlohn.

Ein Markenprodukt aus dem Hause hülsta.

Das Tagebuch einer Europäerin, die während der Jahre des großen Umschwungs in China lebte: zwischen Parteifunktionären und Diplomaten, Spionen, Intellektuellen und „gewöhnlichen" Chinesen. Aus den fast allabendlichen Aufzeichnungen von Nachrichten, Beobachtungen und Erlebnissen entsteht ein Mosaikbild jenes uralten, großartigen Landes, das den ihm angemessenen Weg ins nächste Jahrtausend sucht.

368 Seiten und 16 Seiten Abbildungen, gebunden

In den grünen Tälern Mittelenglands, um Manchester und Birmingham, begann eine Entwicklung, die die Welt und die Menschen veränderte wie nichts zuvor: die Industrielle Revolution

Im Rausch der Maschinen

Von Barbara Beuys

Wer um die Mitte des 18. Jahrhunderts etwas auf sich hielt im alten Europa, ließ sich von der dreißigstündigen Fahrt über den Kanal nicht abschrecken und nahm eine Bildungsreise nach England in sein Programm. Ob Theologe, Geschäftsmann oder preußischer Beamter – die Briefe und Tagebuchaufzeichnungen sind alle im gleichen Ton erstaunter Begeisterung geschrieben. Ein blühender Garten sei dieses Land, seine Bewohner durchweg besser ernährt und gekleidet als auf dem Kontinent. Solche Beobachtungen stimmen mit den zeitgenössischen englischen Chronisten überein. Aus Nottingham hören wir 1751, daß „selbst eine gewöhnliche Waschfrau glaubt, sie hat kein richtiges Frühstück ohne Tee und frisches Weißbrot mit Butter". Aber nicht nur auf der Butter-und-Brot-Ebene lagen die Unterschiede zum Festland. Voltaire schrieb voller Bewunderung: „Der Handel, der die Bürger Englands reich gemacht hat, hat dazu beigetragen, sie frei zu machen, und diese Freiheit hat ihrerseits den Handel erweitert."

Bei allem Lob und dem Gefühl für die besondere Situation Englands war weder Besuchern noch Einheimischen bewußt, daß sie Zeugen und Teilhaber einer Zeitenwende wurden. In den Spinnereien der idyllischen Dörfer von Lancashire, inmitten waldreicher Täler und an klaren Flüssen gelegen, in einsamen Bergwerken des Black Country in Yorkshire, in den Schmieden und Eisenhütten rund um Sheffield, an den prächtigen Hafenbecken von Liverpool setzt sich in der zweiten Hälfte des 18. Jahrhunderts eine Revolution in Technik, Industrie und Wirtschaft durch, die Leben und Bewußtsein der Menschen quer durch alle Kontinente und Ideologien umkrempelte; eine Revolution, von deren Ergebnissen wir alle profitieren und an deren Erblast wir alle tragen. Wie wir die Herausforderung „englischer Zustände" beantworten, wird den Lauf des 21. Jahrhunderts entscheiden.

Der Beginn der Industriellen Revolution, ihre entscheidenden Jahre sind meist in der Erinnerung überlagert von Bildern des 19. Jahrhunderts: hohe, düstere Fabrikgebäude, Slums am Rande der Industriezentren, Kohle, Eisen und Großindustrie beherrschen das Bild. Charles Dickens hat diese menschenunwürdigen Zustände in seinen Büchern beschrieben. Doch als 1830 der erste Zug von Manchester nach Liverpool fuhr, waren die Weichen in eine andere Zukunft schon längst gestellt. Es war die Baumwolle, die – wenn auch indirekt – das Gesicht der Erde verändert hat. „Britannia rules the waves" ist noch heute der nostalgische Schlachtruf englischer Patrioten. Das 18. Jahrhundert erlebte den Beginn englischer Weltherrschaft, die darin bestand, die Meere zu beherrschen, sich ferne Länder als Kolonien und damit als Absatzmärkte zu unterwerfen und alle Politik den Interessen des Handels unterzuordnen. Duelle um Ehre und Treue, zahllose Dienerschaft und antiquierter Standesdünkel galten hier nur halb soviel wie auf dem Kontinent.

Das soziale Gefüge war erstaunlich durchlässig. Lord Hervey schrieb 1731: „Wir pflegten uns in einer kleinen gemütlichen Gesellschaft von etwa dreißig Personen zum Essen niederzusetzen, bis zum Kinn in Rindfleisch, Wildbret, Gänsen, Truthähnen und gewöhnlich bis über das Kinn in Rotwein, Starkbier und Punsch. Anwesend waren hohe geistliche und weltliche Würdenträger neben Bürgern, Pfarrern und einer größeren Zahl von Freibauern." Niemand vergaß, wer im Land das Sagen hatte, doch die Interessen der großen Adelsfamilien, die die Politik bestimmten, waren an Profit und Gewinn ausgerichtet. Wenn die Bürger Unternehmungsgeist zeigten, warum sollte man ihre Aktivitäten bremsen oder einschränken und ihnen nicht einen Aufstieg in die besseren Kreise ermöglichen? Wenn Reformen nötig waren, warum sollte man sie nicht schnell und reibungslos innerhalb des Systems – bei Wahrung der alten Formen und Traditionen – durchsetzen, statt erst auf die Revolution zu warten?

In England gab es um diese Zeit keine eigene Bauernschicht mehr, denn fast das ganze Land gehörte dem Adel, der es weiterverpachtete. Warf das Land durch Neuerungen und Industrialisierung mehr Profite ab, um so besser. Die zahllosen Landarbeiter und kleinen Handwerker waren nicht an ihren eigenen Grund und Boden gebunden, auf jeden Groschen angewiesen und deshalb für damalige Verhältnisse ungewöhnlich mobil. Ihre Zahl wuchs im 18. Jahrhundert durch eine Bevölkerungsexplosion und schuf damit weitere wichtige Voraussetzungen für den Erfolg der Industrialisierung in England: einen zusätzlichen Absatzmarkt – neben den Kolonien – für die neuen Waren und Arbeiter für die sich

In Afrika, Indien und China waren die englischen Baumwolltuche bei arm und reich beliebt

ständig ausweitende Produktion. Diese Produktion betraf vor allem die Baumwolle, die in atemberaubenden Steigerungen aus den britischen Kolonien importiert wurde. 1760 waren es 2,4 Millionen Pfund, dreißig Jahre später das Zehnfache und 1837 runde 366 Millionen Pfund. Menschenhände hätten solche Mengen nicht mehr kostengünstig verarbeiten und der englische Binnenmarkt allein die Produkte nicht aufnehmen können. Zweierlei war geschehen: In Afrika, Indien und China wurden die dünnen englischen Baumwolltücher bei den Armen und den Reichen gleichermaßen beliebt. Man unterschied sich nur in den Vorlieben für Muster und Farben: leuchtend bunt für Afrika, gedeckt für Asien. Und das Entscheidende: Selbst der bescheidenste Hindu in einem indischen Dorf konnte aus der rohen Baumwolle nicht so billig Wolle spinnen wie die neuen Maschinen, die in Mittelengland ausprobiert und in immer größerer Zahl installiert wurden.

Friedrich Engels, der Fabrikantensohn aus Barmen, der in Manchester Teilhaber an einer väterlichen Fabrik wurde und so seinen Freund Karl Marx finanziell unterstützen konnte, hat beschrieben, wie im 18. Jahrhundert alles in den grünen Tälern von Lancashire mit der Erfindung der „Jenny" und der „Spinning-Throstle", mechanischen Spinnmaschinen, begann: „Einzelne Kapitalisten fingen an, Jennys in großen Gebäuden aufzustellen und durch Wasserkraft anzutreiben, wodurch sie in den Stand gesetzt wurden, die Arbeiterzahl zu verringern und ihr Garn wohlfeiler zu verkaufen als die einzelnen Spinner, die bloß mit der Hand die Maschine bewegten ... Und wenn schon hierin der Anfang des Fabriksystems lag, so erhielt dies durch die Spinning-Throstle, die Richard Arkwright, ein Barbier aus Preston in Nord-Lancashire, 1767 erfand, eine neue Ausdehnung. Diese Maschine, im Deutschen gewöhnlich Kettenstuhl genannt, ist neben der Dampfmaschine die wichtigste mechanische Erfindung des achtzehnten Jahrhunderts."

Jetzt trieb das Wasser die Maschine an, nicht mehr der Mensch, und die Maschine konnte gleichzeitig die Arbeit mehrerer Menschen ausführen. Im 19. Jahrhundert würde der Dampf die Wasserkraft ablösen und zur neuen Energie werden. Das allein war schon viel. Aber es war noch nicht der Kern der Revolution, das Motiv, das von nun an Räder und Menschen am Laufen halten würde. Richard Arkwright war keinesfalls ein Erfindergenie, sondern einfach skrupellos genug, sich die vergessenen Erfindungen anderer nutzbar zu machen und geschickt zu kombinieren. Vor allem aber hatte er eine Idee im Kopf: Er wollte den Arbeitsprozeß unabhängig von Menschen und Natur und jederzeit kontrollierbar ablaufen lassen. Es wurde die Idee einer neuen Religion, die seitdem die Welt beherrscht – in Ost und West ebenso wie im südlichen Teil der Erdkugel.

Revolutionen fallen nicht vom Himmel, umwälzende Neuerungen haben eine lange Vorgeschichte, und wie alle großen Phänomene ist auch die Industrielle Revolution in England nicht durch eine Ursache, nicht einmal durch ein ganzes

Bündel von Faktoren restlos erklärbar. Schon die Fugger und Medici waren gewiefte Kapitalisten. Die mittelalterlichen Mönche machten sich jeden technischen Fortschritt zunutze, und die Wollarbeiter im mittelalterlichen Florenz revoltierten gegen schlechte Arbeitsbedingungen und niedrige Löhne. Die Spezialisierung der Handwerker war weit fortgeschritten. Doch bei allem Sinn für das Geschäft arbeitete der mittelalterliche Mensch, um zu leben. Die Arbeit ruhte nicht nur am Sonntag. Auch am Montag, deshalb „guter Montag" genannt, griff niemand zum Werkzeug. Über dreißig kirchliche Feiertage gab es im Jahr, an denen selbstverständlich nicht gearbeitet wurde. War irgendwo eine Hochzeit, ein Begräbnis, eine Kirchweih, dann ließen Gesellen, Lehrlinge und Meister am hellen Tag die Arbeit liegen und machten sich auf zum Feiern. Die neue Generation von englischen Unternehmern und Fabrikanten verfolgte die gegenteilige Philosophie: Der Mensch lebt, um zu arbeiten. Und diese Arbeit sollte von nun an zwei ehernen Gesetzen folgen: strikte Spezialisierung und eiserne Disziplin. Kein Schwätzchen, kein Kartenspiel am Arbeitsplatz. Zeit ist Geld – für alle am Produktionsprozeß Beteiligten. Damit die Arbeiter nicht auf dumme Gedanken kamen, war bis weit ins 19. Jahrhundert hinein die anerkannte Meinung der Ökonomen, man müsse die Löhne niedrig halten, weil die Arbeiter sonst weniger arbeiten würden.

Die neue Religion fand sogleich ihre Propheten und moralischen Unterstützer. Der englische Philosoph Adam Smith schrieb 1776 über den „Wohlstand der Nationen" und entwarf eine Utopie des modernen Kapitalismus: „Die große, durch die Arbeitsteilung herbeigeführte Vervielfältigung der Produkte in allen verschiedenen Künsten bewirkt in einer gut regierten Gesellschaft jene allgemeine Wohlhabenheit, die sich bis zu den untersten Klassen des Volkes erstreckt." Wir sind im Zeitalter der Aufklärung. Die Verfassung der jungen Vereinigten Staaten von Amerika verbrieft jedem Bürger einen „Anspruch auf Glück". Wohlstand für alle ist seitdem Anspruch geblieben, auch wenn die Konkretisierung dieses Ziels zu heftigen Auseinan-

Die Handarbeit am Webstuhl wurde im 18. Jahrhundert durch Wasserkraft ersetzt. Das war der entscheidende Schritt zum Fabriksystem

„Zeit ist Geld" wurde zum Credo einer neuen Weltreligion, die Menschen und Räder am Laufen hält

dersetzungen und unterschiedlichen Rezepten geführt hat. „Zeit ist Geld", dieser Slogan vom Beginn der Industriellen Revolution, hat uns ebenfalls bis heute begleitet. Benjamin Franklin hat ihn schon 1748 im Land der unbegrenzten Möglichkeiten aufgestellt: „Bedenke, daß Zeit auch Geld ist! ... Der Weg zum Reichtum ... hängt meistens von zwei Wörtchen ab: Tätigkeit und Sparsamkeit. Das heißt: verschwende weder Zeit noch Geld, sondern mache von beiden den besten Gebrauch." Und wenn du den besten Gebrauch machst, dann wirst du es schaffen. Daß es für alle die Möglichkeit gibt, vom Tellerwäscher zum Millionär aufzusteigen, haben wir uns inzwischen abgeschminkt. Aber die moralische Quintessenz, die am Anfang der Industriellen Revolution als Credo verkündet wurde, hat sich tief in unser Bewußtsein gesenkt. Der Soziologe Ralf Dahrendorf, ein Kenner der englischen Verhältnisse, verweist auf die bis heute weit verbreitete Überzeugung, daß auch in der Krise jeder sich selbst wieder hocharbeiten könne, und fährt fort: „Frau Thatcher hat, wie das ihre Art ist, dieser Sprache noch einen moralischen Akzent hinzugefügt, indem sie von den *deserving poor* spricht, also den Armen, die wirklich Hilfe verdienen. In Deutschland klingt das meist gedämpfter, hat aber dieselbe Zielrichtung: Nur wirklich Bedürftigen wird geholfen, im übrigen sollen sich die Leute selber aus der Misere heraushelfen. Was hier geschieht, ist die Rückkehr hinter den Gedanken sozialer Bürgerrechte. Es ist die Wiederbelebung des Armenrechts ..."

Es sind immer einige wenige, die den allgemeinen Mythos verkörpern und so lebendig halten. Robert Peel (1750–1830) war ein Baumwollpionier der ersten Stunde und wurde der größte und mächtigste Baumwollfabrikant seiner Generation. Sein Vater zog noch mit Wollwaren, die die Familie in Heimarbeit herstellte, durch Lancashire. Sein Sohn wurde Parlamentsmitglied, Begründer der konservativen Partei und 1843 Premierminister.

Als die Spinning-Jenny in die Produktion eingeführt wurde, taten sich vereinzelt Menschen zusammen, um die Maschinen, die ihnen die Arbeit wegnahmen, zu zerstören. Aber es ist auch hier nicht möglich, ein durchgängiges Erklärungsmuster zu finden, denn in vielen Orten wurden die Maschinen ohne Widerspruch akzeptiert. Nicht selten waren es Frauen, die aufbegehrten. Denn an den Maschinen mußten sie den unqualifizierten Teil der Arbeit verrichten, der grundsätzlich schlechter bezahlt wurde als der Job der Männer. Doch ihr Kampf war hoffnungslos. Die gewerkschaftsähnlichen Zusammenschlüsse, die sich am Ende des 18. Jahrhunderts bildeten, schlossen ausdrücklich Frauen aus und bekämpften deren Anspruch auf gleiche Bezahlung.

Insgesamt war die Situation in diesen ersten Jahrzehnten der Revolution entspannt, denn es gab genug Arbeit. Wer aufgrund der neuen Maschinen seinen Platz in der Spinnindustrie von Lancashire verlor, brauchte nur ein wenig weiterzu-

Was die Frauen früher zu Hause herstellten, wurde nun in Fabriken produziert: Baumwolltuche, die englische Schiffe in die ganze Welt transportierten

Damals wurde England zum Modell. Zeigt es heute wieder, was die Industrienationen noch vor sich haben?

ziehen. Kanalarbeiter zum Beispiel wurden gesucht. Der Herzog von Bridgewater hatte die Idee, Manchester durch einen Kanal mit den Kohlebergwerken des Hinterlandes zu verbinden. 1759/60 wurde ein Kanal gebaut, der erstmals nicht dem Verlauf des Flusses folgte, sondern den kürzesten Weg nahm. In wenigen Jahren waren die neuen Industriezentren Mittelenglands untereinander, mit dem expandierenden Liverpooler Hafen und mit London verbunden. Die kürzeren Wege ließen – unter anderem – den Preis pro Tonne Kohlen von 40 auf 7 Shilling sinken. Es war ein Merkmal der neuen Zeit, daß die Menschen ständig von neuen, noch nie dagewesenen Dingen erfuhren. Alles wurde größer, besser, bequemer als das Alte, und wieder entstand ein Mythos: daß der Fortschritt von nun an nicht mehr enden würde und dem permanenten Wachstum keine Grenzen gesetzt seien. Als die Löhne zu Beginn des 19. Jahrhunderts sanken, die Preise stiegen, die Menschen überall in den Midlands arbeitslos wurden und rebellierten, nimmt man das hin – Kinderkrankheiten, die bei richtiger Anwendung des industriellen Systems von selbst verschwinden würden. ‚Manchester Liberalismus' wurde zum Begriff für eine Schule von Ökonomen, die bedingungslos auf die Kräfte des freien, kapitalistischen Marktes vertrauten. Und immer hatten sie ein Beispiel für den Erfolg zur Hand.

Kaum war das Wunder des Bridgewater-Kanals verdaut, wurden Matthew Boulton und seine Fabrik in Soho, am Rande von Birmingham in ländlicher Umgebung, zur weltweiten Berühmtheit. Es war keine Übertreibung, wenn Boulton an seinen Londoner Agenten schrieb: „Ich hatte gestern Lords und Ladies zu Besuch; ich habe heute Franzosen und Spanier und morgen Deutsche, Russen und Norweger." Als die im klassizistischen Stil erbaute Metallwarenfabrik 1762 eröffnet wurde, hatte sie 20000 Pfund gekostet und war für 800 Arbeiter die modernste ihrer Zeit. Boulton organisierte ein perfektes Fabriksystem, das Massen- und Serienware produzierte und in dem jeder Arbeiter ganz bestimmte, genau vorgeschriebene Handgriffe machte. Lord Shelbourne besichtigte die Fabrik 1766: „Ein Knopf geht dort durch fünfzig Hände und jede Hand berührt rund tausend Knöpfe pro Tag. Dadurch wird die Arbeit so vereinfacht, daß fünf von sechs Arbeitern Kinder sind." Dosen und Eßbestecke, Krüge, Schreibzeug, Kronleuchter, Knöpfe – alles, was auch nur entfernt mit Metall zusammenhing, wurde von Matthew Boulton hergestellt.

Welchen Eindruck Birmingham machte, hat Johanna Schopenhauer, zu ihrer Zeit eine bekannte Schriftstellerin, heute nur noch als Mutter eines berühmten Sohnes in Erinnerung, 1803 auf einer Reise durch England aufgeschrieben: „Die Stadt selber ist schon durch ihre bergige Lage nicht schön, der Rauch der vielen Fabriken und Werkstätten ... gibt ihr ein düsteres, schmutziges Ansehen. Überall hört man Hämmern und Pochen, alles läuft am Tage geschäftig hin und wider, niemand hat Zeit, solange die Sonne leuchtet. Dafür hallen des Abends die Straßen vom Geschrei und Gesängen derer wider, die sich den Tag über unter der schweren Last des Lebens abarbeiten. In den wenigen Stunden, die sie dem alle Sinne lähmenden Schlafe des ermüdeten Arbeiters abstehlen können, suchen sie in Tavernen und Spielhäusern die Freude zu haschen, an die sie am Tag über nicht denken können." Es sollte noch viel schlimmer kommen. In Manchester, Birmingham und Liverpool stieg die Sterberate von 20,7 je 1000 Einwohner 1831 aufgrund der katastrophalen hygienischen Verhältnisse, der engen Wohnungen, der Überarbeitung und Unterernährung auf 30,8 im Jahre 1841.

Auch Manchester wird von Johanna Schopenhauer besucht: „Dunkel und vom Kohlendampfe eingeräuchert, sieht sie einer ungeheuren Schmiede oder sonst einer Werkstatt ähnlich. Arbeit, Erwerb, Geldgier scheinen hier die einzige Idee zu sein, überall hört man das Geklapper der Baumwollspinnereien und der Weberstühle, auf allen Gesichtern stehen Zahlen, nichts als Zahlen." In Manchester sah Johanna Schopenhauer etwas, das von Anfang an die Industrielle Revolution begleitet hatte: Kinderarbeit: „Wir besuchten eine der größten Baumwollspinnereien. Eine im Souterrain angebrachte Dampfmaschine setzte alle die fast unzähligen, in vielen übereinandergetürmten Stockwerken angebrachten Räder und Spindeln in Bewegung. Uns schwindelte in diesen großen Sälen bei dem Anblicke des mechanischen Lebens ohne Ende. In jedem derselben sahen wir einige Weiber beschäftigt ... Kinder wickelten und haspelten das gesponnene Garn." 1784 hatten Mediziner in Manchester empfohlen, daß Kinder nicht mehr als zehn Stunden täglich arbeiten sollten. Sie seien sonst überarbeitet, dadurch anfällig für ansteckende Krankheiten und eine Gefahr für die ganze Stadt. 1835 arbeiteten allein in der Baumwollindustrie 28771 Kinder unter 13 Jahren.

Gut zweihundert Jahre nach Beginn der Industriellen Revolution gehören solche Horrorbilder der Vergangenheit an, haben Wissenschaftler schon das postindustrielle Zeitalter ausgerufen. Doch der Streit um Begriffe verblaßt vor den Tatsachen: Der Arbeitsgesellschaft, die damals in den Fabriken und in den Köpfen der Menschen begründet wurde, geht die Arbeit aus. In den Slums von Liverpool und Birmingham wird auf drastische Weise eine „neue Armut" und eine „neue soziale Frage" sichtbar. Einst war England Sonderfall und Modell einer alles umstürzenden Entwicklung zugleich. Was bedeuten heute die Ausbrüche von aggressiver Verzweiflung? Sind sie ein Menetekel für das, was die industrialisierte Welt noch vor sich hat?

Ernst Friedrich Schumacher verließ 1937 Nazi-Deutschland, emigrierte nach Großbritannien und wurde ein international anerkannter Wirtschaftswissenschaftler. Früher als viele andere wies er im Land der Industriellen Revolution auf die Grenzen von Wachstum und Fortschritt hin. Schumacher mahnte, umzusteigen auf sanfte Technologien, die Mensch und Natur nicht länger ausbeuten. Er predigte keineswegs das Ende der Industriegesellschaft, wohl aber eine neue Moral: „Small is beautiful."

Zeitenwende: Die Dampfmaschine, hier im Kohlebergbau bei Liverpool, symbolisiert das Ende der bäuerlichen Gesellschaft und ihrer Weltordnung

Wer nur den Schornstein sieht, denkt sich in Italien. Sechzig Meter steigt er als Campanile in die Luft. Doch Manningham Mill entstand 1873 in Bradford und war eine Fabrik, die Samt produzierte

DIE TEMPEL DES FORTSCHRITTS

Zwischen York und Liverpool liegt eine der schönsten Industrielandschaften der Welt. Ein Freilichtmuseum, wo sich die Antreiber und Nutznießer der Industriellen Revolution in Stein und Eisen verewigten. Während die Arbeit in ihren Mauern immer eintöniger, kontrollierter wurde, entstanden Fabriken, Bahnhöfe und Kontore von exotischer Schönheit. Architektur als Spiegel einer gespaltenen Welt. Auch Kapitalisten träumen

Von Barbara Beuys

Fabrikbesitzer schielten nicht nur auf ihr Konto und die Aktienkurse. Soziale Verantwortung, christliches Engagement, Eigeninteresse waren der Motor die Lage der Arbeiter zu verbessern. Sir Titus Salt, Bradfords reichster Mann, ließ von 1850 bis 1888 bei seiner Textilfabrik, ebenfalls mit einem italienischen Schornstein geschmückt, eine vorbildliche Arbeitersiedlung errichten, knapp 800 Häuser für 4400 Bewohner. Es gab Kantinen, Bäder, Parks und eine Kirche, die einem Tempel ähnelte. Verglichen mit den Slums vieler Städte ein Paradies, das gesunde und dankbare Arbeiter hervorbringen sollte.

ALS DIE ARBEITER GEGEN UNMENSCHLICHE ARBEITSBEDINGUNGEN REVOLTIERTEN, ZEIGTEN EINIGE FABRIKBESITZER EINSICHT

Der Kontrast zwischen Schein und Sein ist frappierend. Was sich nach außen wie ein orientalisches Märchenschloß darbietet, ist im Innern eine Fabrik, in der für Phantasie weder Raum noch Zeit blieb. Mit St. Paul's House, 1878 in Leeds gebaut, entstand eine der ersten und modernsten Fabriken für Konfektionskleidung. Schneller, einfacher und billiger zu produzieren, war das Leitmotiv der neuen, industrialisierten Zeit, in der der Rhythmus der Maschinen das Leben der Menschen bestimmte.

UTOPISCHE FASSADEN ALS ERSATZ FÜR EINEN ALLTAG, IN DEM NUR NOCH LEISTUNG ZÄHLTE, UND ALS FLUCHT VOR EINER IMMER NÜCHTERNER WERDENDEN WIRKLICHKEIT

Neben der Wolle brachte die Flachsspinnerei vielen Menschen in Leeds Brot und einigen wenigen großen Reichtum. In der Marshall Street konzentrierten sich die Flachsfabriken, die Leinen herstellten. John Marshall war hier der Herr und gab zwischen 1838 und 1841 der englischen Industrielandschaft eine ägyptische Note: Detailgetreu entfalten sich die Säulen am Fabrikeingang als Papyrusblätter – wie am Tempel zu Karnak in Ägypten Jahrtausende zuvor. Auch der Bahnhof in Leeds mit seinem korinthischen Säulenvorbau verkündet die gleiche Botschaft: Das Evangelium des Fortschritts würde ein neues Zeitalter bringen, mindestens so bedeutend wie die Hochkulturen der alten Welt.

ALLES, WAS DIE NEUEN HERREN TATEN, STAND UNTER DEM DIKTAT DES WETTBEWERBS. OB GEWINNE ODER BAUWERKE: SIE MUSSTEN GEWALTIGER SEIN ALS DIE DER KONKURRENZ

Liverpool war die Drehscheibe der Industriellen Revolution, Knotenpunkt der mittel- und nordenglischen Industrie und Tor zum englischen Empire. Im Zentrum des alten Hafens liegt Albert Dock. Das Hafenbecken, 1843–46 gebaut, ist von fünfstöckigen Warenspeichern umgeben. Heute sind die Speicher leer. Statt der Schiffe kommen die Touristen.

ERFINDERGEIST, ROHSTOFFE UND HERRSCHAFT ÜBER DAS MEER BRACHTEN DEN REICHTUM

Passagen heißen die Erfindungen einer Epoche, die sich unabhängig machte von der Willkür der Natur. Durch die luftigen Konstruktionen aus Eisen und Glas sieht man zwar den Himmel, ist aber geschützt vor unberechenbaren Gewalten. Als 1779 in Shropshire zum ersten Mal eine gußeiserne Konstruktion einen Fluß, den Severn, überspannte, wurde demonstriert, wie sehr der Mensch sich die Elemente untertan gemacht hatte. Und in den stählernen Einkaufspassagen von Thornstin's in Leeds (links) und Barton's in Manchester (rechts) fand eine neue Ordnung ihren Ausdruck: Arbeit und Freizeit gingen nicht mehr ineinander über, sondern wurden zu völlig getrennten Lebensbereichen. Zugleich signalisierten die gläsernen Paläste, daß die Prachtentfaltung der industrialisierten Welt sehr wohl mit dem Luxus der feudalen Gesellschaft konkurrieren konnte, ja ihn an Größe und Kühnheit noch übertraf.

DER ZEITGEIST FÜHLTE SICH WIE AM ERSTEN SCHÖPFUNGSTAG: MACHT EUCH DIE ERDE UNTERTAN. DIE NATUR VERLOR IHRE SCHRECKEN

FORTSCHRITT BEDEUTET SEGEN UND FLUCH. JEDE GENERATION MUSS NEU TRÄUMEN

Endstation. Im Hauptbahnhof von Manchester wächst Gras, ausgestorben liegen die eisernen Hallen. Erhaltenswerte Zeugen einer Zeit, deren grenzenlosen Optimismus die Menschen am Ende des 20. Jahrhunderts nicht mehr teilen können, aber deren Erbschaft in eine neue, bescheidenere Kultur umgesetzt werden muß.

**Das nächste MERIAN-Heft:
Freiburg im Breisgau**

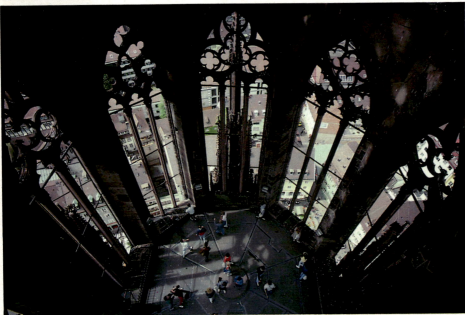

Freiburger Münster: mittelalterliches Maßwerk

Freiburger Studentenleben

Freiburgs Hausberg: der Schauinsland

Hoch ist fast alles in Freiburg: das Münster, die Lebensqualität, die jährliche Zahl der Sonnentage, der Anteil der Grünen im Stadtparlament, der Schauinsland. Über 800 Jahre hat Freiburg auf dem Buckel und ist doch eine junge Stadt. Die Studenten bringen frischen Wind in die Bächle-Romantik der Breisgaumetropole und sorgen gelegentlich durch Proteste für Unruhe: Waldsterben im Schwarzwald und Kraftwerkbau bei den Rheinauen – da hört für sie die Gemütlichkeit auf. MERIAN-Autoren haben sich in Freiburg und im Breisgau umgesehen. Sie erfuhren in der Münsterbauhütte, was faul ist an „Unserer Lieben Frau", sie erkundeten die „alternative Szene" in der Stadt und wie Deutschlands kulturelles Erbe im Kriegsfall der Nachwelt erhalten bleibt. Und sie stellen die Frage: Ist der Wald noch zu retten?

Die darauffolgenden fünf MERIAN-Hefte: Chicago; Münsterland; Sardinien; Niederbayern; Argentinien. Die letzten sechs Hefte: Provence; Kärnten; China: Shanghai und der Süden; Graubünden; Portugal; Schleswig-Holstein.

IMPRESSUM

MERIAN – das Monatsheft der Städte und Landschaften

Herausgeber: Dr. Will Keller

Chefredakteur: Ferdinand Ranft

Stellvertretende Chefredakteure:
Emanuel Eckardt
(verantwortlich für den Textteil)
Max Scheler
(verantwortlich für den Bildteil)

Geschäftsführende Redakteurin:
Dr. Barbara Beuys

Redakteure:
Hans-Joachim Györffy
Dr. Rolf Hosfeld
Tibor M. Ridegh
Erika Schmied
Helga Thiessen
Hans Markus Thomsen
Christian Venth

Bildredaktion: Hanni Rapp

Dokumentation:
Reinhard Hoheisel-Huxmann
Dr. Franklin Kopitzsch

Layout: Astrid Borowski (Leitung)
Jutta Besser

Herstellung: Wolfgang Schöppel

Anzeigenleitung: Hans-Thomas Bartusch

Anzeigenstruktur: Bernd Knospe

MERIAN Leser-Service:
Irmgard Struve

MERIAN erscheint monatlich im Hoffmann und Campe Verlag, Harvestehuder Weg 45 · 2000 Hamburg 13 · Tel. 44 188-1 · Tel. Leserservice: 44 188-229 · FS 0214259 · Anzeigen-Abteilung: Poßmoorweg 1, 2000 Hamburg 60, Tel. 27 17-0, FS 0213214 · Zur Zeit gültige Anzeigenpreisliste Nr. 25 · Das vorliegende Heft Juni 1986 ist die 6. Nummer des 39. Jahrgangs · Nachdruck nur mit Zustimmung der Redaktion gestattet, alle Übersetzungsrechte bleiben vorbehalten, für unverlangt eingesandte Manuskripte und Fotos haftet die Redaktion nicht · Bezug über den Buch- und Zeitschriftenhandel, die Postanstalten und den Verlag, der auch Liefermöglichkeiten im europäischen Ausland und in Übersee nachweist · Preis im Abonnement monatlich 8,40 DM, zuzüglich 1,50 DM Versandkosten bei Zustellung frei Haus · Der Bezugspreis enthält 7 Prozent Mehrwertsteuer · Kündigungen sechs Wochen zum Ende des Bezugsquartals · Postscheckkonto Hamburg 299 453-202 (BLZ 200 100 00) · Vereins- und Westbank AG, Hamburg, Konto-Nr. 2/16739 (BLZ 200 300 00) · Führen in Lesemappen ist nur mit Genehmigung des Verlages gestattet · Printed in Germany · Gesamtherstellung: U. E. Sebald Druck und Verlag GmbH, Nürnberg

TIPS UND HINWEISE

Anreise **135** Verkehrsmittel im Land **135** Urlaub für Kinder und Jugendliche **137** Ferien für Behinderte **138** Unterkunft **138** Essen & Trinken **140** Feiertage **141** Gartenduft und Waldesluft **142** Aussichtspunkte **142** Sport und Freizeit **143** Einkaufen **145** Museen **146** Bücher **147** Auskünfte **147**

ANREISE

Bei der Anreise mit dem Flugzeug kann man zwei verbilligte Tarife in Anspruch nehmen. Bei „flieg und spar" müssen Hin- und Rückflug fest gebucht und sofort bezahlt werden. Änderungen vor Reiseantritt kosten 100 DM, nach Antritt der Reise sind keine Änderungen mehr möglich. Der Rückflug kann frühestens am auf den Abflug folgenden Sonntag, spätestens drei Monate danach angetreten werden. „super-flieg und spar" muß spätestens vierzehn Tage vor dem Abflug gebucht und bezahlt werden. Bedingungen wie bei „flieg und spar", letzte Änderungsmöglichkeit 14 Tage vor Abflug. Für Bahnreisende gelten im Bereich der Deutschen Bundesbahn eine Reihe von Fahrpreisermäßigungen: für Kinder unter 12 Jahren, Damen ab 60 und Herren ab 65, für Familien und Minigruppen ab 3 Personen und Junioren zwischen 12 und 22. Mit dem Seniorenpaß der Bundesbahn erhält man in Großbritannien keine Ermäßigung.

Bei der Anreise mit dem Auto lohnt es sich, die sehr unterschiedliche Überfahrtsdauer der einzelnen Fährlinien zu vergleichen und sich dann auszurechnen, welchen Hafen man zur Überfahrt anfahren will. So braucht die Fähre von Hamburg nach Harwich fast 20 Stunden, die Hoverspeed-Luftkissenfahrzeuge brauchen von Calais nach Dover nur 35 Minuten. Bei den Preisen in der Tabelle auf S. 136 handelt es sich um wochentags geltende Sommerpreise. Eine genaue Übersicht sämtlicher zwischen dem Festland und Großbritannien verkehrenden Autofähren ist bei der Britischen Zentrale für Fremdenverkehr in Frankfurt, Neue Mainzer Straße 22, zu haben.

Einfuhrbestimmungen

So großzügig und humorvoll die englischen Zöllner im allgemeinen sind, bei zwei Dingen bleiben sie eisern. Tiere müssen in eine mehrmonatige Quarantäne, und Pflanzen mit kontinentalem Mutterboden dürfen nicht eingeführt werden. Weitere Einfuhrbestimmungen und -beschränkungen sind in Deutschland bei Reisebüros, britischen Konsulaten oder auch den Industrie- und Handelskammern erhältlich.

VERKEHRSMITTEL IM LANDE

Auto

In England gilt Linksverkehr. Verkehrszeichen und Hinweise entsprechen in allen wichtigen Fällen den kontinentaleuropäischen und sind in vielen guten Straßenkarten aufgeführt. Im Kreisverkehr hat jeweils das bereits im Kreisverkehr befindliche Fahrzeug Vorfahrt. Die Geschwindigkeitsbegrenzung beträgt 70 Meilen pro Stunde (ca. 110 km/h) auf Autobahnen und autobahnähnlichen Straßen, 60 Meilen (ca. 95 km/h) auf zweispurigen Straßen und im Regelfall 30 Meilen (ca. 45 km/h) in geschlossenen Ortschaften.
Parkvorschriften: Eine doppelte, durchgezogene Linie bedeutet absolutes Halteverbot, eine einfache, durchgezogene gelbe Linie Halteverbot während der angezeigten Tageszeiten, eine unterbrochene gelbe Linie darf zum Halten und Absetzen benutzt werden.
Überzogene Parkzeit an Parkuhren wird mit Strafen von 6 £ (ca. 20 DM) geahndet. Parken auf Plätzen, für die die *ticket machines* zuständig sind, kann billiger werden als die Parkuhr. Man sollte dabei beachten, daß der Parkschein auf der *rechten* Fahrzeugseite angebracht wird, da sich die Verkehrsüberwachung erfahrungsgemäß selten die Mühe macht, um das ganze Fahrzeug herumzugehen.
Die britische Automobile Association und der Royal Automobile Club sind Partner aller großen deutschen Automobilclubs und verpflichtet, im Rahmen des Austauschverfahrens Pannen- und sonstige Hilfe kostenlos zu leisten. Für Nichtmitglieder ist es ratsam, sich vorher nach den jeweiligen Kosten der Pannenhilfe zu erkundigen.
Sicherheitsgurte sind für Fahrer und Beifahrer gesetzlich vorgeschrieben. Wer sich nicht anschnallt, bezahlt £ 100 Strafe. Kommt es zu einem Unfall, kann die Versicherung sich weigern, für die Kosten aufzukommen, falls die Gurte nicht vorschriftsmäßig angelegt waren. Bei einem Unfall ohne eigenes Verschulden ist es erfahrungsgemäß schwierig, die Kosten für Reparatur von den englischen Versicherungen erstattet zu bekommen. Ganz abgesehen davon, daß aufgrund der niedrigen Versicherungsprämien viele bei uns üblichen Leistungen nicht geboten werden. Für eine Auto- oder Motorradreise nach Großbritannien empfiehlt es sich daher dringend, vorher eine Rechtschutzversicherung abzuschließen.

Flugpreise nach London (Rückflugticket)

Abflugort	Flugzeit	flieg und spar	super-flieg und spar
Berlin	1 Std. 50 Min.	691 DM	477 DM
Düsseldorf	1 Std. 15 Min.	415 DM	282 DM
Frankfurt	1 Std. 35 Min.	516 DM	354 DM
Hamburg	1 Std. 30 Min.	553 DM	381 DM
München	1 Std. 55 Min.	656 DM	450 DM

Bahnpreise nach London (Rückfahrkarte)

Abfahrtsort	Fahrzeit	1. Klasse	2. Klasse
Berlin (Dover)	14 Std.	716 DM	517 DM
Düsseldorf (Dover)	8 Std.	387 DM	298 DM
Frankfurt (Dover)	11 Std.	503 DM	376 DM
Hamburg (Harwich)	17 Std.	577 DM	413 DM
München (Harwich)	20 Std.	793 DM	557 DM

TIPS UND HINWEISE

Fähre zwischen	Dauer der Überfahrt	Pkw bis 4,5 m mit Fahrer	mitreisender Erwachsener	mitreisendes Kind	Bemerkungen
Roscoff – Plymouth	6 Std. 30 Min.	202 DM	102 DM	51 DM	
St. Malo – Portsmouth	9 Std.	202 DM	102 DM	51 DM	
Cherbourg – Weymouth	4 Std. 45 Min.	340 DM	80 DM	40 DM	
Cherbourg – Portsmouth	5 Std.	340 DM	80 DM	40 DM	
		304 DM	72 DM	36 DM	
Le Havre – Portsmouth	5 Std. 30 Min.	304 DM	72 DM	36 DM	
Dieppe – Newhaven	4 Std. 45 Min.	295 DM	57 DM	27 DM	
Boulogne – Folkestone	1 Std. 45 Min.	264 DM	44 DM	24 DM	
	35 Min.	285 DM	46 DM	28 DM	Hovercraft
Calais – Dover	75–90 Min.	267 DM	45 DM	22 DM	
		270 DM	42 DM	22 DM	
	35 Min.	285 DM	46 DM	28 DM	Hovercraft
Dunkerque – Ramsgate	2 Std. 30 Min.	245 DM	40 DM	erstes frei, zweites 20 DM	
Ostende – Dover	4 Std.	270 DM	42 DM	22 DM	
Zeebrugge – Dover	4 Std.	270 DM	42 DM	22 DM	
Zeebrugge – Felixstowe	5 Std.	282 DM	50 DM	26 DM	
Zeebrugge – Hull	19 Std.	355 DM	160 DM	80 DM	Kabinen
Vlissingen – Sheerness	7 Std.	179 DM	83 DM	43 DM	Tagfahrt werktags
Hoek van Holland – Harwich	6–9 Std.	196 DM	76 DM	2 Kinder frei	
Rotterdam – Hull	14 Std.	370 DM	180 DM	90 DM	Kabinen
Scheveningen – Great Yarmouth	8 Std.	305 DM	140 DM	70 DM	Kabinen
Hamburg – Harwich	20 Std.	Pkw 145 bis frei (nach Zahl der Personen)	206–228 DM	103–114 DM	Kabinen

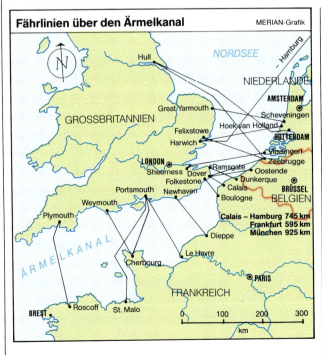

nen sind keine Seltenheit. An Papieren braucht man einen gültigen Führerschein, Paß oder Personalausweis.

Neben den großen Gesellschaften gibt es zahllose mittlere und kleine Firmen mit sehr viel günstigeren Tarifen. Es ist jedoch ratsam, Leistungsumfang, Servicenetz und Fahrzeugzustand genau zu kontrollieren, bevor man den Vertrag abschließt.

Die meisten großen Firmen haben Kombinationspreise mit den nationalen Fluggesellschaften oder British Rail. Die Gebühren liegen über denen in der Bundesrepublik. Die drei großen sind

Avis rent a car
Trident House
Station Road
Hayes, Middlesex
Tel. 0044 1/848 87 33

Europacar/Godfrey Davis
Wilton Road
London S.W. 1
Tel. 0044 1/834 84 84

Hertz rent a car
1272 London Road
London S.W. 16
Tel. 0044 1/679 17 99

Wichtige Adressen für Pkw-Fahrer
Automobile Association
Fanum House
Basingstoke, Hants. RG21 2EA
Tel. 0044 256/201 23
Royal Automobile Club
49 Pall Mall
London SW1 Y 5JG
Tel. 0044 1/839 70 50

Leihwagen

Die größte nationale Leihwagenfirma ist Godfrey Davis, deren Servicenetz auch abgelegenere Regionen umfaßt, was besonders günstig ist, wenn man das Fahrzeug nicht an den Ausgangsort zurückbringen möchte. Die Wagen sind im allgemeinen gut gewartet, wenngleich nicht immer so gepflegt und keineswegs so neu wie die in Deutschland verfügbaren Fahrzeuge. Kleinere Mängel und gelegentlich Pan-

Straßenkarten

Das dichtverzweigte Straßennetz, die relativ wenigen Autobahnen und die nicht immer übersichtliche Ausschilderung der Richtungsangaben macht einen guten Straßenatlas unerläßlich für jeden, der sich abseits der Hauptverkehrswege bewegen möchte. Empfehlenswert und dort in jeder Buchhandlung erhältlich.
Geographers' A–Z Road Map Great Britain Series
Great Britain Road Atlas
Maßstab 1:316 800
£ 2,10 je Blatt
The Motoring Atlas of Great Britain
(Paperback und ein größerer Maßstab als der Road Atlas)
3,95 £
Route Planer Map of Great Britain 1986
(Großbritannien auf einem Blatt)
£ 2,10

The Route Master Map of Great Britain
(9 Blätter im Maßstab 1:250000)
£ 1,90
Kümmerly + Frey: England, Schottland, Wales in 9 Blättern (Ordnance Survey Official Map), Maßstab 1:250000

Wer darüber hinaus auf detailliertere Straßenkarten der einzelnen Regionen nicht verzichten möchte, fährt und wandert am besten mit den Detailkarten des Ordnance Survey Verlages, der auch die offiziellen Landvermessungen in Großbritannien vornimmt und die dazugehörigen Karten publiziert.

Für Wanderer
Aus der Serie *Path Finder* die *Outdoor Leisure Maps* im Maßstab 1:25000; es gibt 30 detaillierte Karten allein von touristisch besonders interessanten Regionen wie z. B. dem Lake District für £ 3,10 je Blatt.

Für Radfahrer
Aus der Serie *Land Ranger* die Karten im Maßstab 1:50000 für £ 2,60.
Das umfassendste Angebot aller Straßen- und Wegekarten in London hat das
London Map Centre
22, Caxton Street
Victoria
London S.W. 1

Bahn

Großbritannien hat die schnellsten Dieselzüge der Welt (200 km/h), die im Intercity System auf fast allen wichtigen Strecken eingesetzt sind. Typisch englisch ist das morgendliche Wecken mit Tee oder Kaffee und Keks bei Schlafwagenfahrten. Platzreservierungen sind mit Ausnahme des luxuriösen 1.-Klasse-Nachtzugs „Nightrider" von London nach Schottland im allgemeinen nicht erforderlich.
Es gibt eine erstaunliche Anzahl von nur im Lande erhältlichen, günstigen Bahnpässen, die sich auf bestimmte Teile des Bahnnetzes spezialisieren. Einen entsprechenden Prospekt gibt es jedoch nicht. Wer ungefähr weiß, wohin er fährt, kann diese Sondertarife bei den British-Rail-Büros erfragen.
Außerdem kann man mehrere Transportmittel kombinieren, z. B. Flugzeug/Bus/Bahn, Flugzeug/Bahn, Auto/Bahn, Bahn/Boot, Bahn/Fahrrad, und es gibt spezielle Dienstleistungen für Behinderte.
Eine ausgezeichnete Faltkarte des gesamten britischen Bahnnetzes wird auf Anforderung zugeschickt.
Der Reisende über London kann das British Rail Central London Travel Centre, 4–12 Regent Street, London SW 1, nur wenige Schritte von Piccadilly Circus aufsuchen, wo Kombinationsfahrten komplett ausgearbeitet werden. Schwere oder sperrige Koffer sowie andere Gegenstände, wie Fahrräder, können beim Zugbegleiter kostenlos in Aufbewahrung gegeben werden, vorausgesetzt, sie sind mit Namen und Adresse des Besitzers versehen.
Nicht alle Züge haben einen Fahrkartenkontrolleur. Wer einen Zug ohne gültigen Fahrausweis bestiegen hat, muß ihn am Ende der Reise entweder beim Kontrolleur am Ausgang oder am Nachlöseschalter – Excess Tickets – ohne Aufpreis nachlösen, da das Benutzen eines öffentlichen Transportmittels ohne gültigen Fahrausweis auch in Großbritannien strafbar ist.
Alles, was für Bahn- und kombinierte Reisen nach und in Großbritannien wichtig ist, bringt der jährlich neu aufgelegte, hervorragend präzise und ausführliche Brit. Rail Führer, in deutscher Sprache bei folgenden British Rail Büros (die keine Fahrkarten verkaufen!) erhältlich

British Rail International Europe
– 6000 Frankfurt am Main 1
Neue Mainzer Straße 22
Telefon: 069/232381
– 4000 Düsseldorf
Bismarckstraße 27
Telefon 0211/329287
– 2000 Hamburg 36
Neuer Wall 86
Telefon 040/362199
– 1040 Wien
Wiedner Hauptstraße 5/10
Telefon Vorwahl 0222/650336
– 4002 Basel
Centralbahnplatz 9
Telefon 004161/231404 oder 231403
– 8001 Zürich
Limmatquai 78
Telefon 00411/479938

Bus

Die Büros des National Express, des größten Busunternehmens, geben gerne Auskunft. National Express fährt auch auf dem Kontinent, vorwiegend aber innerhalb Englands, Schottlands und Wales. Kinder unter 5 Jahren reisen kostenfrei.
**National Express
South East Area**
175 Rushey Green
London SE6 4BD
Tel. 00441/7300202
National Bus Company
172 Buckingham Palace Road
London SW1W 9NT
Tel. 00441/7303453

URLAUB FÜR KINDER UND JUGENDLICHE

Zahlreiche Organisationen sind auf Kinder und Jugendliche spezialisiert, die ohne ihre Eltern Ferien machen möchten. Hier eine Auswahl der wichtigsten Adressen:
British Trust for Conservation Volunteers
(ab 16 Jahre)
36 St. Mary Street
Wallingford, Oxfordshire
Tel.: 004449/39766
Die Organisation bietet jährlich über 400 ein- bis zweiwöchige Arbeitsferien für weniger als £ 25 Kostenbeitrag an. Die Aktivitäten schließen u. a. das Errichten von Steinwällen, das Anlegen von Hecken und Wanderpfaden, das Nachziehen prähistorischer Kreidezeichnungen etc. ein.
Neben den über 300 regionalen Arbeitsgruppen werden Gemeinschaftsprojekte mit Schulen und anderen Institutionen durchgeführt.
Colony Holidays
(Kinder von 7–16 Jahren)
Linden Manor
Upper Colwall
Malvern, Hereford and Worcester WR13 6PP
Tel. 00446845/40501
Young Archaeologists' Club
(Für Archäologiefans von 9–16 Jahren)
c/o Dr. K. Pretty
New Hall
Cambridge CB3 0DS
Cyclists Touring Club
Cotterell House
69 Meadrow
Godalming, Surrey GU7 3HS
Field Studies Council
(Kurse in Naturgeschichte)
62 Wilton Street
London EC2A 2BU
Tel.: 00441/2474651
Outward Bound Trust
2 Upper Belgrave Street
London SW1X 8BA
Tel.: 00441/2354286
Sports Council
(Kurse in vielen Sportarten; ab 17 Jahre)
16 Upper Woburn Place
London WC1 0QP
Tel.: 00441/3881277
Yorkshire Field Studies
Larpool Hall
Whitby, North Yorkshire YO2 1AA
Tel. 0044947/602737

Alle Auskünfte über Jugendherbergen gibt die
Youth Hostels Association
Trevelyan House
St. Albans, Hertfordshire AL1 2 DY
Tel. 0044727/55215
Wer für seine Kinder Ferien und Bildung kombinieren möchte und sich für Schüleraustauschprogramme interessiert, findet im Programm des *Central Bureau for Educational Visits* viele Anregungen:
Central Bureau for Educational Visits and Exchanges
Seymour Mews House
Seymour Mews
London W1H 9PE
Telefon 01 00441/4865101

TIPS UND HINWEISE

PONS Wörterbücher: für Schule, Studium, Beruf und Reise.

Einen Informationsprospekt gibt es in jeder guten Buchhandlung oder beim Ernst Klett Verlag, Abt. ASW, Postfach 809, 7000 Stuttgart 1.

Klett

Chomeini verstehen und bewerten

Die umfassende, durch zahlreiche Interviews mit unmittelbar Beteiligten authentische Biographie eines der umstrittensten politischen Führer unserer Zeit. Die politisch-religiöse Entwicklung des Iran im 20. Jahrhundert wird eindrucksvoll und aus kritischer Distanz mit dem Lebensweg Chomeinis, der vom religiös-mystischen Dichter und Lehrer zum Herrscher des Iran aufstieg, in Beziehung gesetzt.
416 Seiten, gebunden

Hoffmann und Campe

FERIEN FÜR BEHINDERTE

Behinderte Menschen sind in England sehr viel mehr integriert als bei uns. Es gibt viele freiwillige Helfer, die Besuche und Ausflüge auch mit Schwerstbehinderten durchführen. Parkplätze, Rampen, Aufzüge und besondere Dienstleistungen öffentlicher Institutionen tragen dem fast überall selbstverständlich Rechnung. Auskünfte über besondere Ferienangebote geben vor allem
Holiday Care Service
2 Old Bank Chambers
Station Road
Horley, Surrey RH6 9HW
Telefon 0044293/774535
The Royal Association for Disability and Rehabilitation
25 Mortimer Stret
London W1N 8AB
Telefon 00441/6375400
Die Vereinigung gibt einen jährlich erscheinenden Führer zum Thema „Ferien für Behinderte" heraus.
British Sports Association for the Disabled
Hayward House
Ludwig Guttmann Sports Centre
Barnard Crescent
Aylesbury, Bucks.
HP21 8PP
Telefon 0044296/27889

UNTERKUNFT

Während Luxushotels in den größeren Städten dünn gesät sind, gibt es zur Entschädigung auf dem Lande ein umfassendes Angebot an Luxusherbergen. Ein Wochenende mit Frühstück in Gesellschaft von Lords und Ladies ist zwar nicht billig, aber auch kaum teurer als in einem Fünf-Sterne-Hotel. Ein wenig Einblick in die Lebensgewohnheiten der englischen Upper Class wird gratis gewährt. Häufig kann auch ein illustres Abendessen mit den Gastgebern gebucht werden, zu dem man nicht gerade in Jeans erscheinen sollte. Auskünfte und Broschüren bei
Elizabeth & John Denning
Burghope Manor
Winsley, Bradford-on-Avon, Wiltshire
Tel. 0044221 22/3557
Telex 444337

Historic Country Hotels

Die historischen Landhäuser Englands sind eine Hotelklasse für sich und häufig nicht nur von besonderer Schönheit (nebst entsprechend kostbarer Inneneinrichtung), sondern auch im Hinblick auf Gartenanlagen und Landschaft sehenswert. Meist ist die Küche exzellent, wenn auch die kleineren Häuser vielfach keinen Mittagstisch anbieten. Die Preise liegen zwischen £ 70 und £ 180 pro Übernachtung für ein Doppelzimmer einschließlich Frühstück und Abendessen (ohne Wein). Für ein Essen à la carte und ein richtiges englisches Frühstück werden Aufschläge berechnet.
Zahlreiche Häuser nehmen allerdings keine Kinder unter 12 Jahren auf, oder es muß die ausdrückliche Genehmigung der Hotelleitung eingeholt werden. In einigen Hotels dürfen kleine Kinder zwar übernachten, aber nicht an den Mahlzeiten im Restaurant teilnehmen! Eine objektive und ausführliche Beschreibung der Hotels bringt die englische Reisejournalistin Wendy Arnold in ihrem Führer „The Historic Country Hotels of England – A Select Guide", Thames and Hudson, £ 4.95.

At Home

Familienferien der Luxusklasse bietet ein Programm, das den schlichten Titel „At Home – Country Holidays" trägt. Dahinter verbirgt sich eine Anzahl ungewöhnlicher Privathäuser, z. B. das fünfhundert Jahre alte Muncaster Castle bei Ravenglass, Cumbria, das zweihundertundfünfzig Jahre alte Belchamp Hall in Sudbury, Suffolk oder Lumley Castle aus dem 13.

Jahrhundert in Chester-le-Street, Durham. Die Besitzer dieser Häuser nehmen Gruppen von Gästen in ihre gepflegten Heime auf und sorgen für entsprechende Beköstigung. Man kann, muß aber keinen Familienanschluß suchen. Auskünfte erteilt

At Home – Country Holidays
Gretchen Stevens
Lower House Farm
West Burton, Pulborough,
West Sussex
Telefon: 0044 798/8 18 00.

Das English Tourist Board empfiehlt Grandhotels, Hotels, Motels, Pensionen, Herbergen und Restaurants in Broschüren, die vom BTA in Frankfurt verschickt werden. Sie enthalten außerdem eine Kurzbeschreibung der umliegenden Dörfer und Städte mit den wichtigsten Touristenattraktionen und Karten. Zur Zeit sind folgende Führer verfügbar: *Hotels, Motels, Guesthouses & Universities, Farmhouses, Bed & Breakfast, Inns & Hostels, Self Catering Holiday Homes & Holiday Centres* (Ferienwohnungen und -zentren mit Selbstversorgung). Die Britische Zentrale für Fremdenverkehr in Frankfurt publiziert außerdem einen Jahresführer mit dem Titel „BTA Commended Country Hotels, Guest Houses & Restaurants".

Farm Holidays

Ferien auf dem Bauernhof: Die Spannbreite des Angebots reicht in England vom elisabethanischen Cottage über eine umgebaute Scheune aus dem 17. Jahrhundert bis zum ehemaligen Bischofssitz, vom großen Gut bis zum kleinen Hof mit Geflügelzucht. Man kann sich selbst verpflegen oder mit seinen Gastgebern essen, gelegentlich gibt es sogar einen Krug selbstgemachten Apfelweins gratis. Die Preise beginnen bei £ 7 pro Nacht und Person mit Frühstück und £ 12 mit Abendessen oder £ 50 wöchentlich für ein Häuschen mit Selbstverpflegung. Es gibt einen Führer „Farm Holidays in Britain – A Guide to Farm and Country Holidays", den die BTA in Frankfurt auf Anforderung kostenlos verschickt. Er listet alle Bauern- und Gutshöfe nach Regionen auf, gibt Sportmöglichkeiten und Preise an, inklusive einer kleinen Skizze des Hofes.

Gut und billig

„Staying off the Beaten Track" („Auf unbekannteren Pfaden") heißt der ungewöhnliche Führer der englischen Journalistin Elizabeth Gundrey. Er enthält Empfehlungen für Gasthöfe, kleine Hotels, Bauernhöfe und Landhäuser, die für wenig Geld viel bieten und noch nicht von Touristen überflutet sind. Der Führer ist in Buchhandlungen oder direkt über den Verlag zu beziehen
Hamlyn Paperbacks
Published by Arrow Books Limited
17–21 Conway Street
London W1P 6JD

Bed & Breakfast

Bett nebst Frühstück wird – und dies ist wirklich keine Übertreibung – am besten in England angeboten. In einem englischen Bed & Breakfast-Heim wird man nicht so sehr als zahlender Tourist, sondern als gern gesehener und zu verwöhnender Besucher empfangen. Bed & Breakfast ist eine Institution, die von feinen Leuten ebenso selbstverständlich genutzt wird wie vom Londoner Taxifahrer, der seiner Rugbymannschaft nachreist. Damit man auch hier nicht führerlos bleibt, hat die englische Zentrale der weltweiten Bed & Breakfast Association ein Buch herausgegeben, das 900 regelmäßig inspizierte Bed & Breakfast-Einrichtungen auflistet, darunter auch Herrenhäuser, Landhäuser, historische Pubs und moderne Stadtbungalows, von denen das älteste im Jahr 1084 und das jüngste 1984 er-

Studiosus Studienreisen
Unverwechselbar in Niveau und Substanz

Die Studiosus-Reiseleiter sind es, die den Mitreisenden (Interessierte aller Altersstufen) Land und Leute der Reiseländer zu einem unvergeßlichen Erlebnis werden lassen. In einem **anerkannt ausführlichen**, aber auch unkomplizierten **Stil**. Alle Reisen mit Halbpension und guten bis sehr guten Hotels. 2000 Termine zur Auswahl.

Einige Beispiele:

England–Schottland, 15/18 Tage	ab DM 3085.–
Südengland – Wales, 14 Tage	ab DM 3190.–
Schottland – Hebriden, 15 Tage	ab DM 3550.–
London – Windsor – Cambridge, 8 Tage	ab DM 1590.–
Grüne Insel Irland, 15 Tage	ab DM 3590.–
Große Südafrikareise, 22 Tage	ab DM 6240.–
Große Jemenreise, 16 Tage	ab DM 6950.–
Indien – Nepal, 23 Tage	DM 7250.–
Erlebnis Indien, 15 Tage	DM 5490.–
Burma – Thailand, 20 Tg.	DM 6850.–
China, 21/23 Tage	ab DM 6797.–

Über 200 verschiedene Studienreisen finden Sie im 280-Seiten-Katalog. Information, Beratung und Buchung **in guten Reisebüros** oder bei

Studiosus Studienreisen
Postfach 20 22 04, 8000 München 2, Telefon 089/52 30 00

Schwäbisch Hall
Die Stadt der Freilichtspiele

Individueller Urlaub, Freilichttheater günstige Pauschalen, DM 51.– U/HP mit Karte, 20.6. – 9.8.1986
Touristinfo 7170 Schwäbisch Hall, Am Markt 9, Telefon 0791/751246

MERIAN-Antiquariat – Die Fundgrube für vergriffene MERIAN-Hefte.
Bitte fordern Sie Antiquariatsliste an: Haldenwiesenstraße 25, 7333 Ebersbach

Frauen reisen
Hrsg. von Sabine Götz und Sonja Maier
304 Seiten, 75 Abb., nur 27,80 DM

Frauen sind bessere Reisende. Hier schreiben sie von Urlaubserfahrungen z.B., in der Türkei, in Südamerika oder Rom! Dazu eine Fülle von Tips und Informationen. Frauen reisen – Ihre Urlaubslektüre in jeder Buchhandlung.
Prospekte bei:
Verlag Kneidl und Pfaffinger
Benzstraße 21
8400 Regensburg · Tel. 0941/77560

Buchtip für Merianleser!

BEI ALLEN ANFRAGEN
beziehen Sie sich bitte auf diese MERIAN-Ausgabe Mittelengland u. d. Norden. Man wird Sie dann besonders rasch informieren.

TIPS UND HINWEISE

Zur Forelle in Lechlade

baut wurde. Der Führer gibt neben Adresse, Kurzbeschreibung, Preisen, Öffnungszeiten, Leistungen und Einrichtungen der jeweiligen Häuser einen Überblick über die regionalen Sehenswürdigkeiten, gute Restaurants im Umkreis, die Geschichte der betreffenden Grafschaft sowie eine übersichtliche Wegekarte. Der Bestseller unter den Führern „The Best Bed & Breakfast In The World – England, Scotland, Wales & Ireland" ist bei U. K. H. M. Books Publishing Ltd., Hempstead erschienen und kostet £ 3.99.

Es gibt ein vom Royal Automobile Club publiziertes „Handbook & Hotel Guide 1986" (£ 5.95) sowie den Führer „Recommended Hotels in Great Britain 1986", zusammengestellt von Hotelkenner Derek Johansen (£ 8.95) und „AA Guesthouses, Farmhouses & Inns in Great Britain 1986" (£ 4.93), die jeweils über die Automobilclubs bezogen werden können. Wer direkt buchen möchte, wende sich an

The Worldwide Bed & Breakfast Association
Suite Two
165 Cromwell Road
London SW5 OSL
Weitere Angebote finden Sie bei

Bed & Breakfast (GB)
P. O. Box 66
Henley-on-Thames
Oxfordshire RG9 1 XS
Tel. 0044 1/578803

ESSEN & TRINKEN

Die Meinungen über die Qualität des in Großbritannien angebotenen Essens könnten nicht weiter auseinandergehen. Das bedeutet jedoch nicht, daß man nicht auch in England internationale Haute Cuisine erster Güte oder hervorragende lokale Kochkunst finden kann. Die erstere ist sehr teuer, die zweite eher eine Frage der Kilometer, die man auf der Suche nach ihr zurücklegen möchte.

In den besseren Hotels ist das Essen meist gut, in einigen exzellent. Zu den Spezialitäten der nationalen Küche gehören die *roasts* aus Rinder-, Schweine- und Lammfleisch, die *stews*,

Altehrwürdig wie fast alle Pubs: *The Vines Pub* in Liverpool

in denen Fleischstücke und Gemüse zu einem dicken Eintopf verkocht werden, die *pies*, kalte und warme Fleisch- und Fischpasteten, sowie eine Vielzahl regionaler Spezialitäten. Gemüse als Beilage sind meist gedünstet und in Butter geschwenkt, Kartoffeln werden geröstet als Chips oder gekocht geboten und die Saucen speziell zum Fleisch serviert. Ausgezeichnet, weil sehr frisch, ist das Fischangebot, besonders der berühmte Lachs, der nicht nur in Schottland geangelt werden kann. Wer schwere Süßspeisen und Puddings liebt, kommt in England auf seine Kosten. Der Wagen mit den Nachspeisen stürzt kalorienbewußte Schlemmer in Gewissensnöte, und es ist schwer, auf Cremetorten, Obstaufläufe – *trifles* –, Sahnepuddings und Blätterteigpasteten zugunsten eines Obstsalats zu verzichten. Wer einen guten Tropfen Wein schätzt, muß damit rechnen, daß letzterer die Rechnung unangenehm verteuert. Die Weine sind hauptsächlich französischer, deutscher und italienischer Herkunft. Bedauerlicherweise hat Prinzgemahl Albert seiner Königin Viktoria eine Vorliebe für die süßeren Weine – allen voran den berühmten Hock aus Hochheim – beigebracht, so daß die feinblumigeren und herberen deutschen Rebsorten relativ selten auf britischen Weinkarten zu finden sind.

Das englische Bier schmeckt zwar anders als das deutsche, aber keinesfalls schlechter. Außerdem bieten die meisten Hotels auch kontinentale Biere, insbesondere diverse Pilsmarken, an. Zum Whisky sei gesagt, daß der Schotte seinen unverschnittenen *malt* pur und ohne Eis genießt; Kaffee schmeckt in England aufgrund anderer Röstverfahren und Mischungsgewohnheiten anders, und der traditionelle Tee wird fast überall im Teebeutel aufgebrüht, wobei zur Ehrenrettung dieser Methode gesagt werden sollte, daß dabei die geschmackliche Qualität nicht leiden muß, wenn die Beutel in luftdichten Behältern aufbewahrt werden.

Engländer verlassen sich vor allem auf die Restaurantempfehlungen des Experten Egon Ronay, der mit einem Stab von qualifizierten Mitarbeitern Englands Köche kritisch kategorisiert und die Ergebnisse in dem jährlich erscheinenden „Egon Ronay's Lucas Guide to Hotels, Restaurants & Inns" publiziert (£ 8,60). Für £ 9,95 kann der verläßliche „Good Food Guide" erworben werden, der bei Hodder & Stoughton verlegt wird und jährlich in Zusammenarbeit mit dem englischen Verbraucherverband entsteht.

Wer eine Reise zu den Besitzungen des National Trust macht, kann sich an dem kleinen Führer „Eating out with The National Trust" orientieren. Dem allgemein hohen Standard des National Trust sind meist auch die kleinen Restaurants angepaßt, die dem besichtigungsmüden Besucher ausgezeichnete englische Hausmannskost und lokale Spezialitäten zu ungewöhnlich günstigen Preisen bieten.

Für Bierkenner gibt die englische Vereinigung Campaign for Real Ale einen „Annual Good Beer Guide" heraus, zu beziehen über

Campaign for Real Ale
34 Alma Road
St. Albans, Hertfordshire
AL1 3BW
Telefon 0044 727/67201

In den englischen Pubs, die in der Regel Alkohol ausschenken, sind keine Kinder zugelassen. Diese gesetzliche Vorschrift wird überall streng beachtet, weshalb viele Pubs aus diesen Gründen Tische und Bänke im Freien aufgestellt haben, wo die Väter ihr Bier, die Kinder ihre Limonade und die Mütter ihr Glas Wein ohne Furcht vor dem Gesetzeshüter zu sich nehmen können.

Teestuben

Fast ein Äquivalent zur deutschen Konditorei sind die Teestuben Englands, die im 18. Jahrhundert die allenthalben so beliebten *coffee houses* zu verdrängen begannen. Mit der Eroberung Indiens war den Briten der Tee näher als der südamerikanische und afrikanische Kaffee, der für teures Geld importiert werden mußte. Eben noch als „Satanstrunk" von hohen Kirchenvätern verdammt, avancierte Tee zum nationalen Erfrischungsgetränk. Aus den Coffee Houses, in denen man auch ein Täßchen Tee trinken konnte, wurden *tea rooms,* wo nur die ganz Hartnäckigen noch einen Kaffee bekamen. Der Tee in Hunderten von Mischungen wurde zum festen Bestandteil des wirtschaftlichen und gesellschaftlichen Lebens, und das gesellige Beisammensein bei einer Tasse Tee, Sandwich, süßen Brötchen oder Kuchen erlebt soeben eine Renaissance. Der Nachmittagstee mit diesen Köstlichkeiten ist in Londons Luxushotels trotz des Pauschalpreises von 32 DM pro Person auf Tage vorher ausgebucht. Auch in den guten Teestuben außerhalb der Metropole tut man gut daran, sich vor der offiziellen *tea-time* einzufinden, will man nicht in der obligaten Schlange auf einen Tisch warten müssen.

Cumbria
Pennington Arms Hotel,
Main Street,
Ravenglass,
Lake District National Park Visitor Centre,
Brockhole,
Windermere
The Windermere Hotel,
Windermere
Kuchenspezialitäten der Gegend sind der Carrot Cake, Grasmere Gingerbread, Ginger Squares und ein Coconut Cake.
Northumberland
White Swan Hotel,
Bondgate Within,
Alnwick
Granary Café,
Heatherslaw Mill,
Cornhill-on-Tweed
The White Monk Tea Room

Blanchland near Consett,
Durham
George Hotel,
Chollerford near Hexham
Willo Teas,
35A St. George's Terrace,
Jesmond, Newcastle-upon-Tyne
Rose & Crown Hotel,
Romaldkirk near Barnard Castle,
Durham
The Seaburn Hotel,
Queen's Parade,
Seaburn,
Sunderland
The Clock Tower,
Wallington,
Cambo,
Morpeth
Last Drop Village Hotel,
Hospital Road,
Bromley Cross,
Bolton,
Lancashire
Gibbon Bridge Guest House & Restaurant,
Gibbon Bridge,
Chipping near Preston, Lancashire
Moorside Hotel,
Mudhurst Lane,
Higher Disley near Stockport,
Cheshire
Arley Hall & Gardens,
Near Northwich,
Cheshire
The Cobbled Corner,
2 Club Lane,
Chipping,
Preston,
Lancashire
The Priory,
Scorton,
Carstang near Preston,
Lancashire
Spezialitäten der Region: Lord Nelson Cake, Goosnargh Cake and Eccles Cake
Yorkshire & Humberside
Coxwold Tea Rooms,
School House,
Coxwold near York,
North Yorkshire
Bettys Café Tea Rooms,
1 Parliament Street,
Harrogate,
North Yorkshire
Crown Hotel,
Helmsley near York,
North Yorkshire
Bettys Café Tea Rooms,

32/34 The Grove,
Ilkley,
West Yorkshire
Nunnington Hall,
Nunnington near York,
North Yorkshire
Studley Royal Park Restaurant,
Studley Royal Park,
Studley Roger near Ripon,
North Yorkshire
Crown Hotel,
The Esplanade,
Scarborough,
North Yorkshire
Car and Kitchen,
Market Place,
Settle,
North Yorkshire
Beninbrough, Hall Restaurant,
Beninbrough Hall,
Shipton-by-Beninbrough

Topiary Garden in Leven's Hall zeigt, was Gärtner alles können

North Yorkshire
East Anglia
University Arms Hotel,
Regent Street,
Cambridge,
Cambridgeshire
Tawny Owl Restaurant,
70 High Street,
Debenham,
Suffolk
Acorns Bistro & Buttery,
Oak Street,
Fakenham,
Norfolk
Corn Dolly Restaurant,
High Street,
Great Bardfield, Braintree,
Essex
Trading Post Tea Rooms,
St. James Street,
Castle Hedingham,

Halstead,
Essex
The Marlborough at Ipswich,
Henley Road,
Ipswich,
Suffolk
The Bank House Tea Shop,
95 High Street,
Lavenham,
Suffolk
Britons Arms Coffee House,
9 Elm Hill,
Norwich,
Norfolk
Friars Restaurant,
Friars Street,
Sudbury,
Suffolk
Spezialitäten: Norfolk Vinegar Cake, Norfolk Scones, Chocolate Rose Cakes und nicht zuletzt die zarten Tea Cakes.

FEIERTAGE

Richtige Feiertage sind für den Engländer nur der Sonntag und die Bank Holidays (Neujahr, Ostern, Weihnachten). Falls der Feiertag auf einen Samstag oder Sonntag fällt, wird am Montag nicht gearbeitet. Der erste Montag im Mai ist Maifeiertag. Der letzte Montag im Mai ist *Spring Bank Holiday,* und der letzte Montag im August ist *Summer Bank Holiday.* Am Sonnabend sind die meisten Geschäfte bis siebzehn Uhr dreißig geöffnet.
Feiertage sind dem Engländer heilig. Sie gehören Familie, Haus, Garten.

TIPS UND HINWEISE

GARTENDUFT UND WALDESLUFT

Lebt der kühle Kopf des Engländers aus geschäftlichen Gründen häufig in der Stadt, so sind Herz und Seele doch stets auf dem Land. Grünes und Blühendes sind ihm seit keltischen Zeiten heilig, und die berühmten Gärten der Insel haben nicht allein aufgrund ihrer Flächenkapazität im Jahres- und Bevölkerungschnitt mehr Zulauf als die besten Fußball- oder Rugbyveranstaltungen. Selbst wer auf seinen Reisen der endlosen Schloß- und Herrenhausbesichtigungen müde geworden ist, Gärten und Parks vermögen selbst den blasiertesten Kenner mit irgendeinem originellen Winkel noch in Entzücken zu versetzen.

Die Britische Zentrale für Fremdenverkehr in Frankfurt verschickt kostenlos eine Karte von ihr empfohlener Gärten mit dem Titel „Gardens of England".

Die Gärten des National Trust sind in dem Führer „The Gardens of the National Trust" zusammengefaßt, der neben Öffnungszeiten, Eintrittspreisen auch wichtige Details und Anfahrtshinweise enthält.

Die Gardeners' Sunday Organization veröffentlicht eine Broschüre „Gardens to Visit", in der rund 350 private Gärten aufgeführt sind, die ihre Tore der Öffentlichkeit zu Wohltätigkeitszwecken öffnen. Auf keinen Fall sollte man bei einer Gartentour folgende Anlagen versäumen

Levens Hall, Cumbria
Als der Franzose Guillaume Beaumont, ein Schüler André Le Nôtres, zwischen 1690 und 1720 für Oberst James Grahme Garten und Park von Levens anlegte, konnte er kaum ahnen, welche ungeheuren Ausmaße das damals zierliche Muster von beschnittenen Eiben und Buchsbäumchen einmal annehmen würde. Die übermannshohen, immer noch zu Figuren gestutzten Eiben und Buchsbäume sind inzwischen zum weithin bekannten, immer wieder fotografierten Wahrzeichen von Levens Hall Gardens geworden.

Vor Einführung der elektrischen Heckenschere waren vier Gärtner allein mit dem Stutzen und Beschneiden der berühmten Bäume sechs Wochen lang ununterbrochen beschäftigt. Auch heute werden „Die Perücke des Richters", „Regenschirmbaum" und der „Howard Löwe" nebst Gefährten nur mit Hilfe von zwei Gartenexperten daran gehindert, in kürzester Zeit aus der Beaumontschen Façon zu geraten.

Somerleyton Hall, Suffolk
Als der reiche Eisenbahn-Unternehmer Sir Morton Peto 1843 Haus und Boden von Somerleyton Hall erwarb, scheute er keine Kosten, um die Anlage den viktorianischen Vorstellungen von Luxus anzupassen. William Andrews Nesfield, einer der gesuchtesten Landschaftsarchitekten seiner Zeit, legte den Garten in enger Zusammenarbeit mit Joseph Paxton an. Joseph Paxton, der 1851 den berühmten Kristallpalast für die Londoner Weltausstellung baute, zeichnet auch verantwortlich für den ummauerten Garten (Walled Garden), die Kamelienhäuser und die filigranen Gewächshäuser.

Wallington, Northumberland
Wer sehen möchte, wie deutlich Zeitgeschmack und Gärtnerpersönlichkeiten ihre Spuren in einem Garten hinterlassen können, findet in Wallington Gardens ein Paradebeispiel. Die Anlage aus dem 17. Jahrhundert, seit 1941 im Besitz des National Trust, wurde von jedem der folgenden Besitzer mit neuen Aspekten versehen. Besonders interessant ist der Walled Garden, den der National Trust mit viel Aufwand und Sachkenntnis nach alten Plänen restauriert hat.

Fountains Abbey, North Yorkshire, Studley Royal Garden
In dem bewaldeten Tal von Skelldale läßt sich die Revolution der Landschaftsgestaltung im 18. Jahrhundert von den ersten zaghaften Versuchen bis zum endgültigen romantischen Triumph einer künstlichen Naturlandschaft nachvollziehen. Mittelpunkt dieser Landschaft sind die Ruinen des Zisterzien-

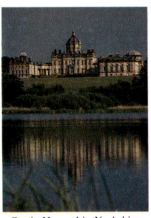

Castle Howard in Yorkshire

serklosters, das im 12. Jahrhundert gegründet wurde.

Castle Howard, North Yorkshire
Um das für die Howard Familie zu Beginn des 18. Jahrhunderts vom Architekten Sir John Vanbrugh erbaute Haus erstreckt sich einer der wichtigsten und frühesten Landschaftsgärten der Insel, dem in späteren Jahrhunderten noch ein formeller Garten und zwei Rosengärten hinzugefügt wurden.

Weitere Einzelheiten der meist nur während der Sommermonate zugänglichen Gärten und botanischen Parks durch
**Gardeners'
Sunday Organization**
White Witches
8 Mapstone Close
Glastonbury, Somerset
Tel. 0044 58/331 19
The National Gardens Scheme
57 Lower Belgrave Street
London SW1W OLR
Tel. 00441/7300359
The Royal Horticultural Society
P. O. Box 313
80 Vincent Square
London SW1 2PE
Tel. 00441/8344333

AUSSICHTSPUNKTE

Der Reiz von Englands Mitte und Norden liegt im Gegensatz von Städten und Landschaften. Wer Fahrt und Aufstieg nicht scheut, findet außerhalb der Mauern erstaunliche Aussichten.

Helvellyn, Cumbria
Der 950 m hohe Helvellyn ist nach dem 978 m hohen Scafell Pike der zweithöchste Gipfel Englands und nach den Besucherzahlen der beliebteste aller englischen Berge. Er ist durch viele Aufstiegsmöglichkeiten gut zugänglich.

Flamborough Head, Humberside
Über einen schmalen Pfad auf dem Klippenrücken können wagemutige (und schwindelfreie) Aussichtslustige den Kreidefelsen von Flamborough Head mit seinem Leuchtturm erreichen, der im 10. Jahrhundert Schauplatz einer erfolgreichen Wikinger-Invasion war.

High Force und Cauldron Snout, Northumberland
Der 21 m hohe Wasserfall schäumt zwischen hohen Felsen in die Tiefe, und der gut 6 km westlich gelegene Cauldron Snout stürzt über 60 m tief.

The Tarns, Cumbria
Einer der schönsten kleinen Seen des Lake District mit einem wunderbaren Blick auf die umgebenden Berge einschließlich Red Screes, Fairfield und die Helvellyn Kette.

Beeston Castle, Cheshire
Von den Ruinen des aus dem 13. Jahrhundert stammenden Beeston Castle südöstlich von Chester auf dem Gipfel der Peckforton Hills geht der Blick in die Ferne über acht Grafschaften.

The Long Mynd, Shropshire
Eine zehn Meilen lange Hügelkette mit Heide- und Moorlandschaft, deren uralter Wanderpfad, der Port Way, über die Kuppen führt und dem Wanderer den schönsten Blick auf die umgebende Landschaft gewährt. Das ganze Gebiet ist im

Besitz des National Trust.
Wrekin Peak, Shropshire
Südwestlich von Telford, inmitten einer flachen Flußlandschaft, erhebt sich der 400 m hohe Felsen, von dessen Gipfel man einen Blick weit über die fruchtbaren Ebenen genießen kann.
Coppice Hill, Cannock Chase, Staffordshire
Von dem 200 m hohen Coppice Hill überblickt man eine 70 Quadratkilometer umfassende Moor- und Waldlandschaft, die inzwischen zu Englands geschützten Naturlandschaften gehört. Es sind die Reste der großen Jagdgründe der Plantagenet Könige.

SPORT UND FREIZEIT

Für aktiven Urlaub ist England ideales Terrain. Weiterführende Auskünfte und Informationen über
Central Council of Physical Recreation
Francis House
Francis Street
London SW18 1EH
Tel. 00441/8283163
Sports Council
16 Upper Woburn Place
London WC1H 9QP
Tel. 00441/3881277

Kanalfahrten

Dieses Freizeitvergnügen wird auf S. 110 ausführlich beschrieben. Mehrere Dutzend Verleihfirmen bieten Boote für 2 bis 12 Personen ohne Begleitpersonal an. Die Kosten liegen bei etwa £ 148 bis £ 235 wöchentlich für ein Boot mit 2 Kojen je nach Jahreszeit und £ 200–380 für 6 Kojen.
British Waterways Board
Pleasure Craft Licensing Officer (zuständige Stelle für Bootslizenzen)
Willow Grange
Church Road
Watford; Hertfordshire WD1 3QA
Tel. 0044 923/26422
Inland Waterways Association
114 Regent's Park Road
London NW1 8UQ
Tel. 00441/5862556
Association of Pleasure Craft Operators
35a High Street
Newport, Shropshire TF10 8JW
Tel. 0044 952/813572

Paddeln

England ist ein Paradies für Kanusportbegeisterte. Mit Ausnahme von Teilstrecken auf Themse, Severn und Wye existiert für die Mehrzahl der Flüsse und Wasserwege jedoch kein öffentliches Wegerecht, so daß vor Befahren des betreffenden Wasserweges vorher die Genehmigung des jeweiligen Besitzers einzuholen ist. Für die vom British Waterways Board kontrollierten Wasserwege ist eine Lizenz notwendig. Auskünfte
British Canoe Union
Flexel House
High Street
Addlestone near Weybridge KT15 1JV
Telefon 0044 932/41341
British Waterways Board
Pleasure Craft Licensing Officer (siehe oben)
Sports Council
16 Upper Woburn Place
London WC1 HoQP
Telefon 00441/3881277

Segeln

Es gibt mehr als 500 anerkannte Segelsportzentren entlang der britischen Küste und an den zahlreichen Seen, Stauseen und Flüssen. Viele der über 500000 Segelenthusiasten gehören einem der etwa 1500 Clubs an, die der Royal Yachting Association, der Königlichen Yachtvereinigung, angeschlossen sind. Da die Segelrechte auf Binnengewässern im Gegensatz zur See auf Clubmitglieder beschränkt sind, sollten z. B. Erkundigungen eingezogen werden, bevor man ein eigenes

Bei North Worsley: per Hausboot auf Englands Kanälen

Boot nach England mitnimmt. Auskünfte
Royal Yachting Association
Victoria Way
Woking, Surrey, GU21 1EQ
National Sailing Centre
Arctic Road
West Cowes I0W
Outward Bound Trust
2 Upper Belgrave Street
London SW1X 8BA
Tel. 00441/2354286
Sail Training Association
2A The Hard
Portsmouth PO1 3PT
Tel. 0044705/832055
The National Yacht Harbour Association
Boating Industry House
Vale Road
Oatlands
Weybridge, Surrey KT13 9NY
Tel. 0044932/54511
Telex 885471
Sailing Training Association
5 Mumby Road
Gosport, Hampshire PO12 1AA
Tel. 0044705/586367
Royal Ocean Racing Club
20 St. James's Palace
London SW1A 1NN
Tel. 00441/4935252/4994264

Angeln

Binnengewässer in Großbritannien gehören entweder Privatpersonen oder einer Institution. Bevor man daher die Rute auswirft, ist in jedem Fall die Genehmigung des Besitzers einzuholen. In den meisten Fäl-

Ohne Genehmigung oder Lizenz sollte man nicht angeln gehn

len ist das Vergnügen mit einer Gebühr verbunden. Da Süßwasserfischerei in England von zehn regionalen Wasserbehörden kontrolliert wird, benötigt der Angler hier eine offizielle Lizenz der zuständigen Behörde.
Für Lachs und Forelle ist in

TIPS UND HINWEISE

jedem Fall eine Angellizenz erforderlich. Salzwasserfische können mit Ausnahme von Flußmündungen frei gefischt werden. Dort ist eine Lizenz für das Angeln von Seeforellen notwendig.

Es gibt eine generelle Schonzeit für alle Fischarten, während der das Angeln verboten ist (ca. Oktober bis April/Mai) und unterschiedliche Schonzeiten für Lachs und Forelle. Bei folgenden Behörden kann man eine Lizenz erwerben

Anglia
Ambury Road,
Huntingdon, Cambridgeshire
Tel. 004480/56181

Nordwest
New Town House
Buttermarket Street
Warrington
Tel. 004492 5/539 99

Northumbria
Northumbria House
Regent Street
Gosforth, Newcastle-upon-Tyne,
Tel. 0044632/84315

Severn-Trent
Abelson House
2297 Coventry Road,
Sheldon, Birmingham,
Tel. 004421/4434222

Yorkshire
West Riding House
67 Albion Street,
Leeds,
Tel. 0044532/448201

Auskünfte und Informationen erteilen außerdem

National Anglers' Council
11 Cowgate
Peterborough, PE1 1LZ
Tel. 0044735/54084

The National Federation of Anglers
Halliday House
2 Wilson Street, Derby DE1 1PG
Tel. 0044332/362000

National Federation of Sea Anglers
26 Downsview Crescent
Uckfield, Sussex TN22 1UB
Tel. 0044825/3589

Shark Angling Club of Great Britain
The Quay
Laoe, Cornwall
Tel. 0044503/3375/2642

Radfahren

Trotz einer begrenzten Zahl von Radwegen ist England für den Radsportler das Paradies auf Erden. Die Einstellung des englischen Autofahrers trägt viel zur ungetrübten Fahrfreude bei. Ihm sind Radsportler selbst im dichtesten Straßenverkehr Londons keine lästigen Objekte, sondern Verkehrsteilnehmer, um die er respektvoll einen Bogen macht. In ländlichen Bezirken wird diese Einstellung noch deutlicher, und es kann durchaus vorkommen, daß der fremde Radler sich unversehens von einem vorbeifahrenden Autofahrer zum Tee eingeladen sieht. Wer sein eigenes Rad mitnehmen möchte, sollte auf alle Fälle ein Kennzeichen tragen. Unsere Luxusräder finden auch in England manchen Liebhaber, der soviel glänzender Versuchung nur schwer widerstehen kann, und ohne Kennzeichen ist es für

Wie im Chapel Dale durchziehen die Steinmauern die ganzen Dales

die örtliche Polizei schwer, entwendetes Gut zu identifizieren. Auskünfte erteilen

Bicycle Association of Great Britain Ltd.
Starley House
Eaton Road
Coventry CV1 2FH
Tel. 0044203/553838

Cyclists Touring Club (CTC)
Cotterell House
69 Meadrow
Godalming, Surrey GU7 3HS
Tel. 004448/687217

Wandern

160000 Kilometer Wander- und Reitwege erwarten den Wanderfreudigen allein in England und Wales. Sie führen mitten in das grüne Herz Englands und eröffnen ihm Landschaften, die ihm sonst unerschlossen blieben. Die Countryside Commission, die englische Landschaftskommission, hat nicht nur für jene gesorgt, die auf Schusters Rappen nur so von einem Dörfchen zum anderen spazieren wollen. Wandern kann auch als durchaus ernsthafter Distanzsport betrieben werden. So verbindet beispielsweise Edale in Derbyshire und Kirk Yetholm im nördlichen Grenzland zwischen England und Schottland ein 400 Kilometer langer Wanderweg, und der Cleveland-Pfad in Yorkshire schlängelt sich über eine Entfernung von 150 Kilometer durch die Landschaft. Darüber hinaus gibt es mehr als dreißig über 15 Kilometer lange, gut gekennzeichnete Erholungswege, die relativ leichte Anforderungen an den Wanderer stellen. Auskünfte bei

Long Distance Walkers Association
29 Appledown Close
Alresford, Hampshire SO24 9ND
Telefon 004496273/4939
(Fördert organisierte Wanderungen in bergigen und ländlichen Bezirken über mittlere und weite Distanzen)

Ramblers Association
1–5 Wandsworth Road
London SW18 2LJ
Telefon 00441/5826878

Countryside Commission
(Nationalparks und Langstrecken-Wanderwege)
John Dower House
Crescent Place
Cheltenham GL50 3RA
Telefon 0044242/521381

Forestry Commission
231 Corstorphine Road
Edinburgh EH12 7AT
Telefon 004431/3340303

Nature Conservance Council
19–20 Belgrave Square
London SW1 X8PY
Telefon 00441/2353241

Reiten

In England gibt es annähernd zwei Millionen Reiter jeden Alters und über 520 von der britischen Reitsportvereinigung anerkannte Reitschulen. Die stämmigen, gutmütigen Ponys und Kleinpferde sind die besten Spielgefährten der Kinder, und die bei uns so beliebten Reitferien finden in England nach Schulschluß und am Wochenende statt. Für Anfänger und Fortgeschrittene gibt es eine Unzahl an Reitkursen und Reiterurlauben, die vom Tagesritt bis zu mehrwöchigen Überlandritten reichen. Reiterhöfe und -hotels sind in England meist gerne bereit, auch unbegleitete Jugendliche aufzunehmen. Auskünfte

Association of British Riding Schools
7 Deer Park Road
Satry, Huntingdon
Cambridgeshire PE17 5TT
Telefon 0044 78/830043

British Equestrian Centre
Stoneleigh
Kenilworth, Warwickshire VC8 2LR
Tel. 0044203/52241

The „Ponies of Britain"
Ascot Racecourse
Ascot, Berkshire SL5 7JN
Tel. 0044990/26925
(Inspiziert u. a. regelmäßig Zentren für Reiterferien und gibt eine Liste mit über 200

anerkannten Unternehmen dieser Art kostenlos heraus.)

Polo

England ist das klassische Land des Polosports in der westlichen Welt. Wer Polo der Weltklasse als Zuschauer erleben möchte,

bury, Canterbury, Kent CT4 8DB
Tel. 0044227/730704

Jagen

Es muß ja nicht die Fuchsjagd zu Pferde sein, die das Herz des Jägers höher schlagen läßt.

Leicester: Sammeln zur umstrittenen Fuchsjagd hoch zu Roß

erhält die Daten von der
Hurlingham Polo Association
Ambersham Farm
Ambersham, Midhurst, West Sussex GU29 OBX
Tel. 0044 79/852 77

Pferderennen

Es ist nahezu unmöglich, während der Saison einen Wochentag ohne Rennveranstaltung zu finden, und das lokale Wettbüro gehört überall zum Stadtbild. Auskünfte
Racing Information Bureau
Winkfield Road
Ascot, Berkshire SL5 7HX
Tel. 00449 90/259 12

Mittelalterliche Turniere

Mit viel Spaß an der Sache und ohne tierischen Ernst veranstalten Vereine, Schloß- und Burgbesitzer mittelalterliche Turniere zu Pferd, *jousting* genannt, die nicht nur für Kinder ein großes Vergnügen sind. Auskünfte
Jousting Association of Great Britain
British Jousting Centre
Chilham Castle, nr. Canter-

Auch zu Fuß bieten Nieder- und Hochwild ausreichend Gelegenheit, sein Weidmannsheil zu versuchen. Auskünfte
British Field Sports Society
59 Kennington Road
London SE1 7PZ
Tel. 00441/9284742
Masters of Foxhound Association
Parsloes Cottage
Bagendon, Cirencester, Glos GL7 7DU
Tel. 004428/583470

Golf

Auf der Insel Volkssport und keineswegs den oberen Zehntausend vorbehalten. Darum muß man manchmal früh aufstehen, will man den Schläger schwingen. Auskünfte
English Golf Union
12a Denmark Street
Wokingham, Berkshire RG 11 2BE
Tel. 00446734/781952
English Ladies Golf Association
52 Boroughgate, Otley, West Yorkshire, LS21 1QW
Tel. 0044943/464010
Royal and Ancient Golf Club of St. Andrews
Fife, KY16 9JD
Tel. 0044334/72112

EINKAUFEN

Antiquitäten

Zu den beliebtesten Kaufobjekten der Englandfahrer gehören Antiquitäten, die von der kompletten Regency Eßgarnitur bis zum versilberten viktorianischen Fischbesteck oder der Art-Deco-Brosche aus Bakelit reichen. Seit Cromwells Truppen die Klöster und Landsitze katholischer und königstreuer Briten zum letzten Mal stürmten, waren Axt, Kaminfeuer und Abfalleimer die ärgsten Feinde irdischer Güter, wenn sich die Geschmäcker wieder einmal gewandelt hatten. Was übrig blieb, ist immer noch unglaublich viel. Neben den größten Städten wie Cambridge, York oder Lincoln be-

Antiquitätenladen in York

finden sich hochkarätige Fundgruben in Chester (Cheshire), Kendal (Cumbria), King's Lynn (Norfolk), Stamford (Lincolnshire) und Harrogate und Ripon (das 1986 seinen 1100sten Geburtstag feiert). Neben *junkshops,* die Nachlässe vertreiben, sind die *antique-markets* oder *antique-centres* interessant, wo Händler mit unterschiedlichem Angebot ihre guten Stücke gemeinsam ausstellen.

Wer Glück hat, gerät während der Durchreise in einen der zahlreichen Antiquitätenmärkte, die immer einen Abstecher wert sind. Die Termine der Märkte und Messen gehen zum größten Teil aus dem vom English Tourist Board veröffentlichten „Calendar of Events" hervor, der beim Britischen Fremdenverkehrsamt in Frankfurt angefordert werden kann.

Ist dem Feilschen um Preise im Junkshop lediglich eine nervliche Grenze gesetzt, lassen etablierte Antiquitätenhändler selten mehr als 10 bis 15 Prozent des ausgewiesenen Verkaufspreises nach.

Bedenkt man jedoch, daß ein großer Teil der auf dem Kontinent angebotenen antiken Gegenstände aus England kommt und alle dadurch entstehenden Unkosten die Endpreise in der Bundesrepublik nicht eben reduzieren, lohnt sich der Direkteinkauf allemal.

Die größeren Händler haben zudem regelmäßige Transporte zum Kontinent und in die Bundesrepublik und sind erfahrungsgemäß gerne bereit, größere Objekte zu relativ günstigen Bedingungen beizuladen. Die in Großbritannien zu zahlende Umsatzsteuer kann bei Export in die Bundesrepublik zurückgefordert werden. Dazu ist vom Händler ein Formblatt auszufüllen, das der Käufer am Ausfuhrhafen vom britischen Zoll abstempeln läßt und an den Verkäufer der Ware zurückschickt, der ihm daraufhin den gezahlten Steuerbetrag rückerstatten muß.

Bei Gegenständen, deren Wert 460 DM überschreitet, ist bei Betreten der Bundesrepublik die sogenannte Einfuhrumsatzsteuer in Höhe von 14 oder 7 Prozent des Kaufpreises je nach Art des Gegenstandes zu entrichten. In einigen Fällen entfällt die Einfuhrumsatzsteuer ganz. Bei Gegenständen im Werte von weniger als £ 16000 und einem Alter von über 50 Jahren sind Ausfuhrpapiere nicht erforderlich. Ausgenom-

TIPS UND HINWEISE

In der Altstadt von York

men von dieser Regelung sind Gegenstände von nationalem historischen Interesse wie Originalmanuskripte, historische Porträts usw. Antiquitäten im Alter von mehr als 100 Jahren sind zoll- und mehrwertsteuerfrei, wenn eine entsprechende Bescheinigung des Antiquitätenhändlers vorliegt.
Wer mehr wissen will, wende sich an
The British Antique Dealers' Association Ltd.
20, Rutland Gate
London S.W.7 1BD
Telefon 00441/5894128

Ein guter Führer, der nach Grafschaften geordnet in alphabetischer Reihenfolge die meisten seriösen Antiquitätenhändler mit Adresse, Telefonnummer, Öffnungszeiten sowie einer Kurzbeschreibung des Warenangebots aufführt, ist
Guide to The Antiques Shops of Britain
Antique Collectors' Club
5 Church Street
Woodbridge, Suffolk, England
£ 7.95

GELD

Neben Bargeld können überall Kreditkarten verwendet werden. Selbst in kleinen Dorfläden werden die gängigen Kreditkarten wie American Express, Eurocard, Diners und Visa akzeptiert. Euroschecks sind nicht zu empfehlen. Neu ist die Möglichkeit, Theaterkarten telefonisch unter Angabe der akzeptierten Kreditkartennummer zu buchen.

Noten und Münzen

Beim Herausgeben von Pfundnoten sollte darauf geachtet werden, daß man nicht unversehens ein irisches oder schottisches Pfund in der Hand hält. Obgleich jede Bank diese Noten anstandslos umtauscht, ist nicht jeder Geschäftsmann bereit, sie anstelle einer englischen Pfundnote in Zahlung zu nehmen.

Eintausch

Reiseschecks, Schecks und Bargeld sollten vorzugsweise bei einer Bank eingetauscht werden, obwohl auch hier die Wechselkurse zwischen den einzelnen Geldinstituten erheblich variieren können. Hotels und Wechselstuben bieten in der Regel sehr viel ungünstigere Kurse.

MUSEEN

Wohl nirgendwo sonst auf der Welt sind so viele, so alte und so bahnbrechende Zeugen vom Beginn der Industriellen Revolution zu besichtigen – an frischer Luft und im Museum. Wie ein Detektiv kann man in Englands Mitte und Norden dem auf der Spur sein, was auch das 20. Jahrhundert noch geprägt hat. Wir müssen nur unsere Vorstellungen von museumswürdigen Dingen ein wenig der Zeit anpassen. Und natürlich kommen Technikfreaks hier ganz besonders auf ihre Kosten.

National Railway Museum, York

Nur wenige Schritte vom Bahnhof entfernt ist eine der umfangreichsten Ausstellungen historischer Lokomotiven und Personenwagen Großbritanniens zu sehen. Ebenfalls ausgestellt sind die Diversen Accessoires des Bahnwesens: Abzeichen von Schaffnermützen, Pfeifen und Schienen aus Holz.

The Ironbridge Gorge Museum

am Severn bei Wellington wurde 1968 gegründet, um der Nachwelt Einrichtungen zu erhalten, die Ende des 18. Jahrhunderts in der Erzeugung und Verwendung von Eisen richtungsweisend waren.
Zu sehen ist in diesem Freilichtkomplex nicht nur die erste Eisenbrücke der Welt, die 1780 gebaute Iron Bridge über den Severn, sondern auch drei weitere Museen. Sie sind von April bis Oktober täglich von 10 bis 18 Uhr und von November bis März zwischen 10 und 17 Uhr geöffnet. Geschlossen sind die Museen nur über Weihnachten.

Iron Museum, Coalbrookdale

Der Weg des Eisens, von der Verhüttung bis zum fertigen Produkt, sei das nun eine Lokomotive, eine Brücke oder nur Zierat, wird hier aufgezeigt. Die Tradition der Eisenverarbeitung in Coalbrookdale ist über 400 Jahre alt.

China Works Museum, Coalport

Gezeigt wird die über 200 Jahre alte Geschichte einer Porzellanfabrik. Zu sehen sind nicht nur die ausgestellten Produkte der Firma, sondern auch die Werkstätten und Brennereien.

Open Air Museum, Blists Hill

Ein Freilichtmuseum, das vom Metzgerladen bis zu den Hochöfen, von der Schmiede bis zur Kerzenfabrik eine komplette Ortschaft aus dem 19. Jahrhundert vorführt.

DER BESONDERE TIP

Millionen alte Souvenirs

„As black as jet" lautet eine englische Redewendung – so schwarz wie Jet. Das fossile Holz ist ein Überbleibsel versunkener Wälder aus der Periode des Jura vor 180 Millionen Jahren. Früher wurde es in zahlreichen kleineren Minen rund um das Küstenstädtchen Whitby abgebaut. Gelegentlich kann man heute Jetbrocken entdecken, die das Meer an Land spült.
Whitby entwickelte sich im 19. Jahrhundert zum Zentrum der Jet-Industrie: In Heimarbeit, in kleinen Werkstätten und später auch in großen Hallen mit hundert und mehr Arbeitern wurde das Material geschnitten, geschnitzt und poliert. Es entstanden schwarzglänzende Schmuckstücke, Lesezeichen, Siegel, Federhalter, Miniaturmöbel, kleine Tierfiguren.
In der ersten Hälfte des vergangenen Jahrhunderts kam mit dem Ausbau der Eisenbahnen der Erholungsaufenthalt am Meer in Mode. Und weil schon damals eine Reise ohne Souvenirs nichts wert war, brachten die Urlauber aus Whitby Broschen und Armbänder aus Jet mit. Als 1861 Queen Victorias Gemahl Prince Albert starb

Mit der alten Dampflok geht es über den Dent Head Viadukt

und bei Hofe zur Trauerkleidung nur noch Schmuck aus Jet getragen werden durfte, fielen plötzlich die Juweliere aus London zu Hunderten in Whitby ein und kauften die Geschäfte leer. Mitten in der Glanzzeit des Jet, im Jahre 1872, waren in 200 Läden und Werkstätten rund 1500 Männer, Frauen und Kinder beschäftigt.

Viele besonders kostbare Schmuckstücke, teilweise mit Gold, Perlen, Muschelkameen, Edelsteinen oder Straß verarbeitet, zeigt Tommy Rowe in seinem Antiquitätengeschäft in der Sandgate, gleich beim Hafen. Schon sein Großvater hat Jetschmuck in alle Welt verkauft. Neben teuren alten Sammlerstücken bietet Rowe auch neue Colliers, Ohrringe, Amulette oder Ringe aus Jet und Silber an.

In den letzten Jahren haben sich Kunsthandwerker und Künstler wieder an das schwarzglänzende Material erinnert, das seit der Jahrhundertwende rasch aus der Mode gekommen war. Liebhaber, die sich auskennen, finden manchmal noch recht preiswert alten Jetschmuck auf den Flohmärkten, insbesondere in London.

Mehrere Museen geben einen Einblick in das Handwerk der Jetschnitzer und zeigen historischen Schmuck, darunter das Whitby Museum (Tel.: 0044947/2908) und das York Castle Museum (Tel. 0044904/53611).

BÜCHER

MERIAN Heft 6/34: Englands Süden
Hamburg: Hoffmann und Campe, 19..; 98 S., zahlr. Abb., MERIAN-Karte, 12,80 DM

MERIAN Heft 11/30: London. Hamburg: Hoffmann und Campe, 19..; 198 S., zahlr. Abb., MERIAN-Karte, 12,80 DM

MERIAN Heft 4/32: Schottland. Hamburg: Hoffmann und Campe, 19..; 106 S., zahlr. Abb., MERIAN-Karte, 12,80 DM

MERIAN Heft 6/33: Wales. Hamburg: Hoffmann und Campe, 19..; 98 S., zahlr. Abb., MERIAN-Karte, 12,80 DM

Automobile Association (Ed.): AA Illustrated Guide to Britain. London: Drive Publications, 1984, 544 S., zahlr., Ph. u. Ktn.; 12,95 £

Blake, Robert (Hg.): Die englische Welt. Geschichte, Gesellschaft, Kultur München: C. H. Beck, 1983; 268 S., 306 Abb., 221 Ph., Ktn., Zeichng.; 148 DM

Brontë, Charlotte: Jane Eyre. 1981, Ullstein Bücher 30123, Berlin 1981, 9,80 DM

Brontë, Emily: Die Sturmhöhe. Insel Tb 141, Frankfurt 1975, 368 S., 12 DM

Brock, Gabriele: England und Wales (Grieben-Reiseführer, Bd. 243). München: K. Thiemig, mehr. Ktn., 1984, 268 S., 6. Aufl., Straßenübersichtskarte, 14,80 DM

Coroll, Lewis: Alice im Wunderland. Insel Tb 42, Frankfurt 19.., 150 S., 7 DM

derselbe: Alice hinter den Spiegeln. Insel Tb 97, Frankfurt 1974, 140 S., 8 DM

Coleridge, Samuel Taylor: Gedichte. Engl./dt., Reclams UB 9484, Stuttgart 19.., 6,90 DM

Conrad, H. E.: England (Landschafts-Bücher). München: Prestel, 1977; 820 S., 485 farb. u. s/w-Abb.; 42 DM

Fontane, Theodor, Wocker, Karl Heinz, Stewart, Julie: Schottland. dtv MERIAN reiseführer. Hamburg und München 1984, 288 S., zahlr. Abb. u. Ktn., 18,80 DM

Herriot, James: Der Doktor und das liebe Vieh. Reinbek 1979, rororo Tb 4393, 6,80 DM

derselbe: Der Tierarzt. Reinbek 1980, rororo Tb 4579, 6,80 DM

derselbe: Der Tierarzt kommt. Reinbeck 1982, rororo Tb 4910, 6,80 DM

derselbe: Von Zweibeinern und Vierbeinern. Reinbek 1984, rororo Tb 5460, 6,80 DM

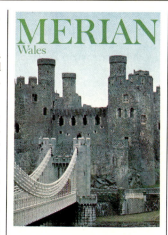

Hill, Roland/Jäger, Helmut u. a.: Großbritannien (Bucher Länderbände). München: C. J. Bucher, 1981, 88 farb. u. 58 s/w-Abb.; 98 DM

Klingender, Francis D.: Kunst und industrielle Revolution. Königstein: Syndikat, 1976; 269 S., 124 Abb.; 38 DM

Kluxen, Kurt: Geschichte Englands, Stuttgart: A. Kröner, 3. Aufl. 1985; 916 S.; 34 DM

Leonhardt, Rudolf W.: 77mal England (Piper Panoramen der Welt). München: R. Piper, 13. Aufl. 1983; 433 S., 22 Ph.; 39,80 DM

Maletzke, Elsemarie, Schütz, Christel: Die Brontë-Schwestern. Leben und Werk in Daten und Bildern. Insel Tb 814, Frankfurt 1985, 220 S., 12 DM

Merten, Ruth: England (Walter-Reiseführer). Olten: Walter, 2. Aufl. 1984; 415 S., zahlr. Kt., Pläne, Zeichng.; 36 DM

Reynolds, Graham: Constable's England. Berlin: Frölich u. Kaufmann, 1983; 184 S., 64 farb. u. 17 s/w-Abb., 68 DM

Schäfke, Werner: Englische Kathedralen. Eine Reise zu den Höhepunkten englischer Architektur von 1066 bis heute (DuMont Kunst-Reiseführer). Köln: DuMont, 3. Aufl. 1985; 340 S., 36 farb. u. 108 s/w-Abb., 122 Zeichng.; 36 DM

Selmeier, Franz: Eisen, Kohle und Dampf. Die Schrittmacher der Industriellen Revolution (Kulturgeschichte der Naturwissenschaften und der Technik; rororo Tb 7712). Reinbek: Rowohlt, 1984; 252 S., zahlr. Abb.; 14,80 DM

Standop, Ewald/Mertner, Edgar: Englische Literaturgeschichte. Wiesbaden: Quelle & Meyer, 4. Aufl. 1983; 755 S.; 68 DM

Sterne, Laurence: Das Leben und die Meinungen des Tristram Shandy. Frankfurt 19.., Insel Tb 621, 700 S., 18 DM

Wirth, Fritz; Gatz, Chris; Carstensen, Heidede: London. dtv MERIAN Reiseführer. Hamburg und München 1986; 288 S., zahlr. Abb. u. Ktn., 19,80 DM

AUSKÜNFTE

Für die Bundesrepublik und Österreich: Britische Zentrale für Fremdenverkehr, Neue Mainzer Straße 22, 6000 Frankfurt am Main 1, Tel. 069/2380750.

Für die Schweiz: Britische Fremdenverkehrswerbung, Limmatquai 78, CH-8001 Zürich, Telefon 01/474297.

Für Österreich: Britische Fremdenverkehrswerbung, Wiedner Hauptstr. 5/8, A-1040 Wien, Tel. 0222/650376.

In London: The English Tourist Board, Thames Tower, Black's Road, London W6 9EL, Tel. 00441/8469000.

In Cambridge: Tourist Information Center, Wheeler Str., Tel. 0044223/358977.

In Oxford: Tourist Information Center, St. Aldgates, Tel. 0044865/726871/2.

In Liverpool: Merseyside Tourist Office, 29 Lime Str. (vor dem Zentralbahnhof), Tel. 004451/7093631/8681.

In York: Tourist Information, Exhibition Square, Tel. 0044904/21756.

In Windermere (Lake District): Tourist Information direkt neben dem Bahnhof, Tel. 0044966/24561.

Über Nationalparks: National Trust, Member Ship Dept., PO Box 30, Beckenham, Kent

Alle Angaben Stand Frühjahr 1986

ENGLANDS MITTE UND NORDEN AUF EINEN BLICK

ERDGESCHICHTLICHES

Das mittlere und nördliche England gehört zusammen mit Schottland (Caledonia) und großen Teilen von Wales und Irland zum Komplex *Paläo-Europas*, das im Erdaltertum vor 500 Mio. Jahren entstand. Reste dieser sog. *Kaledonischen Bildung* (die weiter bis nach Norwegen reicht) treten in den Cumbrian Mountains des Lake District zutage, wo mit 978 m (Scafell Pike) auch der höchste Punkt Englands liegt. Nach Südosten hin überlagern immer jüngere Schichten dieses alte Basement. Das kohleführende *Karbon*, gebildet vor gut 300 Mio. Jahren, wird in den Pennines auch morphologisch sichtbar. Nach einem schmalen Band von kalkigen Permablagerungen folgen *in breiten Bändern* Trias-, Jura- und Kreide-Schichten des Erdmittelalters (220 bis 70 Mio. Jahre alt), die zu einer weitflächigen *Schichtstufenlandschaft* geführt haben (Cotswolds, Chiltern Hills).

KLIMA

Für Englands Klima ist neben seiner Breitenlage (der Norden liegt auf der gleichen Linie wie Kopenhagen, die Themse auf der des Ruhrgebiets) vor allem seine *Insellage prägend*. Durch das unterschiedliche Wärmeverhalten von Ozean und Land ist der *Temperaturgang ausgeglichen*: Die Sommer sind kühl, die Winter mild. Die Jahresschwankung beträgt je nach Küstenentfernung nur 10–15° C, die Tagesschwankungen im Winter 3–5° C, im Sommer 6–10° C. Die mittleren Höchsttemperaturen des Sommers erreichen an der Küste etwa 18° C, weiter im Landesinnern bis 4° C mehr. Im Winter sinken die Tageswerte auf etwa 5° C, die Nachtwerte unterschreiten nur selten den Gefrierpunkt, wenn man von Gebirgslagen absieht. Die *Niederschläge* fallen *ganzjährig*; durchschnittlich muß man an jedem zweiten oder dritten Tag mit Regen rechnen. Die Mengenverteilung zeichnet das Relief nach. Während im Tiefland 500–700 l/m^2 gemessen werden, steigt der Wert im Lake District steil auf mehr als 2500 l/m^2 an. Durch die Lage in der *Westwindzone mit wolkenreichen Wetterlagen* werden im Süden Englands sommertags nur gut 6 Sonnenstunden täglich und im Norden etwa 4 Stunden registriert, was 40% bzw. 25% des Maximums entspricht.

BEVÖLKERUNG UND STÄDTE

Mittel- und Nordengland umfaßt ein Gebiet von 92 980 km^2, administrativ gegliedert in 32 *counties*, (Bayern: 70 500 km^2) und nimmt damit 40% der britischen Hauptinsel ein.
Auf dieser Fläche leben annähernd 30 Mio. Ew., die mit leicht abnehmender Tendenz 55% der Inselbewohner entsprechen. Allein 40% leben in den Verdichtungsgebieten um Newcastle, Liverpool, Manchester, Leeds, Sheffield und Birmingham, das mit gut 1 Mio. Ew. nach London die größte Stadt Englands ist.
Abgesehen von den städtischen Verdichtungszonen, liegt die Dichte unter 100 Ew./km^2. Die schlechten Wohn- und Umweltbedingungen in den Altindustriegebieten mit einhergehendem sozialem und wirtschaftlichem Verfall (überalterte Bausubstanz, hoher Anteil Farbiger, hohe Arbeitslosenquote, Vandalismus, Kriminalität) zwangen die Verwaltungen zu durchgreifenden Maßnahmen in der *Stadterneuerung*.
Bis zum Ende der 60er Jahre herrschte Flächensanierung vor; danach bediente man sich behutsamerer Methoden. Dabei wandte man sich neben den citynahen Wohnquartieren auch den Innenstädten im *city centre redevelopment* zu (Coventry, Birmingham).

LANDWIRTSCHAFT

Die vorgeschichtlichen Wälder Englands bestanden aus Buchen im Südosten sowie aus Eschen und Eichen im Westen und Norden. Die Bergregionen sind seit jeher von Mooren und Heiden bedeckt. Die heutige Waldfläche beträgt nurmehr 7% (Bundesrepublik: 27%).
Drei Viertel der Fläche sind agrarisch genutzt, wobei der Boden infolge der Nachfragesteigerung nach Fleisch- und Milchprodukten vor allem für Weiden genutzt wird; Ackerbau wird fast nur noch auf günstigen Standorten betrieben. Insgesamt kann der subventionierte Agrarsektor etwa die *Hälfte des Nahrungsmittelbedarfs* decken. Die *Hälfte der Hofstellen* wird *im Neben- oder Zuerwerb* betrieben, bei den Vollerwerbsbetrieben erreicht etwa die Hälfte gerade das Existenzminimum.
Die *Landnutzung* ist den ökonomischen und ökologischen Faktoren eng angepaßt. Im Einzugsgebiet der Stadtregionen sind *Intensivkulturen* (Gemüse, Obst) landschaftsprägend. Im östlichen Mittelengland dominiert *Ackerbau*, der sich durch künstliche Düngung weitgehend von der Fruchtfolgerotation gelöst hat. Mit der Zunahme der Niederschlagsmenge steigt auch der *Grünlandanteil mit Viehwirtschaft* nach Westen und mit der Meereshöhe an. Im Bergland wird auf der *rough pasture* (Rauhweide) lediglich noch extensive Schafhaltung betrieben.

INDUSTRIE UND DIENSTLEISTUNGEN

1970 waren 46% aller Arbeitnehmer des Vereinigten Königreiches in der Industrie beschäftigt, heute sind es nurmehr gut 30%. Diese *Deindustrialisierung* ist einmal weltwirtschaftlich bedingt, hängt aber auch von der *Randlage* in der EG ab. In Mittel- und Nordengland ging die Industriebeschäftigung je nach Region um 15–30% zurück, je nach Branche zwischen 10% (Bau, Chemie) und 50% (Textil, Metallverarbeitung). Zwar nahm die Zahl der Arbeitsplätze im Dienstleistungsbereich um 5–15% zu, doch verbleibt immer noch ein Minus von rund 15%. Entsprechend liegt die *Arbeitslosenquote* für die mittel- und nordenglischen Regionen bis zu 5 Punkten über dem gesamtbritischen Durchschnitt von rund 14%. In der Altersklasse der 20–30jährigen sind mehr als 30% arbeitslos, bei den bis 20jährigen bis zu zwei Drittel.
Im *Textilbereich* sind mangelnde Marktanpassung und veraltete Produktionsmethoden verantwortlich für den Niedergang. Der *Bergbau* sieht sich der Ölkonkurrenz aus nationalen Quellen gegenüber, wobei die Schichtleistung selbst der leistungsstarken Zechen nur bei knapp 3,5 t je Mann liegt (im Ruhrgebiet durchschnittlich bei 4,4 t, in Spitzen über 5 t). Die *Automobilindustrie*, für einige Zeit stabilisierend in den West Midlands, hat an internationaler Wettbewerbsfähigkeit eingebüßt. Wachstumsbranchen sind nur noch die *oil activities* mit Zentren an Humber und Tees. In der *Elektro- und Elektronikindustrie* sind die personalintensiven Forschungsabteilungen vor allem im südostenglischen Raum um London konzentriert, während in den übrigen Gebieten die auf Massenproduktion ausgerichteten Geschäftszweige angesiedelt sind. Die *Industriepolitik* der 70er Jahre verfolgte das Ziel, Arbeitsplätze in die nördlichen Problemgebiete zu verlagern. Mit der Regierungsübernahme der Konservativen wurde die Wirtschaftsförderung drastisch eingeschränkt; mit den verbliebenen Mitteln werden marktwirtschaftlich orientierte *enterprise zones* und neuerdings auch der Dienstleistungssektor gefördert. Dennoch bleibt die Entwicklung krisenhaft. □

DATEN ZUR GESCHICHTE

RÖMER, ANGELSACHSEN UND NORMANNEN

6.–2. Jh. v. Chr. Kelten der *La-Tène-Kultur* wandern ein. Sie bringen die *Eisentechnik und neue Nutzpflanzen* mit. Die Siedlungsdichte steigt; Frühformen städtischer Organisation entwickeln sich.
43–84 n. Chr. wird das Land *von den Römern erobert*. *Antoninuswall* und *Hadrianswall* (122–28 erbaut) sichern die *Provinz Britannia*.
2.–4. Jh. Landwirtschaft, Bergbau und Gewerbe werden entwickelt. Die Latinisierung beschränkt sich auf die wachsenden Städte. Das Christentum kann sich nur langsam durchsetzen.
410–550 wandern aus dem norddeutsch-jütischen Raum *Angelsachsen* ein und drängen den *römischen Einfluß* zurück.
Bis zum 7. Jh. werden die keltischen Bewohner nach Westen und Norden abgedrängt. In England, Land der Angeln, etablieren sich mehrere Königreiche. Die *Christianisierung* der neuen Siedler wird von Rom und Irland aus betrieben.
793 überfallen dänische Wikinger erstmals Küstenplätze im Osten (Kloster Lindisfarne).
Ab 841 beginnt eine gewaltsame Besiedlung; das nordöstliche Mittelengland gerät unter das *Danelaw*.
871–99 Alfred von Wessex kann die Dänen zurückdrängen. Unter seinen Nachfolgern gelingt bis 937 deren Unterwerfung und die *Neuordnung des Staatswesens* (Grafschaftssystem).
Ab 980 erneute Wikingereinfälle die die Wehr- und Wirtschaftskraft Englands erschöpfen.
1016–42 muß der *Dänenkönig Knud der Große* als Herrscher anerkannt werden.
1066 unterliegt der angelsächsische Nachfolger in der *Schlacht bei Hastings* dem Herzog Wilhelm von der Normandie. Bis 1071 ist ganz England unter dessen Herrschaft.

Unter einer normannischen Adelsschicht entsteht ein straff geführter *Feudalstaat mit Lehenssystem*. Im *Domesday Book* von 1086 wird ein Grafschaftskataster für die königliche Verwaltung geschaffen. Die königlichen Grafschaftsverwalter *(sheriffs)* sind einer Finanzbehörde verantwortlich. In Rechtsreformen findet *römisches Recht* Eingang.

PARLAMENT UND VERFASSUNG

1215 wird in der *Magna Charta* das Verhältnis zwischen Vasallen und König geregelt, womit die *Grundlage für die parlamentarische Entwicklung* gelegt ist.
13. Jh. Der Agrarsektor strukturiert sich vom Kleinbauerntum zu lohnbewirtschafteten Großeinheiten um. In mehreren Orten entwickelt sich ein Messewesen. Außenhandelszölle werden zur wichtigsten Einnahmequelle des Königs.
Ab 1348 dezimiert die *Pest* die Bevölkerung um ein Drittel.
1532–34 Unter Heinrich VIII. löst sich England von Rom und gründet eine *puritanische Staatskirche*. Das Kirchengut fällt der Krone zu, die es großenteils an den dadurch *erstarkenden Landadel* verkauft.
1629 wird das Parlament vom König aufgelöst, was zum *Bürgerkrieg* (1642–49) zwischen Royalisten und Parlamentsanhängern führt *(Great Rebellion)*.
1649–59 ist England unter den Cromwells *Republik*, bevor ab 1660 die Restauration einsetzt. Der parlamentarische Einfluß ist jedoch durch die Kontrolle der Staatsfinanzen gesichert.
1689 wird in der *Bill of Rights* die konstitutionelle Beschränkung des Königtums festgeschrieben. Damit ist die *Vorherrschaft des landbesitzenden Adels* gesichert, der mit dem Handels- und Geldbürgertum die wirtschaftliche Entwicklung vorantreibt.
Im 17. Jh. steigt England zur *führenden Seemacht* auf.

Durch *Bevölkerungswachstum* expandieren die Städte über ihre mittelalterlichen Grenzen hinaus. *Großgrundbesitz und Pachtsystem* bestimmen die Landwirtschaft.

INDUSTRIALISIERUNG

18. Jh. *Wissenschaftliche Fortschritte* führen zur *Ertragssteigerung der Landwirtschaft*. Zahlreiche *Erfindungen* bilden die Grundlage für die ab etwa 1750 einsetzende *Industrielle Revolution*. Wesentliche Impulse geben die Handelsverflechtungen und der kapitalistische Unternehmergeist des freien Bürgertums.
Ab 1760 liegt in der ersten Phase der *Schwerpunkt bei der Textilindustrie*. Die Wirtschaftsleistung steigt auf das Vierfache. Zur Verbesserung des Massengüterverkehrs wird ein Kanalsystem geschaffen. Die *Eisenproduktion* wächst von 30000 t auf das mehr als Zwanzigfache. 1825 wird die *erste Eisenbahnstrecke eröffnet*. Die Arbeiterschaft organisiert sich in Unterstützungsvereinen (erlaubt ab 1824).
1832 wird eine *Parlamentsreform* durchgesetzt. 4% der Bevölkerung sind wahlberechtigt, die Arbeiter haben jedoch keine Stimme.
Ab 1840 wird der *Eisenbahnbau der leading sector* der Industrialisierung.
Auf der Basis der Montanindustrie entsteht das *mittelenglische Ballungsgebiet*. In den Städten entstehen Slums aus schlechtestausgestatteten Reihensiedlungen. Extremer *wirtschaftlicher Liberalismus* (Manchestertum) bringt *unerträgliche soziale Verhältnisse* hervor, die den Staat zum Eingreifen zwingen (Kinderschutz, Gesundheitswesen, Arbeitsschutz, Bauvorschriften). „Die Lage der arbeitenden Klassen in England" (F. Engels, 1845) bildet den Hintergrund für die Entwicklung sozialistischer Ideen.
1867 gewährt eine *Parlamentsreform* der städtischen Arbeiterschaft Wahlrecht.
1868 schließen sich die Einzelvertretungen der Arbeiter zum *Trade Union Congress* zusammen (Streikrecht ab 1875).

WIRTSCHAFTSPROBLEME

Ab 1870 verliert Großbritannien seinen Vorsprung als „Werkstatt der Welt" und Handelsmacht.
Ab 1884 setzt mit der Gesundheitsgesetzgebung eine ganz allmähliche *Besserung der Lebensverhältnisse* in den Industriezentren ein.
1900 bildet die Arbeiterbewegung eine eigene Partei (ab 1906 *Labour Party*).
1911 führt man *staatliche Versicherungen* gegen Krankheit und Arbeitslosigkeit ein.
In den 20er/30er Jahren offenbaren sich *Strukturprobleme* im Industriesektor. Die *zweite industrielle Revolution* (Chemie, Elektrotechnik) gewinnt nur ein *geringes Gewicht*, während die *traditionellen Bereiche* gefördert werden. Die Wettbewerbsfähigkeit nimmt ab; Arbeitslosigkeit von 10–20% ist die Folge, die Industrieregionen sinken zu *Elendsgebieten* ab.
1945–48 werden Bergbau, Bank of England und Transportwesen *verstaatlicht*; 1967 folgt auch die Stahlindustrie.
1963/64 wird *zur Stabilisierung* der krisenanfälligen Industriegebiete ein *Ansiedlungsprogramm* mittelständischer Betriebe aufgelegt.
1969 entdeckt man große Öl- und Gasfelder in der Nordsee. Seit 1980 ist Großbritannien von Ölimporten unabhängig.
1973 EG-Beitritt.
1974 Gebietsreform der Grafschaften.
Ab 1979 Unter der *Austeritätspolitik* einer konservativen Regierung sinkt die Industrieproduktion, die Arbeitslosenquote steigt bis 14%.
1985 endet ein einjähriger *Bergarbeiterstreik gegen Rationalisierungen* mit der Kapitulation der Gewerkschaft.

BREVIER UND KARTE

Im MERIAN-Brevier wird auf die Planquadrate der großen MERIAN-Karte sowie auf Beiträge und Fotos im Heft verwiesen.

Althorp wurde bereits im 16. Jh. Sitz der Grafen von Spencer und ist die Heimat der heutigen Prinzessin von Wales. Das großzügig angelegte Herrenhaus enthält einige der kostbarsten Kunstschätze Englands. An der Westseite des großen Parks befindet sich die Kirche von Great Brington, in der nicht nur die Gräber derer von Spencer, sondern auch die Särge der Washington-Brüder, Vorfahren von George Washington liegen. (J IV)

Bamburgh Castle ist berühmt wegen seiner herrlichen Lage auf einem Felsvorsprung über dem Meer. Es beherbergt eine wunderbare Waffensammlung. Nach der Legende um König Arthur entführte Lancelot seine Guinevere von hier. (A III)

Barnard Castle gab der kleinen Stadt Barnard ihren Namen, die Ruinen dieser einstigen Festung aus dem 13. Jh. ziehen sich am Ufer des Flusses Tees entlang. 1838 war Charles Dickens Gast im Hotel *King's Head*, um die Zustände an Schulen in Yorkshire zu studieren. Das Schloß wurde 1112–32 von Bernard Baliol erbaut. (D III)

Barrow-in-Furness alte Hafenstadt am Ende der Furness-Halbinsel. Eisenvorkommen verhalfen der Stadt einst zu Wohlstand. 64 000 Ew. leben noch heute von Industrie und Werften. Sehenswert ist die Kirche von St. James aus dem 19. Jh. (E I)

Berwick-upon-Tweed ist Englands nördlichste Stadt und wurde viele Male von Schottland erobert, bis es 1482 endgültig englisches Territorium wurde. Teile der Stadtmauern aus dem 13. Jh. sind noch erhalten. Interessant ist auch das nahe gelegene Dorf Ford, das als Modell früherer Weiler erstellt wurde. Sehenswert sind die Ramparts, fast unversehrte elisabethanische Festungsanlagen aus dem 16. Jh., Berwick Bridge, eine Brücke mit 15 Bögen aus dem 17. Jh. (A III)

Birmingham mit 1,15 Millionen Ew. zweitgrößte Stadt Englands, ist das Zentrum der englischen Metallindustrie. Die Stadt erhielt 1166 das Marktrecht und entwickelte sich im 16. Jh. zu einem Mittelpunkt der Wollverarbeitung. Im 18. Jh. wurde sie Dreh- und Angelpunkt des mittelenglischen Ge-

Birmingham: nach London die zweitgrößte Stadt Englands

schäftslebens. Ab 1837 verbanden zwei Eisenbahnlinien Birmingham mit Liverpool und London. Da natürliche Wasserstraßen nicht vorhanden waren, wurde im 18./19. Jh. ein weitverzweigtes Kanalnetz als Transportweg angelegt. Der Wiederaufbau nach dem 2. Weltkrieg hat der Stadt eine Reihe von Tunnelstraßen, Autobahnen und überdimensionierten Einkaufszentren beschert. Sehenswert sind die 1715 geweihte St. Philip's Cathedral, das Council House von 1881 mit dem 50 Meter hohen Glockenturm „Big Brum", das Museum of Science and Industry und das City Museum and Art Gallery mit einer bedeutenden Gemäldegalerie. (H/J II/III, S. 80, 118)

Blackpool gilt seit Jahrzehnten als das St-Tropez des kleinen Mannes in England. Das Seebad mit 15 000 Ew. hat 6 Monate im Jahr Saison. Berühmt sind die 11 km lange Strandpromenade an der Irischen See, die bunte Illumination durch Tausende von Lichtern und der 158 Meter hohe Turm mit Zirkus, Aquarium und Ballsaal. Die Stadt zählt jeden Sommer 8 Millionen Besucher. (E I, S. 48)

Blenheim Palace eins der herrlichsten Schlösser Englands, von unvorstellbarem Reichtum und Geburtshaus von Sir Winston Churchill. Es gehört dem Herzog von Marlborough. Umgeben wird dieser gewaltige Herrensitz vom kleinen Ort Woodstock, der sich bis heute das typische Aussehen eines alten Tagelöhner-Dorfs erhalten hat. Sein Ursprung reicht bis ins 11. Jh. zurück. (K III, S. 46)

Boston im Marschland der Fens gelegen, war im 14. Jh. Englands Haupthafen für den Woll- und Tuchexport nach Europa. Von holländischen Ingenieuren begonnene Drainagearbeiten, führten zu der Bezeichnung Holland für das Gebiet um Boston. Von hier aus unternahmen puritanische Pilgerväter im 17. Jh. einen ersten mißglückten Fluchtversuch nach Holland. Die Zellen, in denen sie inhaftiert waren, sind in der Guildhall zu besichtigen. Der zweite Fluchtversuch führte dann zur Gründung der Stadt Boston in Amerika. (G V)

Bradford 464 700 Ew., ist das Zentrum der britischen Textilindustrie sowie Bischofssitz. Bereits im 13. Jh. wurde der Stadt das Marktrecht verliehen. Sie beherrschte jahrhundertelang bis zu 30 Prozent des Welthandels in Wolle und Textilien. Die erste Spinnerei wurde 1798 eröffnet und der erste mechanische Webstuhl 1825 installiert. Heute nimmt die elektronische Industrie in Bradford immer mehr an Bedeutung zu. Architektonisch ist die Stadt eine Fundgrube der viktorianischen Zeit. (Gemälde-, Skulpturen- und naturhistorische Sammlung in der Cartwright Hall.) Sehenswert sind die Kathedrale aus dem 14./15. Jh., die Wollbörse von 1867, das Rathaus von 1873 und das in einer alten Textilfabrik angelegte Industrial Museum. (F III, S. 18, 26, 80, 120, 123)

Burford einer der malerischsten kleinen Orte in den Cotswolds. Die Kirche stammt aus der Zeit der Normannen. Sehenswert: The Tolsey, das ehemalige Straßen-Zollgebäude, in dessen Museum die Geschichte Englands illustriert wird. (K III)

Bury St. Edmunds ist eine Augenweide für Besucher, die sich an perfekter Architektur erfreuen können. Die alte Abtei, jetzt nur noch Ruine, wurde im 11. Jh., an der Stelle des Grabes von Edmund, dem letzten König von East Anglia, erbaut und war lange Zeit Ziel endloser Pilgerzüge. 1214 wurde hier die Grundlage zur Magna Charta gelegt. Das Zentrum der Altstadt von Bury bilden Abbey Gate aus dem 14. Jh. zusammen mit Cathedral Church of St. James und St. Mary's Church. Aus dem 12. Jh. stammt die Moyse's Hall, die jetzt Museum ist. (J VI)

Buxton ist mit 300–350 Metern über dem Meeresspiegel eine der höchstgelegenen Städte Englands und einer seiner ältesten Kurorte. Es waren natürlich die Römer, die die eisenhaltigen Thermalquellen entdeckten und nutzten. Im 18. Jh. wetteiferte die kleine Stadt mit Bath. In der Nähe, in Castleton sollte man die Höhlen besichtigen (Peak Cavern, Blue John Mine, Treak Cliff Cavern), wo Flußspat, das „Blue John", gewonnen wird (nach frz. „bleu-jaune"). Es wird zu apartem Schmuck verarbeitet. (G III)

Cambridge neben Oxford berühmteste englische Universi-

Die meisten Häuser in den Cotswolds sind aus Bruchstein

tätsstadt. Schon um 100 entstanden dort die ersten Dörfer. Dann kamen die Römer. Heute ist Cambridge von der Universität gar nicht mehr zu trennen. Ältester Teil ist die 1446 begonnene King's College Chapel. (J V, S. 72)

Carlisle 71500 Ew., spielte schon zur Römerzeit eine wichtige Rolle als Handels- und Verteidigungs-Zentrum. Erlebte zahllose Schlachten unter Wikingern und Normannen. In späteren Jahrhunderten erlangte es Bedeutung als „Engpaß" zwischen England und Schottland. Berühmte Bauten aus großer Vergangenheit: Hadrian's Wall, 122–28 unter Kaiser Hadrian erbaut. Sehenswert die Burg mit normannischem Burgfried, die 1123 vollendete Kathedrale, das Tallie House Museum und die Zehntscheune Tithe Barn aus dem 15. Jh. (C II, S. 94)

Castle Howard wird als schönstes *Landhaus* bezeichnet. Zu Beginn des 18. Jhs. von Architekt Sir John Vanbrugh erbaut. Prunkstück ist der domartige Turm und die kunstvolle Außenfassade. Im Park: Tempel und ein rundes Mausoleum. (E IV, S. 34)

Chester seit fast 2000 Jahren ein Ort von Bedeutung. Im Grosvenor Museum sind viele Überreste aus der Römerzeit zu besichtigen. Die teils römische, teils mittelalterliche Stadtmauer umgibt auch heute noch den Ort am Dee. Sehenswert Kathedrale mit Kloster, die Rows, gut erhaltene mittelalterliche Straßenzüge und das römische Amphitheater. (G I)

Chesterfield gruppiert sich um sein historisches Wahrzeichen, die St.-Mary-and-All-Saints-Kirche aus dem 14. Jh. Die Stadt bezieht heute ihre Bedeutung aus ihren Eisenhütten und der Maschinen- und Eisenbahnindustrie. Trotzdem erinnern alte Straßennamen wie „The Shambles" oder „Old Whittingdon" an eine ereignisreiche Vergangenheit. Im Revolution House in der Old-Whittingdon-Straße versammelte der Earl of Devonshire seine Mannen um sich, um 1688 James II. zu stürzen und Wilhelm von Oranien auf den Thron zu bringen. (G III)

Cirencester war (unter dem Namen Corinium) Britanniens zweitgrößte Stadt, und Handelsmetropole. Sehenswert der riesige, im 18. Jh. vom Earl of Bathurst angelegte Park mit breiten Spazierwegen und Walnuß-Alleen. (K II)

Cockermouth ist der Geburtsort von William Wordsworth, sein Geburtshaus kann besichtigt werden. Ein weiterer berühmter Sohn der Stadt ist Fletcher Christian, Anführer der „Meuterei auf der Bounty". Maria Stuart hielt hier im 16. Jh. Hof. (C I)

Cotswolds ist das Gebiet, das sich um eine Kette von Kalksteinhügeln gruppiert. Diese Erhebungen ziehen sich knapp 100 km lang nordöstlich von Bristol, Gloucester nach Banbury in Oxfordshire.

Coventry geht auf eine angelsächsische Gründung aus dem 8. Jh. zurück. 1043 gründete hier Leofric, Earl of Mercia, einen Mönchsorden. Seine Frau war Lady Godiva, die einst, nur mit ihrem Haar bekleidet, durch den Ort ritt. C. war bis zum 17. Jh. Zentrum der englischen Textil-Manufaktur. Der Stolz der Stadt war sein altes Münster, das zwischen 1373 und 1395 entstand, und das am 14. Nov. 1940 durch einen Bombenangriff fast völlig zerstört wurde. Die zerstörten Teile wurden durch moderne Bauelemente ersetzt, unter dem Namen „Kapelle der Einheit" dient das Gebäude als Mahnmal. (J III, S. 80)

Derby ist mit 220000 Ew. die traditionelle Hauptstadt von Derbyshire, aber nicht mehr Sitz seiner Verwaltung. Heute ist Derby die Heimat von Rolls-Royce. Die Old Silk Mill wurde zum Rolls-Royce-Museum mit einer Sammlung RR-Flugzeugmotoren. (H III)

Derwent Water ist einer der größeren Seen in Cumbria (4,8 km lang und 1,6 km breit) und bis zu 20 Meter tief, im Hintergrund eine Bergkette, von der der Skiddaw im Norden am imposantesten ist. Der See erhält sein individuelles Gepräge durch etliche kleine Inseln, wie Derwent Island, Lord's Island und Rampsholme. Interessant auch Castlerigg Stone Circle, ein Steinmonument aus der Bronzezeit. (D I, S. 30)

Dunstable lebt heute von der Maschinenindustrie. An die Vergangenheit erinnern die Reste eines Augustinerklosters, das von Henry I. gegründet wurde und heute in die Kirche von St. Peter mit einbezogen ist. 1533 erklärte Erzbischof Cranmer hier die Ehe von Catherine of Aragon mit Henry VIII. für ungültig. (K IV)

Durham Die Kathedrale gilt heute als eine der schönsten Kirchen Englands, und ihr normannisches Hauptschiff wird sogar als das grandioseste in Europa bezeichnet. Was an dieser im Jahre 1096 begonnenen Kathedrale so beeindruckt, ist nicht nur ihre bauliche Pracht, sondern auch die einmalige Lage an den Kliffs des Wear. (C III)

East Bergholt Die Flatford Mill wurde zusammen mit dem Mühlhaus im 18. Jh. erbaut und dem Vater des berühmten Malers John Constable (1776–1837) verpachtet. Die Gegend um Bergholt wurde durch etliche Gemälde Constables bekannt. (K VII, S. 88)

Furness Abbey 1147 gegründet, war eins der mächtigsten Zisterzienserklöster Englands. Heute stehen nur noch Chor und Querschiffe als rote Sandsteinruinen mit wundervollen Sedilien und Piscinen geschmückt sowie Westturm und Ostseite des Kreuzganges mit

BREVIER UND KARTE

herrlichen Rundbögen. Interessant sind zwei Bildnisse normannischer Ritter, die frühesten dieser Art – mit flachen Helmen. (E I)

Gloucesters Ursprünge reichen zurück bis zu vorrömischen Zeiten. Seine gewaltige Kathedrale wurde erst unter den Normannen begonnen, und zum Teil durch Edward III. vervollkommnet. Die günstige Lage dicht an der See (mit der die Stadt durch einen Kanal verbunden ist) machte schon frühzeitig Handel möglich: Getreide, Holz, Kohle und Eisen brachten Reichtum. König John soll Gloucester mehr gemocht haben als London, und 1216 wurde Henry III. in der Kathedrale gekrönt. (K II)

Grasmere an der Spitze des gleichnamigen Sees. Der Dichter William Wordsworth (1770–1850) verbrachte einen großen Teil seines Lebens hier. Sein Haus Dove Cottage, das später auch von einem anderen der *Lake poets*, Thomas De Quincey, bewohnt wurde, ist heute Museum. Wordsworth ist mit seiner Familie auf dem kleinen Friedhof hinter der alten Kirche begraben. Dort ruht auch Samuel Taylor Coleridge, der dritte der *Lake poets*, der im nahen Dörfchen Rydal lebte. (DI, S. 31, 106)

Great Ayton am kleinen Fluß Leven gelegen, ist der Heimatort des Entdeckers James Cook, der Australien „fand". Sein Denkmal steht im Moor über dem 3500-Seelen-Dorf. (D IV)

Hadrian's Wall bildete die nördlichste Grenze des Römischen Reichs und stammt aus dem Jahre 128. Er windet sich von Wallsend am Tyne bis Bowness-on-Solway. Bester Ausgangspunkt für die Erkundung der römischen Funde (wie z. B. Militärstützpunkte in Housesteads Fort) ist Hexham, das vor 1300 Jahren vom heiligen Wilfrid mit dem Bau der Hexham Abbey gegründet wurde. (C I–III, S. 94)

Halifax ist seiner schönen Lage wegen einen Abstecher wert. Alte Mühlen und Brücken verraten die Handelsstadt. Daneben aber winzige Häuser an den vom Moor abfallenden Hügeln. Im 19. Jh. kam durch die Industrialisierung plötzlich die große Expansion. Sehenswert: das West Yorkshire Folk Museum in Shibden Hall und der offene Tuchmarkt, Piece Hall, der aus dem Jahre 1775 stammt. (F III)

Harewood House ist der Familiensitz derer von Harewood. Entworfen von John Carr und Robert Adam, die Gartenanlagen gestaltete „Capability" Brown (eigentlich Lancelot Brown 1716–83). (E III)

Harrogate mit 62300 Ew., war einer der elegantesten Kurorte Englands mit Schwefel- und Eisenquellen. Heute kein Kurort mehr. Dafür bezaubernde Gartenanlagen, vor allem die Valley Gardens und die Versuchsgärtnerei Harlow Car Gardens. (E III)

Hatfield House bei St. Albans gilt als eins der prächtigsten jakobinischen Herrenhäuser Englands. Es gehört dem Marquis von Salisbury und wurde von 1607–11 von Robert Cecil gebaut. Der „alte" Hatfield Palace entstand allerdings bereits 1497 und wurde königliche Residenz für Elizabeth I., die dort ihren ersten geheimen Staatsrat abhielt. (K V)

Haworth ist noch ganz im alten Stil erhalten, sogar das Kopfsteinpflaster der steil ansteigenden Hauptstraße sieht heute noch so aus wie zur Zeit, als die Brontë-Familie im alten Pfarrhaus (The Parsonage) lebte. Es ist heute Sitz der „Brontë Society", wo man die Räume, in denen Emily und Charlotte geschrieben haben, besichtigen kann. Das kleine Dorf liegt inmitten der Pennine-Moore, Schauplatz des Romans „Wuthering Heights" (Sturmeshöhe). (E III)

Harrogate: eleganter Kurort

Hull ist Großbritanniens Haupthafen für die Hochseefischerei. 9 km lang ziehen sich die Hafenanlagen den Humber entlang. In der Stadt findet man überraschend viele Museen, von William Wilberforces Geburtshaus (1759–1833, großer Reformator, kämpfte gegen Sklavenhandel) bis zum Archeological and Transport Museum. Die Universität der 295 000-Ew.-Stadt verfügt über eine der interessantesten Experimentierbühnen, das Gulbenkian Theatre. (F V)

Humber Estuary 8 km westlich von Hull führt die Humber Estuary Bridge nach Barton-upon-Humber. Sie ist mit 1410 Metern Spannweite die längste freitragende Brücke der Welt. Eingeweiht 1981. (F V)

Ipswich am River Orwell, war im Mittelalter blühender Handelshafen. Reich verzierte Häuser erinnern an diese Zeit. In der Altstadt findet man viele Zeugen aus jener Blütezeit, z. B. das Ancient House (1567) am Butter Market. Kardinal Thomas Wolsey, Schatzkanzler Henrys VIII. wurde in Ipswich geboren. Der Vater des Dichters Geoffrey Chaucer (ca. 1340–1400) hatte in Ipswich eine Weinhandlung. Im Museum of East Anglian Life am Stowmarket erfährt man alles über die Geschichte der Stadt und ihrer Umgebung. (J/K VII)

Ironbridge ist die Heimat von Abraham Darby, in dessen Werk ab 1735 erstmals größere Mengen Gußeisen mit Koks erzeugt wurden. Mit dieser Herstellungsmethode leistete er einen wichtigen Beitrag zur Industriellen Revolution. In Ironbridge kann man all die Zeugen jener weltbewegenden Vergangenheit im Freilichtmuseum besichtigen. (H II)

Keswick malerischer kleiner Ort nahe Derwent Water (dem lieblichen See) mit seinen drei Inseln. Crosthwaite Church liegt auf der anderen Seite des Flusses Greta. In ihr befindet sich das Grab des Dichters Robert Southey (1774–1843), der zu den *Lake poets* gehörte. Das Fitz Park Museum und die Art Gallery besitzen heute noch Manuskripte von William Wordsworth, Hugh Walpole und Robert Southey. (DI, S. 31)

King's Lynn alter Marktflecken und ehemalige Bischofsstadt. Die St. George's Guildhall aus dem 15. Jh. gilt als ältestes mittelalterliches Rathaus in England. Jeden Dienstag findet hier ein Markt statt, der schon im 12. Jh. bestand. Touristenattraktion ganz in der Nähe ist Sandringham, Feriensitz der engl. Königin und ihrer Familie. Die weitläufigen Sandringham Gardens, die über 2830 ha reichen, können besichtigt werden. (H VI)

Kirkby Lonsdale kleiner Ort mit nur 1500 Ew., stammt aus der Zeit der Normannen. Die alte St. Mary's Church hinter der Market Street zeugt noch heute davon. Interessant ist die Devil's Bridge über die Lune, aus dem 15. Jh. mit ihren 3 eleganten Steinbögen. 4 km außerhalb liegt Cowan Bridge mit dem einstigen Anwesen der Clergy Daughter's School, wo

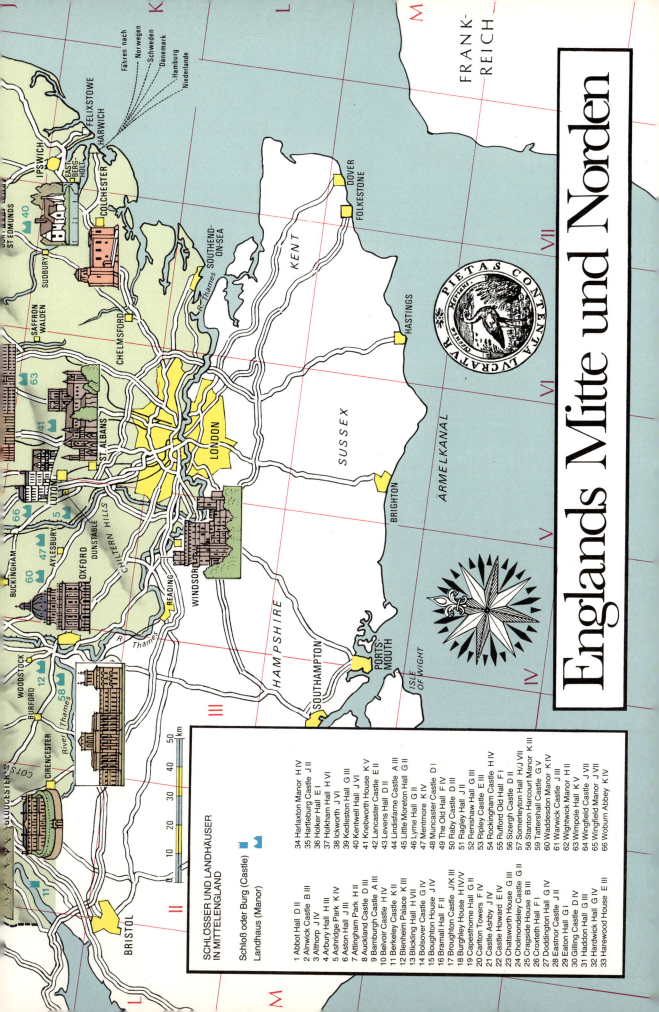

BREVIER UND KARTE

die Brontë-Schwestern Charlotte und Emily 1824/25 zur Schule gingen. (E II)

Lake District National Park in der Grafschaft Cumbria ist eine der schönsten Landschaften Englands. Auf 2750 km² liegen mehr als 60 Seen, Überreste römischer Festungen, prähistorische Steinringe und der Scafell Pike, mit 978 Metern Englands höchster Berg. Charakteristische Steinmäuerchen und unzählige Schafherden bestimmen das Landschaftsbild.

Lancaster war einst geschäftige Handels- und Hafenstadt. Als Treibsand den Fluß Lune immer mehr verengte, endete die große Blütezeit. Sehenswert das Castle mit Burgtor aus dem 15. Jh., die St. Mary's Priory Church und das Viertel um Burg und Kirche, dessen Straßen dem mittelalterlichen Grundriß folgen. (E II)

Lancaster Castle dessen heutige Bausubstanz aus dem 16. Jh. stammt, wurde 1094 begonnen und auf den Ruinen einer früheren römischen Festung erbaut. König John ergänzte die Schloßmauer mit Rundtürmen und Toren. John of Gaunt (Sohn Edwards III.) ließ 1362 Wehrtürme und Festungsanlagen errichten. Das Schloß dient heute als Gerichtshof und Gefängnis der Grafschaft. Sehenswert die Shire Hall mit ihren herrlichen Holzarbeiten. (E II)

Leeds war seit dem 14. Jh. eines der Zentren der englischen Wollverarbeitung. Als Knotenpunkt des Straßen-, Eisenbahn- und Schiffsverkehrs (Leeds-Liverpool-Kanal) war es mit ein Ausgangspunkt der Industriellen Revolution. Imposant das massive Rathaus mit einer überlebensgroßen Statue der Queen Victoria davor. Sehenswert die normannische Adel Church aus dem 12. Jh., das City Museum und die Universität. (F III, S. 125, 127, 130)

Leicesters Geschichte reicht bis zu den Römern zurück. Das Roman Bath und der Jewry Wall zeugen noch davon. Normannen und Sachsen hinterließen ihre Spuren, und man kann die reiche Geschichte der Stadt an der Soar im Newarke Houses Museum studieren. Ein Abstecher lohnt sich unbedingt zum Bosworth Battlefield, 20 km westlich, wo Henry Tudor 1485 Richard III. besiegte, und damit den „Krieg der Rosen" beendete und die Dynastie der Tudors begründete. Unter der Bow Bridge in Leicester erinnert eine Tafel an den Tod Richards III., dessen Leichnam nach der Schlacht in die Soar geworfen wurde. (H IV)

Levens Hall elisabethanisches Herrenhaus mit großem Park und einem der schönsten Gärten Englands. Berühmt sind vor allem die ungewöhnlich gestutzten Hecken und Büsche in Form von Kutschen und Tieren. (D II)

Lincoln wird von seiner herrlichen Kathedrale beherrscht. Hier waren bereits Siedler ansässig, als die Römer 47 n. Chr. einfielen und dem Flecken den Namen Lindum Colonia gaben. Sachsen und Dänen folgten. Interessant in Lincoln die Burg, die von William the Conqueror erbaut wurde (1068). Die Kathedrale ist eine der schönsten in England. Ihre Ursprünge gehen auf Remigius (ca. 1072–90) zurück, frühe normannische Einflüsse sind zu sehen. Ein Erdbeben im Jahre 1185 vernichtete das meiste aus jener Zeit. Die Geschichte der Stadt wird im City and County Museum gezeigt, modernere Kunst in der Usher Art Gallery. (G IV/V)

Lindisfarne auch Holy Island, kann nur bei Ebbe über einen Damm erreicht werden. Die Klostergründung aus dem 7. Jh., in der der heilige Cuthbert zum Bischof geweiht wurde, gilt als Wiege des Christentums in England. (A III)

Liverpool zweitgrößter Seehafen Englands an der Mündung des Mersey. Liverpool war unter Charles II. das Hauptzentrum für den Handel mit Amerika, und zwar sowohl für Baumwolle, Textilien als auch für Sklaven. Im Zuge der Industriellen Revolution erlebte die Stadt im 18. Jh. einen enormen Aufschwung. Das erste Hafenbecken wurde in Liverpool im Jahre 1715 eröffnet. In den 60er Jahren wurde Liverpool durch die Beatles berühmt. Interessant: die Walker Art Gallery und die anglikanische Liverpool Cathedral, ein massiver Bau in gotisierendem Stil, der Fluß und City in majestätischer Wucht überblickt. Die katholische Cathedral of Christ the King ist ein beeindruckender, moderner Rundbau, der 1959 begonnen wurde. Wunderschön der schmale Turm aus farbigem Glas, der mit einer dornenartigen Krone abschließt. Der Altar in der Mitte wird durch den von John Piper entworfenen Dachaufsatz beleuchtet. Sehenswert Merseyside Maritime Museum, Town Hall und St. George's Hall. (F I, S. 56, 63, 128)

Manchester ist eines der großen Industriezentren Englands. Lange Zeit Mittelpunkt der Baumwollindustrie, schon seit dem Mittelalter Heimat der Weber und Textilleute. Der Bau mehrerer Kanäle und bessere Transportmöglichkeiten leiteten im 18. Jh. die Entwicklung der Stadt ein. Früherer Wohlstand spiegelt sich in einer Reihe öffentlicher Gebäude im viktorianischen Stil wider, z. B. Town Hall, Central Library, John Ryland's Library, Royal Exchange und Whitworth Art Gallery. Heute ist Manchester voller Slums und verödet, trotz Universität, guter Museen und kultureller Bemühungen. (F II, S. 80, 115, 116, 118, 130, 132)

Melton Mowbray ist berühmt für seinen Stilton Cheese, im Stadtmuseum kann man alles, was mit der Käseherstellung zusammenhängt, betrachten. Der Stilton Cheese hatte seine Anfänge im Vale of Belvoir, dessen Krönung zweifellos Belvoir Castle darstellt, der Sitz des Herzogs von Rutland. (H IV)

Newcastle-upon-Tyne ist mit 225000 Ew. eine der wichtigsten Industriestädte Englands in Northumberland. Bereits im 13. Jh. wurde hier Kohle gewonnen. Die Stadt lebt heute von der Kohle-, Eisen-, Schiffbau- und chemischen Industrie. Imposant die Brücken, die Newcastle mit Gateshead verbinden. Die Gründung der Stadt geht zurück auf die Zeit Heinrichs II., der von 1172–77 die normannische Burg erweitern ließ. Die berühmte doppelstöckige Brücke, die Robert Stephenson 1849 fertigstellte, ermöglicht die erste Eisenbahnverbindung von London nach Edinburgh

Newcastle: Im 19. Jahrhundert größter Kohlehafen der Welt

Manchester: Die Sanierung macht vor nichts halt

über den Tyne. Sehenswert sind St. Nicholas Cathedral mit dem berühmten Turm Scottish Crown, Black Gate mit dem einzigen Dudelsackmuseum der Welt und Central Station von 1850, eines der ersten und großartigsten Bahnhofsgebäude. (C III, S. 94)

Newmarket gilt als Zentrum englischer Pferdezucht. James I. war der erste König, der hierherkam, weil die Gegend sich gut zum Jagen eignete. Ein Feuer im Jahre 1683 zerstörte einen Großteil der Stadt. Übrig blieb u. a. Nell Gwyn's Cottage, das Haus der einstigen Schauspielerin, die die Geliebte Charles II. wurde. Newmarket ist auch heute noch Treffpunkt der Pferdezüchter und -trainer. (J VI)

Newstead Abbey nur 14 km von Nottingham entfernt, war der Wohnsitz des Dichters Lord Byron (1788–1824). Das Kloster wurde im 12. Jh. von Augustinern gegründet, im 16. Jh. in ein elegantes Herrenhaus umgewandelt. Noch heute kann man dort die Räumlichkeiten des Dichters besichtigen, vor allem den Drawing Room, und Byron's Bedroom, die so erhalten sind, wie er sie verlassen haben soll. (G VI)

Northampton war früher eine Siedlung der Sachsen, niedergebrannt von den Dänen. Dann bauten die Normannen an der Stelle ein großes Schloß, wo heute der Bahnhof steht. Thomas Becket stand in Northampton vor Gericht, bevor er nach Frankreich fliehen mußte. 1675 zerstörte ein Feuer die Stadt, und sie hat sich nie mehr zu altem Glanz entwickeln können. (J IV)

Northumberland National Park 1030 km² groß, ist eine der menschenleersten Gegenden Englands. Das durch Schafzucht und Forstwirtschaft geprägte Gebiet ist eine Landschaft der Hochmoore und Forellenbäche, im Süden begrenzt vom Hadrian's Wall, der römischen Grenzbefestigung.

North York Moors National Park ist ein 1450 km² großes Moor- und Hügelland mit einem besonders schönen Küstenabschnitt im Nordosten. Das gesamte Gebiet ist reich an Ruinen frühchristlicher Gründungen. Der Nationalpark kann zu Fuß auf dem Cleveland-Fernwanderweg oder durch Pony-Trekking erkundet werden.

Norwichs Kathedrale ist ein Meisterwerk früher Baukunst, das nur durch die Kathedrale in Salisbury übertroffen wird. Gebaut von 1096–1145, ist sie eine der wenigen noch existierenden typischen anglonormannischen Klosterkirchen. Sehenswert der zweigeschossige Kreuzgang und die gotische Spitze aus dem 15. Jh. Weiterhin sehenswert Guildhall, Market Place und Stranger's Hall. (H VII)

Nottingham mit 300000 Ew. eine der rührigsten Industrie- und Universitätsstädte in Englands Norden. Außerhalb der Grenzen als Heimat von Robin Hood weltberühmt. Doch man findet hier auch Englands ältestes Pub, das *Trip to Jerusalem Inn,* das vor Jahrhunderten Rastplatz für zahllose Kreuzritter war auf dem Weg ins Heilige Land. Im 10. Jh. wurde die erste Brücke über den River Trent erbaut und durch eine Festung gesichert. Im 14. und 15. Jh. war Nottingham in ganz Europa für seine Alabasterskulpturen berühmt. Heute ist Nottingham Sitz der pharmazeutischen Industrie, und stellt außerdem Tabakwaren, Zigaretten und Fahrräder her. Sehenswert ist das Castle, das im 17. Jh. vom ersten Herzog von Newcastle erbaut wurde – italienischen Vorbildern nachempfunden. Vor der Schloßmauer eine moderne Statue Robin Hoods und seiner Mannen. (G IV, S. 115)

Nuneaton ist eng mit der Schriftstellerin George Eliot verbunden, wie sich die junge Mary Ann Evans im 19. Jh. nannte, um Anerkennung als Autorin zu finden. Die Bibliothek in Nuneaton besitzt viele ihrer Originalmanuskripte und Erstausgaben sowie viele Briefe, und das Stadtmuseum beherbergt außerdem viele Erinnerungsstücke an George Eliot. (H III)

Oxford älteste Universitätsstadt Englands. Aus dem Kloster wurde im 13. Jh. das Lehrinstitut, das heute drei Dutzend Colleges hat, in denen die Studenten lernen und leben. (K III, S. 68, 108)

Peak District National Park beherbergt auf 1400 km² einige der größten Herrenhäuser in England. In dem Gebiet an den südlichen Ausläufern der Pennines wurden mehrere Flüsse aufgestaut, um Wasserreservoirs für die Industriestädte Manchester und Sheffield zu gewinnen. In den Hochmooren im Norden des Parks werden Moorhühner gezüchtet.

Penrith kleine Stadt, deren Geschichte bis zur Besetzung durch die Kelten, 500 v. Chr., zurückgeht. Die Römer bauten die ersten Handels- und Heerwege. Auf dem Friedhof der St. Andrew's Church besuche man das „Grab des Riesen" und den „Daumen des Riesen". Sehenswert auch die Ruine von Penrith Castle. Nicht weit von Penrith entfernt, nahe der Eamont Brücke, findet man King Arthur's Round Table. (D II)

Ripon zeigt viele Spuren der Normannen, die Kathedrale alle Stilrichtungen des 12.–15. Jhs. Wie im 13. Jh. erklingt auch heute noch jeden Abend das Waldhorn des Ripon-Nachtwächters. Seine Vorfahren, die *wakemen,* lebten im Wakeman's House, jetzt Museum. Sehenswert ist, nur 5 km entfernt, Fountains Abbey aus dem 12. Jh., wo Zisterziensermönche durch ihre Arbeit als Weber und Handelsleute sich großen Grundbesitz erwirtschafteten. (E III, S. 12)

Saffron Walden hat sich wie wenige engl. Städte seine mittelalterliche Straßenanlage erhalten können. Wolle und Safran begründeten den Reichtum des Marktfleckens. Interessante alte Häuser sind u. a. das Sun Inn, wo Oliver Cromwell während des Bürgerkrieges sein Hauptquartier hatte, und das Museum, das Reste aus der angelsächsischen Zeit beherbergt. (K V)

Sawley Abbey dicht beim malerischen kleinen Dorf Gisburn, ist eine Zisterzienser-Gründung aus dem Jahre 1147. Heute zwar nur noch Ruine, ist das ungewöhnlich kleine Langschiff doch klar erkennbar. Der letzte Abt von Sawley, William Trafford, wurde 1538 in Lancaster gehängt. (E II)

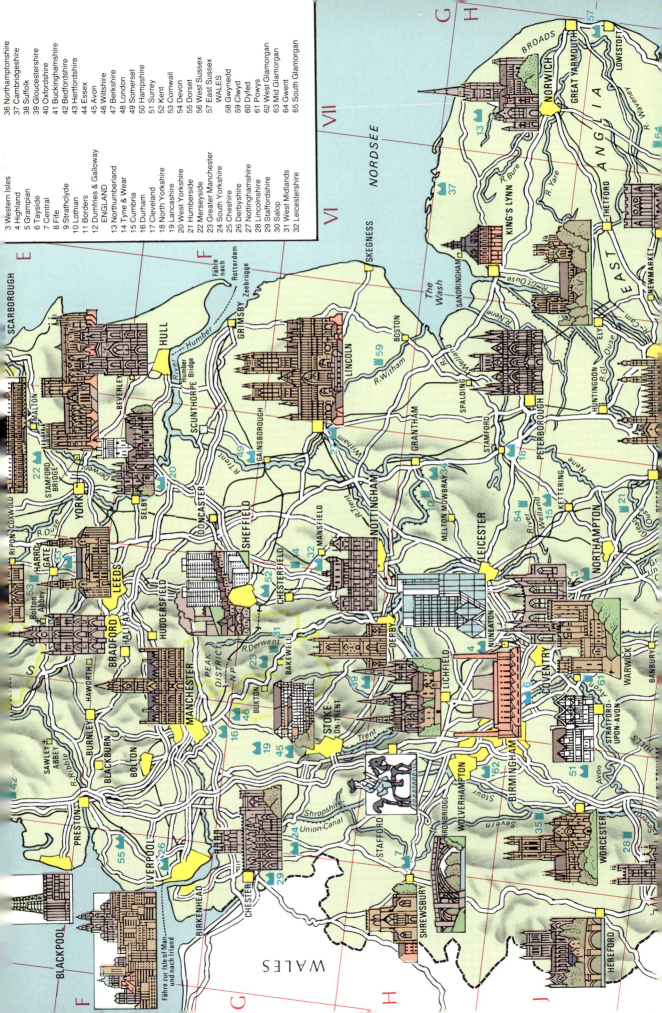

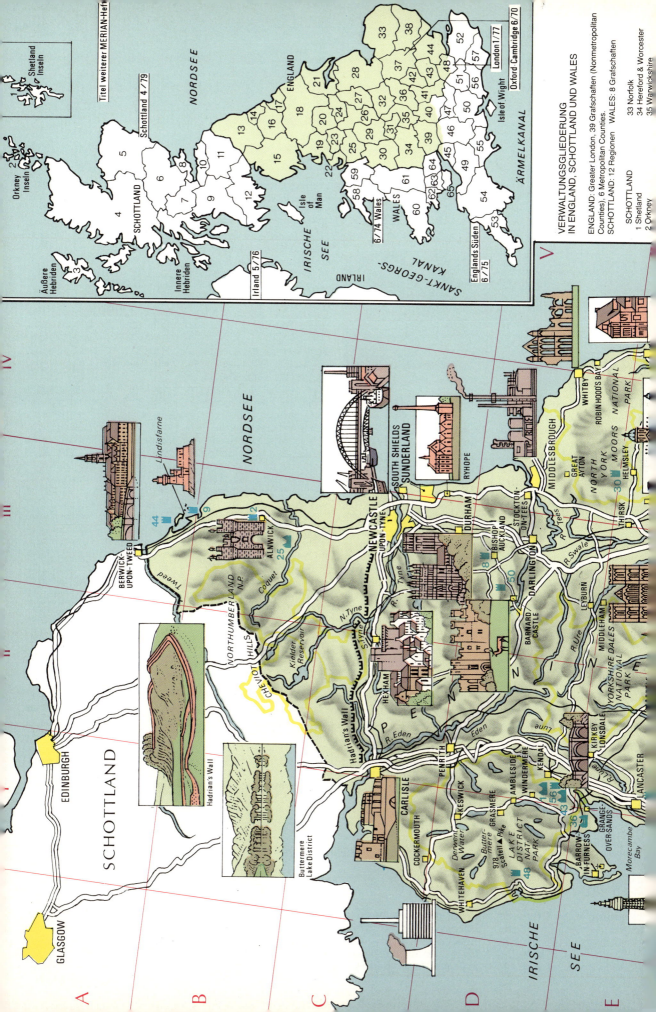

Peak District: Torfmoore und Kalksteinhügel prägen die Landschaft

Scarborough einer der ersten englischen Kur- und Badeorte. Seine Geschichte geht auf eine Siedlung aus der Eisenzeit zurück. Dann kamen die Römer. Später bauten die Sachsen und Normannen die ersten Gotteshäuser. Heilende Mineralquellen wurden erst 1620 entdeckt. (E V)

Sheffield am Rand des Peak District National Park ist weltweit bekannt für die Herstellung hochwertigen Stahls. Sehenswert sind Cathedral Church of St. Peter and Paul von 1435 im spätgotischen Stil Cutlers' Hall, das Zunftgebäude der Messerschmiede, Graves Art Gallery in der Central Library und City Museum mit einer einmaligen Sammlung von Tafelgeschirr und -besteck aus fünf Jahrhunderten. (F/G III, S. 115)

Shrewsbury entspricht dem „typischen" Bild der weißen Cottages mit schwarzem Fachwerk. Wunderschön z. B. Abbot's House (1450), das hohe Ireland's Mansion (1575) und Rowley's Mansion aus dem frühen 17. Jh., in dem ein Museum mit römischen Funden untergebracht ist. Sie stammen von Ausgrabungen im nahegelegenen Wroxeter. (H I)

Spalding ist das Zentrum des englischen Tulpen-, Hyazinthen- und Osterglocken-Handels, die in den Springfield Show Gardens auf 8 ha ihre Pracht entfalten. (H V)

St. Albans war eine der wichtigsten römisch-britischen Siedlungen, namens Verulamium. Der heutige Name stammt von dem römischen Soldaten und ersten christlichen Märtyrer in England, der 303 dort geköpft wurde. Die Heizungssysteme der Römer sowie ein Theater sind heute im Museum zu besichtigen. Die St. Alban's Chapel beherbergt den Schrein des heiligen Alban. In einem anderen Teil der Stadt, in der French Row, stehen gut erhaltene, holzverkleidete Häuser aus dem 15. und 16. Jh. Sehenswert auch der Glockenturm aus dem 15. Jh. (K V)

Stamford war einst wichtiges Zentrum des englischen Wollhandels. Die schönen Tudor-Häuser und Queen-Anne-Villen sowie Herrenhäuser im georgianischen Stil erinnern an alten Glanz und gelten heute als wichtige Zeugen architektonischer Vergangenheit. Nicht zu vergessen Burghley House, etwas außerhalb der Stadt, eins der schönsten elisabethanischen Herrenhäuser des Nordens. Erbaut 1560–87 von Lord William Cecil Burghley, dem Schatzmeister von Königin Elizabeth I. (H IV)

Stratford-upon-Avon Shakespeares Geburtstadt und „Huldigungsstätte" durch Theater und Museen sowie das berühmte Anne Hathaway's Cottage, wo der Barde um seine spätere Frau warb. Stratford war eine Siedlung der Bronzezeit, danach britisch-römisches Dorf. In der Zeit der Angelsachsen bauten Mönche dort ein Kloster, und 1196 verlieh Richard I. der Stadt das Marktrecht. 1769 veranstaltete der berühmte Schauspieler David Garrick hier das erste Shakespeare-Festival. (J III, S. 100)

Sudbury ist der Geburtsort des Malers Thomas Gainsborough (1727–88). Die kleine Stadt von nur noch 8200 Ew. blickt auf eine wohlhabende Vergangenheit zurück, als sie durch Seidenweberei und Handel zu Reichtum kam. Am Market Hill steht heute eine Statue zum Gedenken an Gainsborough. Sein Haus in der Stour Street kann besichtigt werden. (K VI)

Thetford war einst Sitz der Könige von East Anglia und 1075–94 Bischofsstadt. Thomas Paine (1737–1809) wurde neben dem (jetzigen) Ancient House Museum geboren. Er ist der Autor von „The Age of Reason". (J VI)

Whitby ist der Ort, in dem der Entdecker Captain Cook sein Handwerk erlernte. Die halbrunde Hafenbucht gewährt einen guten Blick übers Meer. Schon im 7. Jh. siedelten sich die ersten Christen hier an. Es ist auch die Heimat von Caedmon, Englands erstem religiösen Dichter. (D IV/V, S. 9)

Windermere berühmtes Reiseziel im Lake District. Windermere hat nur 8000 Ew., ist aber reich an schönen, alten Bauten, so z. B. die St. Mary's Church aus dem 19. Jh., dann das gotische Kloster und die Rayrigg Hall, die aufs 17. Jh. zurückgeht. Der Lake Windermere ist 16 km lang und 1,6 km breit. (D II, S. 30, 106)

Worcester sehr alte Stadt, die von einem prächtigen Dom gekrönt wird. Er stammt größtenteils aus dem 13. Jh., und seine normannische Krypta ist die größte dieser Art in England. Interessant das restaurierte Rathaus aus dem 18. Jh. und das Tudor House, ein 500 Jahre altes Gasthaus, das jetzt zum Museum wurde. Die vollständigste Kollektion von Worcester-Geschirr findet man im Dyson Perrins Museum. Der Komponist Sir Edward Elgar wurde 1857 in Lower Broadheath geboren. Das Cottage ist jetzt Museum. (J II)

York 107000 Ew., Hauptstadt Yorkshires, Englands größter Grafschaft. Von den Römern im Jahr 71 gegründet und noch heute eine fast mittelalterliche Stadt. Die grauen Stadtmauern aus dem 14. Jh. sind gut erhalten, optisch aber wird die Stadt an der Ouse vom herrlichen York Minster beherrscht. Erbaut wurde es zwischen 1070 und 1472. Seine farbigen Glasfenster stammen aus dem Mittelalter und gehören für Kenner zu den schönsten der Welt. Nach einem Blitzschlag im Juli 1984 zerstörte ein Feuer den größten Teil der Dachkonstruktion, Renovierungsarbeiten am Ostflügel, Dach und Rose Window sind noch in Gang. Interessant das Railway Museum mit alten Lokomotiven. (E IV, S. 6, 20)

Yorkshire Dales National Park 1750 km² groß, besteht zum Teil aus unwirtlichen Hochmooren, teils aus lieblichen Tälern der Flüsse Swale, Ure, Nidd, Aire und Wharfe, den sogenannten Dales. Die Täler werden von endlosen Steinmauern durchzogen, welche die Weideflächen für Schafe abgrenzen.

Yorkshire Sculpture Park liegt auf dem Gebiet des Herrensitzes Bretton Hall bei Wakefield. In der über 100 Hektar großen Parklandschaft sind nicht nur Skulpturen von Henry Moore zu sehen, es werden auch ständig wechselnde Ausstellungen organisiert. □